卖保险就这么简单：

陈亦纯　著

中国纺织出版社有限公司
国家一级出版社
全国百佳图书出版单位

内 容 提 要

本书作者陈亦纯自1975年从事保险业将达半个世纪，在台湾屡创佳绩。在本书中，他将自己从事保险业多年来总结的经验，对想进入保险业、在保险业里拓展自己天地的人士倾囊相授。252个技巧共分为成长篇、行动篇、开拓篇、异议处理篇、高端市场篇、促成篇、态度篇、经验篇、问答篇等主题，作者通过亲身经历的大量实例，生动详实地解答了保险代理人普遍面对和急需解决的问题。一个保险代理人想要不断提高业绩，需要的不仅是勤奋和努力，更是经验和智慧，这本极具实用性和指导性的保险业务指南，致力于给保险代理人实用的销售技巧和沟通策略。

著作权合同登记号：图字：01-2019-2951

图书在版编目（CIP）数据

卖保险就这么简单：252个技巧让你成为保险精英 / 陈亦纯著. —北京：中国纺织出版社，2019.7
ISBN 978-7-5180-6027-6

Ⅰ.①卖… Ⅱ.①陈… Ⅲ.①保险业务—营销
Ⅳ.①F840.41

中国版本图书馆CIP数据核字（2019）第051949号

策划编辑：郝珊珊　　责任校对：江思飞　　责任印制：储志伟

中国纺织出版社出版发行
地址：北京市朝阳区百子湾东里A407号楼　邮政编码：100124
销售电话：010—67004422　传真：010—87155801
http：//www.c-textilep.com
E-mail：faxing@c-textilep.com
中国纺织出版社天猫旗舰店
官方微博http：//weibo.com/2119887771
北京佳诚信缘彩印有限公司印刷　各地新华书店经销
2019年7月第1版第1次印刷
开本：710×1000　1/16　印张：17
字数：473千字　定价：62.80元

目录

篇一　春生

篇二 夏发

篇三　秋收

篇四　冬育

篇一
春生

1. 我为何从事保险工作——成长篇

一切都是上天最好的安排，我是在1975年进入保险界的。

那一年是我生命的转折点，当年的我因为发生工作伤害，没有办法再从事粗重的工作，偶然从报纸上看到一家外资保险公司在招募营销人员。

冥冥之中被吸引了过去，事后面谈的主管对我说，本来不想录用我，因为我外表不衬头，学历不高，话讲不好，也没有营销经验。但是一位面试官说，难得有人看报纸送上门来，就让他上五天课，吃五份饭盒吧。

谁知道在没有人看好的状况之下，我一路突破，让他们看走了眼，而那年进入那家寿险公司的好几百人到现在，就我硕果仅存。

我是如何一路走下来，走了四十多年的。我想一想，有几个原因：

我相信保险的功能。当我听到保险的意义和宗旨时，我觉得这是一份很有价值的事情，能够帮助人，降低社会的灾难，我就毫无怀疑地一头投入。很多伙伴可不是如此，他们怀疑、不相信，也不尽力，甚至一出了公司大门，就打混摸鱼，找咖啡厅喝咖啡聊是非去了。

第一，我听话照做。主管讲的话我奉为圣旨，不像其他伙伴阳奉阴违。主管要我每天开早会，我就每天出勤，主管要我出去收多少名片见多少客户，我就听命照做。回公司后要做工作记录，我就填写得清清楚楚。

第二，我超越主管的要求。主管要我一天拜访多少，我都超过这个拜访量，要我每个月完成的成交量我也超过。我不但不打折扣，我还超越。主管的指令，我不但不拒绝，还乐在其中。

第三，我懂得自律。或许是在工厂做过一段时间，生产线是不容迟到的。我秉持准时就是迟到，何况迟到的观念。就像当四年前开始有手环后，我每天一定要达成一万步，至今超过一千天了。

第四，我乐观积极。客户的拒绝我不在意，我喜欢挑战，我乐在工作，有人问我客户拒绝很难过吧，我说不会！生意难做吧，我说好做啊！有低潮吗？我说什么是低潮？一句广告说“要把吃苦当吃补！”我是不当作苦，我是快快乐乐、日复一日地迎向市场的。

第五，我喜欢学习。早会从不缺席，还积极地做笔记或录音。当时公司要我帮忙做月刊，别人认为是苦差事，也没有报酬，但我却是满腔欢喜，所以我学会了编辑，这对我日后写了这么多本书的帮助非常的大。

我觉得当年的我就是单纯、不复杂，做该做的事，学该学的功课，事积月累，虽然并没有耀人的天赋和资质，但却走出了一条属于自己的光明路。

【保险金言】保险的意义，只是今日做明日的准备；父母做儿女的准备；儿女幼小时，做儿女长大时的准备而已。今天预备明天，这是真稳健；生时预备死时，这是真旷达；父母预备儿女，这是真慈爱；不能做到这三步的，不能算作现代人！

——胡适博士

2. 用慈悲心打动高资产户——成长篇

这是发生在马来西亚的一件大case。保费一年约缴人民币五百万元，十年期的。

这位企业家事业有成，资产雄厚，冲着朋友的介绍，勉强和业务员见面，老实说，这是给介绍人面子而已。以下是业务员转述的经过。

“保险我买很多了，都是人情，我看你不用再谈了吧！”他开门见山地这么说。

“林董，我不是和您谈保险的，我是要和您说明企业家要有的社会责任的。”

“怎么说？”他有些好奇。

“我先请教您，如果有来生，您希望下辈子一样荣华富贵吧？”

听到这里，他突然把椅子转了过去，整整三分钟后，他才又转回来。

“你说我要怎么做才会对来生有帮助？这和保险有什么关系？”

“用您的生命价值买一张保单，成立基金会，用小钱换大钱，留下无穷无尽的生命力！帮助弱势族群，功德让来世仍享福分！”

这个说法让他深思。他又把椅子转过去，整整又三分钟。

转回来之后，他开始和业务员谈如何用保险金成立基金会。

用慈悲心打动心扉，公益可触动人心，保单的功能超越需要，保险为善门而开，助人为乐就是助己为乐，这是名利双修的善缘法。

【保险金言】一个有责任感的人，对父母、妻子、儿女真爱的表现在于他对这个温馨幸福的家庭有个万全准备，保持适当的寿险，是一种道德责任也是国民该尽的义务！

——美国前总统罗斯福

3. 四句话直捣黄龙——行动篇

现代人对保险的观念都已了然于胸，直截了当地以询问代替说明。

设计一些可以直接进入主题的话语。如："陈先生，您保险买了没有？"答案只有两个，"买了"或"没买"，如果买了，接着再问："买的哪一家？一年缴多少保费？""怎么缴那么少呢？"

如果没有买，再问他：

"没有买怎么可以呢？"

"这张保险很多人都买，既经济又实惠，您一定要参考。"

"您不一定要立刻买，但您一定要了解，免得要买时因不清楚而吃亏。"

买东西，最怕碰到外行的、对产品没信心的、不体贴或没大脑的营销员。

时间就是金钱。在功利主义盛行下，保险绝不会是人们的最爱。尽管保险可以节税，可以给家人保障；尽管保险还可以投资，回收金额最明确，发生事故时投资报酬率最高。

但是，保险金的回收利益，却是短期内无法立即显现的，一定要长期持有才看得到。营销员想打动客户的心，必须凭一套有效率、贴心并安心的话术指引。

因为大家都没什么时间，所以不要耽搁磨蹭让人讨厌，主题和来意需明确。

就是第一句话即开宗明义，将自己的工作和来意一语道出。

询问已买的保险是哪一家公司的，既查证他是否确实已买，又可略知他的保额是多少。再观察他的穿着、谈吐、家中或办公室的布置及配件，用一年缴多少保费去对证他的所需。更重要是，你自己一定要有信心，不管保额、保费是多少，你就是还要卖给他保险，紧接着跟他说："为什么买那么少？"先给他一记当头棒，让他的气焰削弱。然后，用权威的口吻分析你的产品。

万变不离其宗。他若说没买也没关系，所用的话术仍然可顺势下去。

在天灾、人祸、赡养、疾病等无法逃避的人世中，你必须谨记自己的责任与使命。

我们已明了保险的长处和特性，在应付灾难的办法中保险是最有效的工具。

人无法逃避灾害，所以你必须强调投保的严肃性和实用性。

用一首劝善诗来打动他，也相当有效。

劝君为善谓无钱，有也无。

祸到临头用万千，无也有。

若要留君谈善事，空也忙。

无常一到命归天，忙也去。

【保险金言】我拜访了你五趟，你四句话留住了你的钱！我不需要、我没钱、我不喜欢、保险都是骗人的！医生接见了你五分钟，三句话掏光你的钱！你的病非常严重，还好能治，不过，就是要花好多钱，去缴费吧！——平安杭州刘华摘自网络

4. 职团开拓法——开拓篇

未来随着信息时代的来临，职团销售趋势将成为保险销售的主流。在科技的竞争下，更让大部分的人仅能专攻他自己所知的某一部分领域。对于保险，他们将希望有专业的人可以替他们代劳；甚至运用他们所信任的团体、专职的人向保险公司挑选合适的险种，并争取较佳条件；而且借由团体量，可得到充分的服务。

进行职团开拓的流程如下：

1. 向企业的福利委员会、人事处或总务处了解该公司的保险状况，提供特殊项目，如医疗险或行业特殊保险。

2. 取得信任或同意后，进行评估并提出保险计划。

3. 可配合金融机构提出对等优惠或便捷方法。

4. 向企业负责人进行说明及说服工作，并取得企业同意提出配合的支持做法。

5. 向员工说明，填写投保书或加入卡。

6. 在用心服务的前提下，再提出个别化的寿险安排。

总结起来即是：

营销员→提出计划→评估→承保事宜→说明→个人寿险。

在职团拓展过程中，建议先以团体险做前锋。亦可不经此阶段，配合退休金直接进入寿险说明，也可安排员工自保项目，如家属意外险、定期险医疗险。

寿险公司部分如无特别安排，宜用定期还本方式处理：员工部分亦可协议出一大

多数人可接受之险种，用汇缴予以优惠。

职团开拓的注意事件如下：

1. 不能急躁，可能需要一段时间才能获得承办单位之首肯，此机会在于原承保公司之续保期或有争执抱怨时。

2. 在等待期应多和关键人物协商，取得好感，亦可进行个人保险服务。

3. 也可先取得旅行险、意外险承保之机会，获得好感，后期拓展服务范围。

4. 团保不一定用低价抢夺，主办单位最在乎的不是费率，而是如何对员工交代。

【保险金言】买保险是为自己做储备，所缴的保费是你的，保障是你的，万一出险几倍至几十倍的赔偿金是你挚爱的亲人的，没事的话，一生平安到老的养老金还是你的！

——大马安联人寿业务总经理王宾贤

5. 春节到了，这个时候不要谈保险——异议处理篇

当准客户对你说："春节到了，这个时候不要谈保险。"那你该怎么办呢？这是你的问题，你要会处理。每当农历年，数亿人口大迁徙，无非是要和家人团聚。平常难得见到面的亲戚、同学、好友，都可以彼此碰面了。这个时候，不赶快谈谈保险，让他们储蓄、保障、有倚靠，更待何时呢？此刻大家身边多少都有些闲钱，通常都会吃喝用掉，或是赌博输掉了，十分可惜。要赶紧告诉他们正确的保险观念，把这些闲钱存下来。

优秀的保险销售人员最喜欢重要的节日了，因为他们可以用正面的态度来影响客户，让客户把节日当作重要的日子，用保险来庆祝和纪念。节日有哪些呢？元旦、春节、儿童节、父亲节、母亲节、重阳节、教师节、圣诞节，再加上生日，爷爷姥姥的生日、爸爸妈妈的生日、千金或少爷的生日，还有订婚纪念日、结婚纪念日、乔迁日、晋升日、入学日、就职日，各种节庆等。而这些节日，都是买保险最有意义，也最值得纪念的日子。请客户在这些节日投保，最容易记住，又多了一层意义。而且，每一年续缴保费的时间也不会忘掉。

在突破了你自己的心理障碍之后，客户原本还希望你不要在节日谈保险，可能反而成了最适合谈保险的日子。带着祝福，用庆贺和祝福的态度，让他感受到你的情谊，让保险在这个值得纪念的日子，留下深深的印记。甚至在过年时分，把客户的压岁钱留下来，或者在客户出国时，把保险费当作要消费的一个项目。

总之，强者看山是宝山，看水是福水。弱者看山是障碍，看水是陷阱。荣耀与问题，都是自己找的。要帮客户要找出投保的理由，没有理由就帮他们找出理由，有理由就有道理，有道理就可以成交。再举些可以买保险的好时机。好比客户乔迁、厂房奠基、换工作、晋升、成交了一笔大生意、交到男朋友或女朋友、就读EMBA， 或是第一次出国，或是某知名景区旅游， 或是看到了一部好电影。或是地震过后，或是台风，或是重大事故等大日子，都可以拿来作文章，作为买保险的好时机。总之，保险是非常有意义的事情，我们务必要全力促成。

【保险金言】发生事故时，银行会说：我们很同情你，但在规定上我没办法帮你，你没办法还钱就收房子！

但是保险的三句话给你雪中送炭：这病我们能赔！你的损失我们补偿！没缴完的保费不用再缴！

——国泰人寿胡美玲协理

6. 谁可以带你进入顶级客户区——开拓篇

顶级客户区是封闭的，不是茶馆，你想来就来，想走就走。但只要有人带你进来，你就是自己人了，当然是来了受欢迎，谈什么大家都洗耳恭听。

谁能带你进入顶级客户区呢？试着从“九同”进入串连。

同乡——人不亲乡亲，中国人最是念根思乡，一听到口音相似，一问居然“同居长千里”，老乡矣，一分的温馨，一分的扶持，怎能不支持呢？

同宗——同个祖宗的后裔，同一个姓氏，当然是能帮就尽量帮吧！

同学——凡是同学校读过书，不论是幼儿园、小学、中学、大学、研究所或什么党校、进修班，能够攀个关系当然要互相扶持。

同道——共同的信仰，同一个师父门下，或同一个宗教团体。

同好——相同嗜好，琴棋书画诗酒花，或柴米油盐酱醋茶。能够追逐另一个生活领域的学问的，皆是同好。

同梯——同一次受训，同期企业班学员，彼此有革命情感，有共同奋斗目标。

同业——曾经在同一个行业共同创业过，可能互相扶持过，也可能竞争过，但有共同的感受和语言，说起来是有一定的感触的。

同门——在同一个老师的门下，共同受业过，有相同的理念和相同的观念。

同商——同一个商业团体或共同的族群，如同乡会、同社团。

没有志同道合就没有办法同心同德，如果你“九同”都碰不到边，我想你大概在这个行业生存不了了。

实践中一定要从客户的言谈中抓出一些蛛丝马迹来类同。例如他说我是金门人，你要立刻说，我去过金门，或者说我姨丈是金门人。他若说曾拜在南怀瑾大师门下，你要立刻说，南师我钦佩得很，我拜读过他的很多书，还知道他开拓了温州铁路。

人不亲乡亲，乡不亲就找出一定要亲的因素！

做业务最重要的就是人脉，人脉来自经营，用心经营。拜电子科技的方便与迅速所赐，你可以把人脉经营得很有效率。和对方初相见，加上微信好友后，离开五分钟内，立即发个讯息，向他致意，感谢有认识的机会。24小时内，再发封电子邮件，提供和他相关的知识或数据。定期（如每一周），发出属于你自己的电子报，让对方感受到你的企业经营力。

不用花很多的费用，也花不了多少时间，但你可以和对方牢牢地绑在一起，因为你是一个与众不同的人。

【保险金言】人民保险，造福于民。　　——前国家主席江泽民

7. 掌握销售循环——成长篇

任何行动都应有步骤和模式。

照着这些行动模式，失误最小，学习最快，成功率最高。

照着固定的步骤走，熟练且习惯后，效率不单是个人，连团队也受益。

美国曾有NCR操作手册。在美国国际收款机公司刚推出收款机时，新人约翰每个月的业绩都大幅领先于同人。总经理问他为何如此，他解释道，因为有一套自创的标准化工作手册，内容为商品说明、核查表及工作步骤说明。总经理闻言大喜，由此引用为业务员的基本训练手册。

假设我们遵循固定的操作模式走，自然也会有延误，但那不同于自行摸索、自以为是的延误。

先从顾客开拓开始。

顾客在哪儿，什么属性，要提供什么商品给他，有哪些名单，财力如何，名单如何再补充，这是第一步。

第二步则是接触。

什么时间最恰当，用什么方法接触，如何碰得到他，如何突破阻挡。

第三步是问题了解。

他对保险的了解，他的问题所在，他的家庭状况和财力，这些都要透过问话去了解。

第四步，是根据他的需求提供商品，或是创造需要，以对他的了解给予最佳解决方案。

你对他明确说明，让他对自己的保险需求状况有所明了并感到急迫；并依提出来的建议书给予详细的解析，让他明了自己的权利和义务。

目前市场上已有“需求分析”软件，配合手机或个人计算机，在客户面前，依客户的状况提出个别需要，更是有事半功倍之效益。

如果他提出反对意见，则给予解说。一般而言，客户反对的问题不超出六十大类，如能事先做好准备，灵活应对，则解决客户的反对应不会是问题。

值得注意的是，成交后尚有很多事务需要处理。包括内部的保单通关、客户的疑虑和他家人的反对，尚有其他公司业务员的最后反扑，这都是需快速且严密注意的事。

保单递送也要有一套做法。做得好，让他满意，他一满意可能立刻想到可以为你再提供一些名单和资料；你在递送保单时，要注意再说明权益的必要性。

最后就是售后服务了。有服务才有生意，有生意便需服务。服务=生意。生意+服务=商机。商机是增加市场占有率的机会，只要勇于把握，客户将源源不绝。

【保险金言】永远不要靠自己一个人花100%的力量，要靠100个人每人花1%的力量。

——石油大王保罗·盖蒂

8. 第一印象——形象篇

每个人只有一次给人第一印象的机会。

第一印象良好，易被接受，容易有生意成交的机会。

第一印象不良，要扭转不容易，创造商机更困难。

第一印象包括你的穿着和外表。衣服是否整洁得体，配色是否恰当，皮鞋是否擦亮，实在影响别人的观感。

第一印象也和你的形体有关。头发是否长短适中、修剪梳理整齐，眼睛是否有神，脸上是否挂着笑容，牙齿是否洁白。

第一印象还包括你的肢体动作。手势是否得宜，态度是否慌张，举止是否不亢不卑，是否对人尊幼有别，对物谨慎得当。

也包括你的表达能力。是否目中无人、口沫横飞，是否措辞不雅、用语不当，或者油嘴滑舌，或者口齿不清，表达无力。

也与时间有关。约定了时间无法准时，或是东扯西谈浪费宝贵时间。

还有一些可能会影响第一印象的关键。如杂乱无章的皮箱、脏乱的汽车。

也有些令人不悦而自己浑然不知的毛病。如口头禅，坐姿不雅，打手机或接手机旁若无人。对第三者无礼貌，或不加以招呼。不经客户允许就抽烟等。

整洁大方，笑脸热忱，善解人意，仪容端正，注意细节，守时守分，见好就收，这是优秀业务人员的表征。保险从业人员一定要注意，要知道，不佳的第一印象让客户打退堂鼓；好的印象则刚刚相反。

【保险金言】好的业务员就是要就是勤售，勤以销售，努力走出市场去销售。

——马来西亚大东方人寿陈金国经理

9. 我老公会赚钱，何必买保险——异议处理篇

在实际工作中，有些女士会说：“我老公很会赚钱，何必买保险！”遇到这种情况，一些保险销售人员就不知如何回答了。在总结经验后，我通常会拿几个实例，来和她分享。某杂志曾经刊登过一篇关于影星梁咏琪的访谈，她提到结婚三四天之后，他西班牙籍的老公带着她，到保险公司签了一大堆字。听不懂西班牙语的她，在了解情况之后，流下了幸福的泪水。因为，老公把保险受益人，更改到了她的名下。老公不是不会赚钱，梁咏琪也不是不会赚钱，但是，聪明又稳妥的老公，却是用最稳健、最可靠、最让人安心的保险，来疼爱老婆。这才真的是嫁老公送保险，爱到最高点。

曾经有台湾的杂志社做了问卷调查，判断女性对金融资产投人的兴趣比例，结果显示有36%的女人会购买保险，38%的女人存款，26%的会投资。这代表安全比什么都重要，生活平顺时，就该为未来做防患。在日本，聪明的女人选择男友的时候，要有“三高”。一要学历高。二要身高高。三要保险买得高。学历靠努力、身高是遗传，保险是责任及对太太的呵护。据统计，平均每一个日本人，日本人人均拥有六张保单，投保率稳居世界第一。

女人虽然怕老、怕病，但是，最怕的是没钱。为了给自己留条后路，女人总是喜欢在身边留些钱，也就是预备私房钱。而私房钱通常是放在银行做定存，或是存入民间的互助会。放银行虽然长期稳定安全，但是利息低，一旦受到贬值影响，就无法有大功效。而放入民间互助会，风险很大。而如果买入保险，不但安全，长期的利息效应又比银行高，加上还能提供医疗等附加价值，所以性价比特别高。

一旦有了余钱，应该要尽快买张保险。单身的为自己买，已婚的为老公或下一代买，反正自己是受益人，安全得很。如果拿来买名牌包，一经使用，就不值钱了；如果买钻石黄金，有时也难以保值；买房子或买股票，波动要人命，抛售不值钱，急用打折扣，病痛还是得靠自己；唯有保险，才是女人的长期饭票。一个女性如果在晚年孤苦无依、生活凄凉，那不是因为她年轻时做错了什么，而是因为什么都没做，没有为自己留下生活的依靠。

女人的一辈子，可以依靠谁呢？爱人可能会变心，孩子再孝顺，也要展翅高飞。父母再爱护，也终有离开老去的一天。女人的幸福要靠自己，要靠年轻时的准备。疾病、意外、养老，每一样都要靠智慧去张罗。多准备保险吧！它不会因为年华老去而抛弃你，越到患难的时候越见真情。

更不要说如果发生什么婚变，保险就是女人的生活依靠。台湾曾有女星嫁了三次，但三次婚姻中老公都因意外身故，该女星接受的遗产和保险理赔金就有三亿元之多。后来虽然年岁已大、风华不在，仍然能够追寻年轻的小男友。如果你年轻的时候排斥买保险，老公要买的时候也反对，或许把可以用作保险费的钱，挪去买名牌包、旅游，但当你有需要的时候，可能就追悔莫及了！买保险和不买保险，都会有三“意”！买保险获得理赔是心意、快意和得意！不买保险无从理赔，则是失意、悔意和恨意！聪明的女性，您要选择哪三意呢？

【保险金言】保险市场永远不会消失，但高手会一再重组！ ——信托讲师李裕钦

10. 为何要一天一件——行动篇

为何要一天一件呢？

一天的工作时间可以达到十小时，并且可以和十个以上的准客户谈保险。既然工作量是这么大，工作精神是这么好，当然就要讲求效果了。

第一个要讲求的是效能。

工作时间投入这么多，但一点效果都没有，那么可能是方法出了偏差或个性出了问题。

不可能都没有人买保险，保险销售可以看作是劳力密集和概率事务，只要见客数到了某一数字，效果自然就出现。差别的是概率的大小而已，这和保险的出事率观念又相符合。

第二个要讲求的是成本。

一天下来要乘车、吃午餐、喝饮料、衣服脏了也要换洗，每天的固定消费绝对跑不掉。保险工作不是做义工，不是替保险公司做无偿宣传，一定要先将成本赚回来。

第三个要讲求的是机会。

你可能说，我不要忙得团团转，要用深耕法，精耕良田，培育大客户。

此话不错。但大客户往往是可遇不可求，而且大客户要时间培育，有时是零和的游戏。在庞大的竞争排山倒海而来时，成果如何却难以预料，所以我建议还是先抓住机会再说。

客户买保险前，和你的关系是敌对的、排斥的：但买了保险之后，和你的关系就是亲密的、接纳的，所以先创造相互关系是最有利的安排。

一把钥匙能打开无穷宝藏的金库。这把钥匙可以是储蓄保单，如果客户已有保障型保单，或客户已有储蓄保单，那么大病保险、医疗险、意外险甚至旅行平安险，都可以作为和他长期联系的钥匙。

客户买保险前，你的身份是推销员。你上门是要让他接受其并不乐意接受的东西，你的来到造成他及他的助理和家人的压力。

但当他买了你的任何一张保单，不管保费是高或低，你的上门即变了服务。你的出现代表着你的关心和负责，你的来临会让他安心和满足。

为了让他买足够的保单，要让他的家人及公司伙伴都接受保险的洗礼，也要让他的保险长期在你的管理之下，这就有可能促成足够的保单成交。

所以一天一件是需要去追求的目标，定了这个目标，接下来就是研究如何用企业化的方法去开发、去达成、去努力。总之，一天一件是一位勇敢的保险人的美德。

【保险金言】一天一件，成功立见。一天一件，善行一件。一天一件，市场无限。

——陈亦纯

11. 服装与仪容——形象篇

一句话如此说：“佛靠金装，人要衣裳，女人出门要化妆。”

未见人面，先看外表。内心不容易看清楚，衣着外表倒是能一眼望穿。

什么是营销人的衣着？如果你的工作与金融业有关，如保险工作者，你得认识到保险人是金融事业的一分子，衣着要像个银行家。

以男士们而言，西装领带代表着身份、职业、尊严，就像警察或军人，穿着使人认同和尊重。

西装并不一定非深色不可，有时浅色或上下不同色泽也可显示出精神。

衬衫最好是长袖。短袖衬衫打领带，看起来有些失当；朴素大方最主要，最好是素色，不要太花俏。

西装和衬衫的口袋少放东西；衬衫要天天换洗；放一支不错的笔代表格调；名片夹不要太差，以免失了身份；领带夹也可看出一个人的深度；手帕掏出来一定要四四方方；头发要整洁，不要又黑又长，油腻脏乱；指甲不要又黑又长。

男士们的皮鞋应该是深色，袜子千万不要穿白色，以免显得突兀。

男人和女人的不同，在于男人的饰品不可多，领带是最重要的装饰品。一条有品味、有质感且合乎气质的领带，有画龙点睛之效。

少用香水，戒指、金项链可不戴就不戴。表的价值要适当，不是炫耀而是实用，运动手表很实用，还可以和客户谈运动健身。

女士们的服装更要得宜。勿花枝招展，奇装异服。不浓妆艳抹，不要洒太多香水。衬衫的扣子不宜少扣，勿让事业线露出。

皮包用来装生财设备，不要掏出来瓶瓶罐罐什么都有。衣着以套装为宜，还是素色为佳；穿裙子是礼貌，但别太短；丝袜一定要穿，但避免破洞。现在流行裤子破洞装，但假日穿还可，见客户就不妥了。

女士们要时时记住自己是上班族，在金融业工作，举止穿着都要正式大方，以免自侮侮人。

【保险金言】名单是电话营销的命脉，市场上的名单也不是我们永远可掌握的，因此，我们要有方法让得来不易的名单充分应用。——电话营销专家姚能笔

12. 保险我不需要——异议处理篇

当你向客户介绍保险时，他常说我不需要。

他说不需要是合理的，因为此时他在忙，比如他马上要开个重要的会，他刚被一个买家消遣了，而你不知轻重，还在那边对他说："万一你死了，万一你生病……"他没把你轰出去，已算对你不错了。

如果他有时间，他愿意听，那么机会来了，你可以好整以暇地谈谈保险的功能与意义。有几点理念你可以试试！

1. 每一个人，不论你买不买保险，你其实已经投保了，不同的是，是你自己向你的荷包投保，还是向保险公司投保？如果你向自己的荷包投保，你自己将拿出十万元、一百万元，甚至一千万元的钱出来应付养老、意外、疾病。如果向保险公司投保，这些钱将由保险公司来支付。

2. 人寿保险并不是现代产品，而是过去中国旧式家庭里就有的，是整个家族互相帮忙的一个共好机制。

3. 没有人买错保险单，错误的是没有向任何公司买任何保单，错误的是没有买足够多的保单。

4. 不论你买不买保险，每天都会有人买保险，每天都会有人获得理赔，每天都会有人后悔没有买保险。

5. 人寿保险并不是去阻挠别人的计划，相反，是去保证别人的计划一定成功。

6. 不论你是否接受这个事实，人寿保险的需要是一定存在的，关键在于你是否要去承担它。买人寿保险不是因为要出事，而是因为还有人要活，日子还是要过下去，还需要收入，虽然保险不能代替一个人的丈夫，不能代替一个人的爸爸，但是保险可以代替他的收入，当您拒绝人寿保险时，受伤害的不是保险公司，不是保险业务员，而是你、你的另一半和孩子。每个人都会老，都会生病。每个人也都希望拥有五福，五福是长寿、富贵、康宁、好德、善终。

如果你知道离世之前你生病要用到200万元的医疗费，你要如何准备？

1. 一次在银行存200万元的医疗基金，任何状况都不能动用，小孩要做生意都不能拿给他用。

2. 每年存入银行10万元，20年间绝对不能生病。生病也不能动用这笔钱，因为这是最后要用的尊严钱。

3. 找个机构或找一批人，写个保证书，一年付互助金5万元，生大病时最高给200万元的医疗补助金。

这三个方法大概都不太行得通吧！可是面对危机，那又该怎么办呢？

其实，用保险不就得了。或许你不喜欢保险，但总不能否定保险的功能，保险就是钱，就是可靠的机制，也是一种游戏规则。没有人讨厌钱，没有人嫌钱多。保险是帮助我们把钱变多、变成在最需要的时候站在我们身边的好朋友，我们不能因为钱穿上保险的外衣就不认识钱了。

所以及早认同，及早开始拥有保险，就及早拥有了钱。保险是先确定你会有一笔钱，你分期付款去缴纳，老年时一定会给你这笔钱。如果你出了事，也一定保证让你的家人得到。

要成为富人，先要认同钱。保险就是钱，所以要赶快向钱靠拢。

请不要说我不爱保险，要说："对不起，以前我不认识您，请原谅我、谢谢、我爱保险！"

【保险金言】没有微笑没开店，没有沟通业务难，唯有打动人心才能乐在工作，热在工作，劲在工作。

——专业保险讲师林玲珠

13. 你可以成为超级英雄——成长篇

我从1981到1991年11次得到公司的全省业务冠军。

我是如何做到的？

在1980年那一年的表彰大会上，我看到第一名的好手被公司高阶主管颁奖，他拿着奖杯侃侃而谈，得意地说他是如何做到的，他还说这一年他的收入是一百万元。

当时我非常羡慕，兴起了他可以我为什么不可以的念头。

我告诉自己，今年看你，明年看我吧！我设定目标，他的第一名赚到一百万元，那明年我要赢他，目标就是要做到赚一百五十万元，要赚一百五十万元，业绩要多少呢？要有多少客户呢？一年四季每一季做多少业务呢？我就这样子把目标设立了，把方法给想了，然后展开大行动！

有一句话是这么说的："心中若有大目标，千斤万担我敢挑。心中若无大目标，一根稻草压弯腰。"

很多人不敢设定高目标，就是目标制订出来也没有策略去执行。

当时我为了得到第一名，想出了几个策略。

第一个策略，我反向操作，当时大家推销的保额多是50万元或100万元，我从500万元、1000万元保障起跳。

第二是我件数多，别人是一个月做个几件，我是一个礼拜就要做好几件。别人是零售商，我是批发商。

第三个策略，我用群组经营的方式，一个行业一个群，做出口碑，无往不利。

第四，根据大数据操作，我先找出他们这行业的名册，透过已购买的客户帮我从他们的行业名册里去挑出可能购买的客户，我请他们帮我做介绍，帮我做可行性分析，最终帮我实现。

第五，我信息化操作，我大量打电话、寄信，我是台湾第一个用传真机做保险的人。

靠着这几项特点，加上我的企图心和旺盛的作战力和自律，我打开了一条辉煌的保险道路。

【保险金言】成功人士一般指高净值人群，最需要的是资产保全，因为高净值人群的赚钱能力是毋庸置疑的，但由于对政策性风险和其他风险的不可控，他们通常希望可以锁定风险，保全资产，保险恰恰能把不确定的因素变为确定。

——厦门平安叶云燕

14. 进入顶级客户区的关键推荐人——开拓篇

这些专业人士的周遭有很多顶级人士，你若取得他的信任，或是对他的业务也人有帮助，大家交流名单，又有何妨？以下是一些能够帮助你打开顶级客户大门的专业人士总结。

医师最具权威性，他讲的话最受信任，如果他愿意帮你推荐，成功性非同小可。

医师娘、医师的夫人，社会地位高，是相当受尊重的人士。

老师，受大部分学生的肯定和尊敬，其教授的学生也分布于各行各业。

命相师，大部分的企业人士都相信风水地理，若是地理师、命相师愿意拉你一把，成交率是很高的。

礼仪师，专门替人处理家中长辈最后一程的人士，在他协助过一个家族的苦痛后，他已明了这个家族的关系和财务状况。

会计师，专责替人们把关和协助财税问题，经他提示或指导的保险项目，更非小数字。

形象顾问师，专业塑造企业人事形象的专家，他光带一位贵妇逛街，临街指导就要收好几万元，如果他能帮你推荐，高额保单更不在话下。

婚礼设计师，规划婚礼，是新人倚重的顾问，也是生命中重要的贵人。

装潢设计师，房屋如何设计规划，风格如何建立，他的话是很有分量的。

银行家，还有什么好说的，他代表着权威、明确与需要。

房产中介，他可以让你了解购房者的实力和需求，甚至你可以和他明确合作分成。

其他销售员，土地、车辆、家居用品、古董、家具、健身俱乐部等销售人员也可以帮助你销售保险。

餐馆，餐厅高层也是看尽人生百态，知道各种人士的需要。

导游，带着旅游团，最少五六天，多者十几天，见识了形形色色的人，自然可以根据不同需求提供不同保险方案。

以上这些人若能帮你引介，你的市场空间将大到无可限量。但你要扪心自问，你值得别人推荐你吗？你的专业能力可靠吗？你的应对进退不会让推荐人丢脸？还有，人家介绍，你是如何回报的，你如何让人愿意再一次地推荐你？

【保险金言】经济越发展，社会越进步，保险越重要！ ——前国家主席胡锦涛

15. 自由来自自律——成长篇

你想实现财富自由吗？你想出人头地吗？

请问你像不像是一位追求财富自由的人？

你先要敬业，如果你生产线上的一位工人，你必须要在开工之前提早到位，做好准备，不能偷懒，工作时间不随意进出，甚至你要比别人多一分投入，多一分用心和付出。如果你是管理者，你要以身作则，认真工作，才能做好表率作用……

我记得我进入公司没有多久，公司主管要我编部门的月刊，我很乐意，因为我可以去学习编辑的专长，这项本来我不会的事情，我可以跟印刷厂去学习如何排版、如何印刷。

别人笑我傻，浪费时间，但是我把它当作一份好玩的工作和一件有意义的事，我不去计较，所以累积了以后对我很重要的能量和资产，这对我能写作和出书的帮助非常大。

很多保险人都说是看我的书长大的，还有人说我是华人保险业出书最多的人，已经出版了三十多本，我想这应该是当之无愧的事。

公司的早会，我从不迟到和缺席，我认真做笔记，还归档整理。

当1981年保险营销的曾总经理问我是否能够写出一本可以让华人看的保险实务书籍时（因为当时保险的实务书籍都是有国外翻译过来的，不接地气），我很乐意地说可以。他问我说要多少时间，我说三个月吧。其实我哪里要三个月，我一个月就整理出来了，而且工工整整，一笔一画都一丝不苟。

这本书在台湾就出版了一百多版，版税超过一百万元。

更离谱的是当时并没有版权的观念，东南亚跟大陆都毫不客气地翻印，出版社的高级主管跟我说，至少被翻印了五百万本之多。

他们还问我要不要去抓这些翻印的人。我说抓到了怎么样，是不是每个人我还要给他10块钱呢，因为他们帮我去复印推广，帮我打广告，我高兴都来不及呢。

后来我陆陆续续写了30多本书，很多人问我说为什么有这么多的材料呢？我说报纸找我写专栏，杂志找我写专栏，我通常是来者不拒，我很感激他们给我发表文章的机会，我不问有没有稿酬，最多时我一个月发表十篇之多。

因为我的好奇宝宝个性，我多学、多做、多吸收，我多了这一技之长，也就是现在流行的斜杠人生。

这对我本业也加分不少，我赚到了名气，提升了我在保险界的形象，这是多么让我感恩的事啊！

现在是AI云端时代，我也与时俱进，在脸书和微信上发布文章、心得分享。

我学习做音频和视频，与时俱进地更新自己的知识储备。

如果你能自律，持续学习，相信未来会有很多有意义的事让你挥洒。

【保险金言】销售保险就是传播爱与责任！　　——青岛MDRT前会长堵继辉

16. 高端人士欢迎你的十大特质——成长篇

要让高端人士接受你，你必须具备特殊的个人特质，有些你可以花时间去学，有些你可以从高手身上去揣摩，但更多是你与生俱来的智慧。

十大特质让你更受欢迎。

1. 专家的权威：你一定要有属于一位专家必须有的权威，包括各种相关的知识，如公司法、投资法、税法相关的专业知识等。

2. 迷人的能量：举手投足，你有你迷人之处，那是因长期历练，内敛与自信所孕育的气质。

3. 体贴的风貌：不疾不徐，展现最优质修养，让客户知道，你不是为利益和他来往，你正在完成一项神圣的使命。

4. 回复的速度：客户的疑问、需求，你能很快地响应，很多的业务员，听不进客户的心声，但一位超级业务员，他是和客户站在一起的。

5. 超值的效应：超越客户的需求，让客户感受到，你不是保险业务员而已，你可以提供多元且超值的效益。

6. 独特的风格：你有与众不同的魅力和吸引力，在你的身上，可以得到能量，看到生命的光辉。

7. 人脉的汇集：可以将最重要的人脉汇集，让大家因为你的串连都获得有效益的友谊。

8. 超俗的智慧：你的智慧超越一般人的水平了，这是你日积月累地吸收各界的知识和勇于参加各项读书会、演讲会的成果。

9. 信仰的力量：有对上天的一份信仰，对众生的悲悯之情，这是一种融合事业与志趣的情操。

10. 趋势的眼光：看懂未来的趋势，能让客户趋吉避凶，能让客户得到最大的杠杆效应。

【保险金言】逐步发展商业健康保险，把商业医疗和社会医保结合起来，不仅有利于满足广大群众的医疗需求，而且有利于发展经济稳定社会！

——前国家总理温家宝

17. 成为保险7-eleven——行动篇

什么是7-eleven?

让我们想象7-eleven的特性和功能。

方便：二十四小时都可以去购物。

亲切：严格训练体系下形成的接待及管理，让你乐意上门及消费。

商品多：各式各样的日用品一网打尽，书刊报纸也可得到，甚至零食及简单的热食也不匮乏。

安全可靠：有品牌责任，不用担心东西变质，不怕被敲竹杠，甚至东西不符还可退可换。

多少不拘：你要大量的物品，它可提供调货；你只要一包烟、一节电池，它也提供。不论生意的额廖多寡，一律从“欢迎光临”，到“谢谢光临”，发票也一并奉上，绝不会有所歧视。

老少皆宜：不但专家去消费不受骗，老人、小孩、不识字者或不懂华语的外国人都可上门顺利成消费。

举了这么多7 - eleven的好处，再回头来看，经营保险是否也可以有这些特性：

1. 方便：客户可否随时找到你，只要他有需要就可找到，不管你出国、开会或睡觉？你的处理方法又如何呢？

2. 亲切：是否有一套系统化的销售流程和管理流程，使客户不觉得向你买保险很麻烦或不方便呢？

3. 商品多：你的保险商品合乎客户的需求吗？你的专业知识足以接受客户的询问和质疑吗？

4. 安全可靠：你的品牌可靠吗？你能得到客户的信任吗？客户向你买保险是否有保障？

5. 多少不拘：大至理财节税或企业团体百万元保费，小至临时出国搭机一两百元的旅行险，你都能销售吗？你会对大额保单翘首以盼，对小保单不屑一顾吗？

6. 老少皆宜：你能否对年老者提出赡养年金的保单，对年少者提出一生一世的规划，对不明了保险知识者提出明确简易的保险概念和流程？

若以上这些条件你都符合且自信胜任，那你的保险之路必不辛苦，收获将受肯定。

【保险金言】初入保险业，我决定效法泰国保险推销大师庄振鹏一日20访。因为是呆呆傻傻地学，所以我心无杂念，只想着多见人这一件事。 ——上海李丽珍

18. 口音与口头禅——形象篇

由于出生地的不同，每个人都会有他的母语和难以改掉的口音，但想要与客户进行有效的沟通，口音的应用需加注意。

碰到操有同样口音的故乡人，当然尽量用乡音来拉拢他；但碰到非同乡的，则小

心别让对方不能接受。

当然也不是所有特殊的口音都让人无法接受。相当多的演员及名人，他们操着一口浓浓的乡音却颇受欢迎；尤其现在流行怀旧复古，土腔十足正是当道；况且颇多特殊地区的名词，更是让人惊艳和喜欢。

不过，使用口音仍要注意对方是否明了语义，是否接受，别玩得过火或自我意识过重，让人产生反感。

另一个和语言有关的，就是口头禅了。每个人或多或少都有些口头禅，平常或许不在意，但在陌生人或众人面前一紧张，口头禅就频频说出。

“是这个样子、也就是说、总而言之、这个、这个……大概……也许……我想……”

一开始或许还觉得有趣，但多听几次后就会很痛苦，在没办法制止时反感会立刻出现。

口头禅往往自己不会知道，有时一旁的朋友会提醒，但通常大家都想做好人不加纠正，营销人员应该想办法克服这个毛病才是。

还有，脏话、粗话、有颜色的话、批评的话、负面的话、批评同业的话，都需要少讲，切记切记！

【保险金言】您不买保险改变不了别人的生活，只能改变您自己的生活！您买了保险却能在关键时候改变自己的命运！——珠海杨伟立

19. 我买短期就好了——异议处理篇

很多保户在营销员解说时，都不愿意投保长期，他们希望很快就可领钱或不用再缴。

而现在银行在销售保险时大都以短期居多，因为他们要快速成交，也要客户迅速地将存款账户移转到保险账户。网络营销和电视营销，也都是以短期较多，因为较容易说明。

以人们的心理来看，存款如果利息好，恨不得越长越好；贷款如果利息低，恨不得越长越好；而保险期间如果短，利率一定不可能高，而且保额也高不到哪里去，有时保额甚至比保费低，相反，保险期间长，利率一定拉高，保险额度也拉高。其实这才是真正的保险的精神与意义。

这些观念大家都知道，但实际上很多人却没办法接受长期缴费的观念，为什么呢？他们嫌时间太长，没有耐心缴那么长的时间，甚至还找出因为通货膨胀所以领回时没有价值等一大堆理由。

其实保险公司不反对客户投短期保险。因为投保的期限短，保险公司承担的风险相对低，时间到了，满期金一领走，他们就不再负担责任。

机器、汽车的使用年限必须按年份分摊折旧，保修年限一定不会很长，因为东西用久了，自然会老化，会磨损，为了维修，费用肯定很高，所以业务员及生产商不敢把保修年限设定太长，人也是一样，年轻时毛病少，年老时毛病多，医疗消耗大，而且接近报废的时间也较近。

因此，投保的时间越长，所能享受的利益越多。如果在身强体健时，把无穷活力的生命托给保险公司承保，却在年老力衰时，将危机重重的身体交付给自己，以投资眼光来看，是否错得太离谱?

在年轻时买保险，不但保费缴得少，而且保险期间长，可将保费分摊得比较低，保障期间更久，是非常划算的。

如果买的是短期保险，期间到了，想继续投保的话，保费不但要因年龄再调高，而且能不能保，还要在保险公司对您当时的身体及财务状况进行分析后才能确定，到时候您已丧失了绝对的自主权，只能任凭保险公司做决定，这和长期投保的差异太大了！要做命运的主人，保险时限一定越长越好，最好是终身投保、终身受益。

我在担任业务副总时，曾经协调一件客户的申诉，他原来要投保20年期终身险，但最后一刻却又转而投保六年期，当六年后到期时，他要再投保，可是一检查身体，身体状况已经很差了，要再投保可以，但需加50%的保费，他觉得太不划算，他认为当年保险公司没有善到说明义务，他要回到六年前的意愿原点，但显然这是不可能的事。

善用保险做理财平台是明智的事，但没有对的人教他怎么买是遗憾之举，做了错误的选择之后要回头就不容易或不可能了，所以在开始投保时慎选贵人来帮忙最重要！

【保险金言】客户的理赔，都是在教导我们，看清楚我们的价值，及我们的重要性。

——杭州陈诺

20. 保险工作是三世修来的福分——成长篇

你不要以为你今生今世做保险是很委屈，是被逼迫，是无可奈的事情。

这辈子你能够做保险，事实上是因为你累世有修，铺桥造路，你才可以做保险。

保险是利人、利己、利众生的事业，没有几种工作可以跟保险一样，可以保证让使用者多倍奉还，可以雪中送炭，还可以每天用好心，讲好话，存善念，做好事，日行多善。

现在我们面临的是少子化、老龄化，还有激烈的竞争化。

别人的危机是我们的机会，时代对民众有压力，更是我们可以尽心尽力奉献的事业。

只要我们愿意，我们的收入无上限，我们有被动式收入，我们有主样式的收入，这是最热门的所谓斜杠人生。

我们工作的方式也很特殊。我们可以个人经营，也可以企业经营，可以陌生开发，也可以用缘故延伸。

我们可以靠体力，也可以靠脑力，更可以用最先进的AI云端科技能力。

我们没有地域、客户地位、年纪、行业的限制。

我们也没有产品的限制，可大可小，可长可短，也没有金额的限制、没有时间的限制！

珍惜现在所拥有的，这是你生命中最好的机会，请把与生俱来的福分多把握，多发挥，你可以得到更多，拥有更多！

【保险金言】健康的时候，我排斥保险。生病的时候，保险排斥了我！

——浙冻英雄萧建华

21. 提供给高端人士的重要警句——成长篇

我提出一些警句给大家参考，让社会大众对保险更有信心。

我帮你创造现金：保险是创造现金，一份不因时间、时机、兴衰、生命存在与否，皆能存在的现金。

保障少数人控制的公司：让公司核心经营阶层，不因当中有人发生事故而股权变动产生动荡。

利用免税礼物：一份给家人或你最可靠、最忠心耿耿的免税的钱。

创造有保证的钱：不会被税务、债务、抵押、保证等负面因素所影响的钱。是最后保命，不降低生活质量的钱。

购买关键人物的保险：让关键人士、如专业经理人，安心经营、长期效命的一定可兑现的一笔钱。

为合伙人的股权买保险：合伙人万一因意外离去，一份让他的未亡人安心退股的钱是公司安定经营的保证。

为退休保本：为充满不确定的老年提供确定的养老基金，为老龄生活留下尊严、幸福。

为幸福的婚姻保风险：让婚姻除了爱情外，有万一后的面包本钱，就是爱情褪色，也有好聚好散的温情。

为孝顺的子女保尊严：要孝顺需有钱，保险可以避免久病无孝子，子女不烦心，不为钱奔走，不因无钱受责难。

请把我放在发薪名单：只要一份普通员工的薪水，我可以让你拥有一百个员工才有的财务贡献力。

所缴的保费永远不会比保险公司付出去的多：绝对可以保证的是，您所缴的保费永远不会比保险公司付给您的多。

只要有遗产税问题的人就需要高保额：除非不用缴遗产税，否则就需要准备一张高额保单。

顶级人士买寿险一定要买奔驰级，才不会后悔：合乎身份，合乎真实需要，增添您的自信心，增加社会认同感。

存越多，未来越不后悔：存得越多，以后领得越多。现在存得少，以后就会因涨价、不增值、条件多而伤脑筋。

要裸捐，先保险：要裸捐，要做好事，不让家人不谅解，用保单可解决。

忍下来就过去了，不忍，永远过不去：保险费是你不缴永远没有，忍痛存下来，忍过就有，不忍，永远没有，永远过不去。

分手时的情义：不能长长久久，何不细水长流，用保险彰显情义的真实。

【保险金言】要在保险业里成功，先发疯！ ——台湾保险狂人庄秀凤

22. 为何赢家都是那些人——行动篇

奇怪的是，任何公司的高手都是那些人，往往是同样的胜利者盘据着比赛的得奖名单。尽管这个公司的业务员多达千万人，但赢家却不出那几个人中，这究竟是怎么一回事?

成功者一定有与众不同的特质

有一次碰到一位在七年当中得到六次年度冠军的好手，我就问他为何能有这么好的业绩，他不假思索地告诉我几个道理。

1. 他的工作时间比别人长

他几乎每天都是第一个到达公司的人，甚至在假日都还约客户共进早餐；他每天约见客户的行程排得密密麻麻，一有空还电话联络；当然为了扩张影响力，他还每天排出三个小时花在组织运作上。

2. 他比别人用心卖力

他为了做好保险，读尽了所有关于保险的书，到处参加保险营销课程。为了一个疑惑，他可以长途开车、长时间等待，只是为了得到专家的释疑。别人做了大case，他立刻登门请教；别人有所创新，他立刻吸收引用。

3. 强烈企图心造就与众不同

他有强烈的企图心，很坚定地要拿到年度的头奖。七年中唯一一次遗憾是输在别人最后的伏兵战术，否则他就大满贯了。他告诉同人，胜利可以去想象，胜利也可以去安排。当然是信心、气势、企图心造就了他的成功。

4. 他清楚自己的人生规划

他很清楚为什么从事保险工作，更清楚自己要做到的事，即每次比赛得奖；赚到自认为足够的钱；当上营业部经理。

目标清楚，当然态度就与众不同。态度一旦明确，行动力就旺盛，收获就比别人高，当然生命力就超凡入圣了。

【保险金言】买保险的动机有很多，我认为最重要的是责任。

——南昌太平洋严冬香总监

23. 汗臭与口臭——形象篇

夏天一到，令人难以承受的汗臭问题立刻显现出来，尤其是一些有狐臭的女性，尽管香水味再浓，叫人窒息的味道还是弥漫难消。

或许说这是体质问题，怪不得她，但客户总是有选择服务对象的权利。

有些男士也因汗腺发达，动不动就汗流浃背，臭味也叫人作呕。

如何解决呢?

找医生咨询吧，如果可以用医学的手段处置不失为一个好方法，但可能也只是治标。

改变饮食和起居习惯，会使产生味道的问题降减少，红肉和容易使人火气上扬的食物少吃些。

清淡的饮食和水果，可使身上器官的杂质减少，囤积物一少，所释放出来的味道就会少些。

口臭的道理也是如此，肠胃出了问题就会引致异味的产生。

如果不从源头去根治，光从表面改善，如喷香水、吃芳香剂、刷牙等方法，是难以根除病灶的。

也不要晚睡和熬夜，这也是使器官难以正常运作的原因。

另外解决的方法是，既然有此问题就要避免再恶化及让对方困扰。

如有狐臭，就不要穿无袖衣服，不要太紧挨着客户站或坐。

有口臭就不要正面对客户讲话。

进门前先嚼口香糖或含一颗清香剂，使异味降到最低。

一个漂亮且仪态万千的女士，一开口却是臭气冲天，多么扫兴啊！一位挺拔俊俏的帅哥却一身狐臭，更令人惋惜。

某女星艳丽四射，可惜异味扑鼻，被媒体引为笑谈，实在不值。

异味使人难以消受，无论如何还是以去除为要吧！

【保险金言】全家做保险，全村都有脸，陈家做保险，全马都有脸！

——马来西亚大东方人寿陈礼平经理

24. 慢一点再买——异议处理篇

我经常受一些社团干部的邀请去谈保险。我都会苦口婆心地劝导，千万别以种种借口当托词来迟延买保险。

例如，我有医保，我要跟老婆商量一下，我要跟其他公司产品比较一下，我对国内的保险公司不放心，二十年后钱贬值，缴费期间没发生理赔等于浪费，等到结婚后再考虑等。

他们跟我说，保险很好他们知道，保险要买他们也知道，但慢一点没什么关系吧！

我说，赶紧买吧，因为你还可以买。最悲哀的是，当你出了事，想买，但是保险公司不理你了，不论你用什么人情、关系，保险公司是公事公办，谁都不敢循私的。

所以为什么不早买？为什么一定要等呢？买保险千万不要等！不能等！

买保险先从寿险开始，再加意外险、健康险，健康险含括了重疾险。为什么要先从寿险开始，因为寿险的争议最少，理赔的范围最大。

随着寿命越来越长，病症越来越奇怪和难治疗，看护费用也越来越贵，所以健康险也需要尽快买、买多些。但健康险和其他保险一样，不是你想买就可以买的。

医生只能救人的生理生命，却不能救一个人的经济生命。买了保险至少可以救自己、救家人，更有可能救到更多的经济生命。

一个癌症患者需要五年或更长的时间康复，但这五年可以拖垮心情、事业、家庭，成为家人永远的痛。

保险不只是医疗险，是能补偿工作收入损失的保险，还是生病以后维持尊严的一种险！

营销员在要客户投保时，反对的声音一大堆，但是出事时也埋怨一大堆，埋怨为何当时不给他介绍大额一些的保险范围广一点的，他们都忘了过错在自己身上。

一位业务健将告诉我，尽管他能力好，客户多又愿意帮他介绍，但是一位被介绍的先生就是一直拖着不肯投保，他跑了很多趟得不到效果后，只好把这位老兄列为C级准客户，就是一个月打一次电话关心他、每周给他一个云端联系的准客户。

谁知到一年后，这位仁兄急促地打电话找他，说是要买保险了，请他赶快来办手续。

一见面，详细问了状况，这名业务健将就知道已不能承保了，原因是前些日子酒宴后客户突然昏厥，送到医院紧急治疗和检查后，发现肝指数过高，也有糖尿问题，加上有忧郁症倾向，这已经是保险的拒绝户，想想也不过一年的时间，那时候如果肯接受建议投保，最佳状况是正常体承保，差一点的是加费承保，最起码明了了身体状况，该治疗就立刻治疗，不会像现在这样想投保已经无门了，治疗也要大费功夫。真是一失足成千古恨，悔不当时听从建议，现在损失大了！

【保险金言】保险就是平时不用钱、急时急用钱，小钱变大钱、保费变保额、清水变鸡汤、黄土变黄金。

——太平洋人寿镇江夏金霞

25. 让我对保险肯定的一个案例——成长篇

据统计，虽然很多的人对保险还是心存怀疑，难以接受，但是约有十分之一的客户对保险却是相当信任，能在第一时间就接受，但是他通常会说：随便先买一些就好了！买了就可以！下次有空再好好谈啦！

买了当然是好事！但是，大人穿小孩的衣服，冬天穿夏天的衣裳，住的是破破烂烂的漏水屋，吃的是一小口不够饱的食物，你能说这就有穿、有住、有吃吗？当然营销人员不可以直截了当地把这样子的话讲给客户听，但你可以委婉地在气氛融洽时，把这些话表达出来，对方若是明理人，他会认同的！

营销人员不可因为容易缔约就随便卖客户一张保单，因为太轻率，你可能帮不了他的忙，客户买错保险，营销人员是有责任的，因为在发生事故的时候这张保单发挥不了功能，原本你有功德却变成缺德。业务人员常以利益导向，让客户忘了保险真正的价值，花了一大笔费用，结果有事的时候只赔了一点点费用，这也是不当的行为。

我要说的这个案例，虽然不是高金额低保障，但却是目标不对，不能理赔的实例。我刚进入保险业时，有一天走到台北市一条叫衡阳路的一间贸易公司，向老板谈保险，当时是先用意外险开门，台币五百万！结果他一听就买了。我记得我还想再和他谈人寿保险，但他说：“有保就好了！其他的以后再说。”

一个礼拜后保单做好，我要送去给他。可是当我送保单过去时，居然发生了大事，那位老板已经过世了。站在店门口满满的花圈下，我全身在颤抖，怎么发生这种事？鼓起勇气进入客户的公司，询问他太太到底发生了什么事。

原来他是经营藤器的，在到日本深山看原料时，大概是吃了什么不干净的食物，半夜腹痛如绞，自恃身体健康不以为意，随便吃了点药。但忍忍忍，忍到没有办法，真的痛得不得了！往东京送，那天正好是礼拜天也没有什么好医生，只能拖到礼拜一，医生来一看说，不得了了！已经恶化成腹膜炎，要开刀，他打电话叫家人赶快到东京去看他。

他还说：“你们不要怕！开刀没什么大问题的！如果万一有问题的话，你就找陈某人，我已经跟他买了一张五百万的保险。”

但开刀没成功，人走了。我卖给他的是意外险，意外险能对腹膜炎理赔吗？当然是不能赔。

我赶紧回公司向主管报告此事，大家都吓一大跳，太让人意外了。后来公司把保费都退回，还理赔了住院期间的费用。他太太很是深明大义，不但没怪我，还保了她自己的意外险，算是补偿我的来回奔波。但不到一年，他的公司关了。因为公司都是老板在经营的，人不在了，生意不见了，现金流也出了问题，他的太太和女婿撑不起场面。

这个案例给我很大的冲击，我深深地体悟到，我们比客户对保险了解，我们不可以误导客户，我们要让客户得到真正的保险利益。赶快让客户买一个一定可以赔的保单，不要只买个半险。因为当时如果买的是一定可以理赔的寿险，最起码有一笔现金可供公司运转。而且金额要大一点，足够在他发生事情的时候，家庭、企业的危机和灾难就可以降低。

另一个体悟是，立即让客户下决定，不要拖延。意外和明天谁先到，我们都没有把握，唯有让客户当下做出最明智的抉择。这些体悟，陪我走了长远的保险路！

【保险金言】真正的财富，是我给我的子孙买了保险。——李嘉诚

26. 无法开发高端市场的原因——高端市场篇

千古名书《了凡四训》中，提到袁了凡先生自述没有功名和子嗣的原因。用他所提的七个原因，来探讨有些人为何进不了顶级之门，谈不成顶级保单。

1. 相貌轻薄：一脸的虚伪，得不到信任和欢喜，这是因得不到人和，平时不与人为善之故。

2. 不能积德造福：以推销为名，虽有丰厚之收入，但不懂分享，不能泽及弱势族群。只讨论保单之利益为要，以快速成交为乐。

3. 不能忍受繁杂：一些团体之公众事务，能闪就闪，能避就避，无法让人重用，有时也会加入顶级人士之族群，但图的是生意，更没法让人与他交心。

4. 心胸狭小：好计较，贪名贪利，对自己有利的事情才会做，出发点均以生意为始。

5. 自以为是：不听人言，自以为是，不喜欢学别人的东西，以为别人都不如他，比不过他。

6. 行为乖张：奇装异服，或故作名士派或奇女子打扮，有很多女士，不是浓妆艳抹，就是一身的家当都挂上了，如此哪能获得正派客户的青睐。

7. 言语狂妄：有些人一副语不惊人死不休的言谈，天下唯他最厉害，保险唯他最优秀。外行人可能被他唬过，内行人可上道得很，哪能轻易被说服。

【保险金言】保险就是你不口渴时把不想喝的水交给保险公司，而当你又口渴的时候保险公司再给你几杯水喝。——中国第一位MDRT蹇宏

27. 知识就是力量——行动篇

现在是知识爆炸的时代，书店里有读之不尽的书，网络上有数不尽的新鲜资讯，常常会觉得时间不够用，拼着老命也学不完。

其次，不需要拼着老命读，而要捡出对自己有利的去吸收。专业的书要持续读，这样才不会在自己的领域里落伍。财经新闻每天要看，免得话题无法接轨。

知识性杂志要订购，从高水平和准时出刊的杂志中获知专家们深入且权威的剖析。

热门时事、社会新闻、影剧八卦，可从一般报纸及娱乐杂志中得到精彩报道。

去书店时，先通过畅销书排名榜领略社会的品味和潮流，没有时间一一拜读热门书籍，就是快速浏览也有收获。

书评也是快速吸收新知的所在。毕竟书评是第三者对作者全面的检视，没有好好看过是不能批评的。

演讲会五花八门，参会人员吸收了演讲者多元化的观念，开阔了思想，同时对事物的判断也会越来越敏锐。

要是真的没有时间听演讲，可订购音频和视频等，有些长期的演讲课程都有此种服务，价格不高且内容充实，在销售的路程中应尽可能使自己产生再拼搏的热忱。

知识是最宝贵的力量。为求团队有共同的文化、共同的语言，领导人要在团队内散播知识和传递知识。

知识不能私自拥有。分享知识、共同创意、学习观念，这会让团队的力量增加。

要团体茁壮与脱颖而出，领导人需有一套一系列的知识进修办法。

知识也要管理。所得到的知识能活用，在工作中得到实证。

【保险金言】在自由无限度的国度里，如果你没有一定的自律，很快你就会失去所有的自由！

——马来西亚大东方人寿陈礼祥

28. 探病及慰问——形象篇

老友张兄常说起他住院的感受。原因是他的好友王某，在一个月当中连续送了十六次中药到医院给他补身，让他感动莫名。

另一位林先生说，有次生病住院十天，他的业务员跑了八趟，替他煮中药还用真空罐头包装，还送了一大堆的书，令他感慨地直说：“儿子都没这么孝顺。”

难得客户生病，此良机不把握是笨蛋。

申请理赔只是后续服务及必办手续而已。

让客户满意，乃至他的朋友、家人都能接受和欢迎才是重点。

生病的协助，从找医院、医师开始。

进了医院后的感受也要做出来。

如果客户是重病，不方便打搅，则要维护他的安宁。

若是一般的疾病，要搞清楚，他能不能接受探望，探望的时间何时较方便。

病房内可不可以放花，花易谢不好处理，而且怕导致病人过敏或医院不准。这些都要注意。

水果他能不能吃，会不会送太多反而引起困扰。

送书他会不会比较喜欢，有没有他比较欢迎的东西，尽量站在他的立场去设想。

去了解对方是由于什么原因住院，有没有忌讳。不要是妇科病，你却不分青红皂白地乱问一通。若是罹患重症，你信口开河更是不宜。

慰问也是大艺术，要拿捏得体。

当客户遭遇事故，你要去慰问前先把状况弄清楚。

他是受害者还是肇事者？你可以帮到什么程度或提供什么支持？

见到面你要讲什么话？对他的家属又能说什么？想办法站在关怀的立场提供协助，而不要再制造无谓的困扰。

关心也要体贴及联想。

如是火灾的受难者，你是否提供一些立即可用的食物、衣物和现金？

若是水灾的受难者，怎么帮他解决污泥的困扰？家属身故，你可否介绍好的殡仪馆？

适时适地提供他最需要的协助，这是保险人的天职和技巧。保险是人际关系的行业，非用心经营不可！

【保险金言】保险人的责任除了让家家户户有保障之外，还要对社会大众提供福祉，简而言之，就是要有保险公益家的作为。——平安人寿东莞李俊经理

29. 我再想想——促成篇

很多客户在营销人员做介绍时，都会说，我再想想。深思熟虑是没有错，但很多

可能引发的状况也要多想想。

没有买保险的人，躺在医院的病床上就只能说假如当初买了保险，这次的医疗费就可以申请理赔了，但可惜没买。

孩子上学的学费张罗不出来，就说假如当初出生就给他买了保险，学费就不愁了。保险会让一切意外都变成感恩。

死亡是不是意外？车祸是不是意外？火灾是不是意外？癌症是不是意外？这些意外发生在别人身上是意外，发生在自己身上就是灾难。

如果当时肯听业务员的话，多一点心思去了解保险，挪出一点投资股票的钱，少一次出国消费的费用，那些钱现在已不见了，但如果当时买了保险，这些钱长大看得到，而且在意外发生时，意外就成了惊喜。住院的津贴、手术费、杂费，这算是小津贴，最不愿意发生的重大疾病，如心血管疾病、脑中风、癌症，也会得到补贴。没有人会喜欢生病，但保险可以给你带来意料之外的大额给付。

假设人生一百岁才要上天堂，辛辛苦苦工作半辈子，买房，送小孩留学出国，可是一个疾病立刻将计划打乱，把存下来的钱用掉，甚至还不够。

没有准备保险，就得把预定用半辈子才能存到的钱一夕用完。但若有保险，只要储存几年的钱就可以在发生事情的时候得到一辈子才能累积到的钱。

平时不起眼的钱、看不上眼的钱用来买保险，在发生事情的时候，就会知道，保险会带来太多意外、太多惊喜了！

还有客户会用很多的再等一等来做借口，等我赚很多的钱之后，我就多买一些保险；等我有空……等我儿子考上大学……等我儿子结婚……等我……太多人的人生大梦就在等等等当中一直等等等下去。可是假如在等待期间，身体出现状况或财力出现问题或种种因素，梦想不就变成泡影了。梦想变成泡影也就罢了，如果本来可以成为一件美事的，因为无知；因为不愿面对现实，喜事就可能变成悲剧。

很多人会说，他不反对买保险，不过必须等他向银行借的房贷还掉后才买保险。你要郑重地劝告他：“你确信你这笔贷款付完后就不会再有负债吗？”

目前的社会形态，负债是良好信用的表现，借着贷款的方式，达成很多人生目标，可能一辈子都在重复偿还贷款这个动作。事实上，只要收入正常，收支平衡，贷款并不可怕，也不用担心。但还是有潜在的风险，假如在偿债期间，收入突然中断而又无法递补，岂不是会乱了生活脚步，而且如果是家中主要收入者发生意外，永远不能再有收入，这对家庭的打击会更大。

假如贷款的项目是房子，一旦贷款偿还不了，银行会立刻拍卖抵押品，取回贷款剩下的额度。万一碰到景气不好，房价下跌，搞不好拍卖的钱偿还银行都不够，整个家庭又回到一无所有的地步，这样的生活又有什么意思呢？但若以贷款买了保险，再加上该有的生活费用等，就是最坏的状况发生，也不怕家庭陷入绝境，以往一家辛苦奋斗创业置产的努力也才有意义。

【保险金言】保单成交70%来自信任，20%来自需求，10%来自商品。——香港anne

30. 一张让人下跪的小保单——成长篇

我做保险是从陌生拜访开始的，有一次我进入一家瓦斯行向老板谈人寿保险，老板认同，买了张寿险，半年只要缴六千多块的台币，寿险保障十万、意外身故一百万、癌症住院每天给付五百元。就在办手续的时候，突然间他的一个送货员回来了，他看到一桌的钱，问说："老板，你们在干吗？"老板说："买保险，你也来买！"他说："我没有什么钱，等我有钱再买吧！"老板说："别啰唆！你把钱拿出来！六千多块而已！"

这个人也真的不再啰唆，从口袋里面掏掏掏，掏了一堆钱出来，一算也有六千多块，我说："够了！我帮你办。"

于是他买了跟老板保障内容一样的保单。过了大概半年的时间，有一天那位老板打电话给我："上次跟你买保险的员工突然不能动了，现在躺在医院里面，你赶快去看看吧！"

到了医院问他什么病，医生说是脊椎癌。听到脊椎癌三个字，我告诉自己，还好！还好！幸好当时有给他办癌症保险，否则一般病症还不能赔哩！

从那天开始，我每个月就从公司拿了一张一万五千元的支票送到医院给他太太。差不多一年左右，他不幸身故了。身故的时候，一百八十几公分的人，瘦得只剩下三十几公斤。

真的很难过！我向他太太说："江太太，理赔金支票开出来的时候，我是不是送到你家去？"

她说："你不必送过来！我去你们公司领，我知道你们公司在台北很大的关帝庙对面，我去拜拜，顺便去领。"我说："好！支票出来的时候我打电话给你，你再过来吧！"

她来领支票那一天，不是一个人，她还带了三个小孩子一起来，三个小孩子都很小，有一个还在蹒跚学步！我先请他们坐下来，再把理赔的支票拿给她，她拿着支票非常感激，先在签收条上签名，再用颤抖的手将支票折好、收好，放在皮包里面。突然间，她拉起三个小朋友，四个人一字排开站在我的面前，我一时还不知道她要做什么，就听到她大叫一声："跪！"四个人就这样在我的面前跪了下去，而且大哭起来，我惊吓之余，赶快拉她起来，说："快起来！快起来！有话好说，不要这样子，赶快起来！"她一边哭，一边跟我讲原因。

她说："我老公平常胡作非为，花天酒地，对家庭都不照顾。跟你买保险的那天早上，他一早就去赌博了。看到老板在买保险，他就跟着买。他买保险的那笔钱，还是赌博赢来的。虽然他不顾家，但是嫁鸡随鸡，我还是得照顾他，因为请不起看护，这一年来一个月保险给我们一万五千元，让我们家在他生病的这一年能撑过来！现在又领到这笔钱，如果没有这笔钱，三个小孩子还这么小，未来怎么办呢？"

平常你或许不认为保险很重要，但是在发生事情的时候，你就会知道保险是多么的重要！虽说钱不是万能的，但没有钱是万万不能的，这个案例给大家的教育应该是深刻并且远大的！

【保险金言】没有人知道明天跟意外谁先到，但我相信有保险，灾害的损失就会下降！

——大马安联人寿张誉铧

31. 费德文开发高端市场的建议——高端市场篇

班·费德文是美国排名前十二名的顶尖业务员。在他的寿险领域里，无人能出其右。他对业务员有以下四个重要的建议。

1. 你的业务大小完全由你的眼光决定

企图心要强，眼光放大，先要放大格局，所谓定位决定地位。你的业务大小完全由你的眼光决定。不要怕放远你的眼光，把你的视野提高。眼光远大，你自然就会成为大人物。

2. 充分利用你自己，因为那是你所有的全部

你的价值取决于你把自己变成怎样的人，充分运用你自己从各种渠道所获得的知识。知识是无法妥协的，要懂某些事，你就得花工夫去钻研它。

3. 对你正在做的事，要有把握，要有十足的把握

如果一个营销员不晓得自己正在销售什么东西，也不知道公司的商品究竟好在哪里，那你怎么可能知道你要在客户面前谈些什么呢？学习，你一定要学习。你必须先“相信”它，才能销售它。

4. 你说话的方式，远比你所说的话，来得重要多了

一个业务员与其学一些超级话术，还不如先确立好自己的心态，这是一种做人、做事的格调，更是个人特质的展现。

【保险金言】基本医疗保险只能是低水平的“保”而不是“包”，“保”只有一个基本的保障，超出部分主要通过商业保险来解决。现在是转变观念的时候了，应该明确健康投资人人有责。不能完全依靠社会，社会要求我们积极参与商业保险！

——前国家总理朱镕基

32. 追求心灵平衡——行动篇

终日奔波于职场和客户的大门间，惶恐是否成交，担心同行来捣蛋，也紧张组织无法扩充，在公司的地位、版图日益缩小。

一件case进来，可能一个月的收入就靠它了；但若不进来，这个月就要喝西北风。

同人间又常是正事不干，专扯些无营养的是是非非，计较这计较那；批评公司，批评主管，再加批评商品，也批评做得好的人。一片污浊混沌，有时是保险职场的代称。

处在这样的环境，如何出污泥而不染？如何清流自处，化身为影响环境的中流砥柱，做个让人尊敬爱戴的主管和保险人？

人要为自己的行为负责，也要给自己一个单纯干净的环境。

心的世界需纯净与简单化，从书上去追求心灵的平衡，去看成功人士如何在创造庞大事业的过程中让自己心境安宁和从容。

香港影星周润发，生活简约，出门搭大巴和地铁，吃的是简餐，逛菜市场，穿衣从不讲究名牌，但是却要把56亿的资产全部捐出来。

他是最好的典范。

每天早晚给自己一些独处时间，静坐或自省。让自己彻底有检讨的机会，不但可以增加能力，也会让心灵的力量增长。

要在保险界里做得长和做得好，非得先把皮囊给修好不可。

谈到修为，在混乱的媒体刺激和环境污染下，你要找到自己的修行之路。

参加宗教团体，共修共为社会尽力。

加入各式各样的义工团队，从服务当中，放下自己的名位和财富，让自己在服务中得到宁静。

还可参加绘画班、登山、健走等活动。

所做的必有回报，增加你的福分，强壮你的体能和智慧！

【保险金言】我的信念，我只能经过这世界一次，任何我可以做的好事，和可以施于别人的善举，就让我现在立刻落实、马上做，因为我只能经过这世界一次。

——NLP训练咨询机构

33. 要有时间观念——形象篇

有人说中国人最没时间观念，很多场合都拖拖拉拉，不顾别人的死活。

其实不尽然，要看什么状况。

不准时的场合是婚宴，通常比通知的时间要慢上一个小时以上。

再者是开会时间，不是这个慢五分钟，就是那个人慢十分钟，搞得一票人等一个人，等得脾火都上升。

还有就是出国旅行时的集合时间。明明讲好时间的，却因少数人买东西而拖个半小时以上。

但也有“非常”准时的状况。如约定打高尔夫球，讲好早上五点或六点，大概都可以如期开球，因为球场时间不等人。

再者是打麻将。大家赌性坚强，恨不得立刻厮杀一番，所以约定的时间也不会拖延。

最重要的是开光破土或入土时，不只是准时而已，还要看到分秒不差才可以。

以准时与不准时之差别而言，要准时是因为对自己有利，不准时是对自己并没什么损害。可是有时事与愿违，可能会因不准时出了大纰漏。如有重大议案时，极可能因不准时而出现出席者自行表决，造成缺席者权益上的损失。

业务人员也常有因不准时而吃了大亏的传闻。

有一位以自律甚严著称的老先生，他约了几个保险公司的营销人员来做演示文稿，准备帮公司员工买团体保险。

结果在最后一次审核时，某公司的李君却因停车位遍寻不着，差了十分钟而被拒绝。那笔生意的保费就近千万，如加上往后几年的延伸保险，光利益就有四五百万。

十分钟的差延损失了四五百万，想起来肠子都悔青了吧。

要准时其实并不难。

一是记入行程登记簿，或手机里。

二是确认日期与时间。最好连星期几、早上或晚上几点都要确定。

三是见面地点也要确定。目标要明确，如机场门口见，是A机场还是B机场，是出口还是入口。

四是如是我方约的，地点需再三让对方确认。

五是要比约定的时间早十分钟到，然后在约定时间前两分钟出现。

六是交通工具要想清楚。如停车位没把握，就搭出租车或停在饭店旅馆，绝不要在约定地点附近打转。

七是万一真的要延迟了，先打电话道歉并请求谅解！

【保险金言】我20岁入行，一天10张问卷，一步一脚印，创造了3000位客户。

——新光人寿总监曾春燕

34. 对被介绍者的介绍——接触篇

能够得到客户的介绍最好，这代表着肯定和保证。

这也是你平日用心在保户服务上所得到的回馈。

很多人自豪地说，他光是客户的介绍都做不完，没有时间再做新客户的开发，你呢？

要客户主动介绍最好，不然就提醒客户帮忙介绍，或者你带着客户相关的名录数据让客户点选也不错。

依国外的统计，一个老客户依经验是会介绍十一个人出来的。

如果你服务棒、技巧好，能提醒客户想起他朋友的点子多，那么他的介绍是相当惊人的。

每个人身上的电话簿，动辄百人；每个人的抽屉里，名片可能达千张；每个人的微信群组，动不动好几十个，透过加入，一下子，就多了数千个名单。

以前讲，一个人结婚、出殡，来恭喜或致哀的大概是二百五十人，而现在云端朋友都好几千人。

如何得到介绍呢？我们试试下面的话术：

“陈先生，您参加我所推荐的保险好几年了，应该觉得不错吧，我的服务也还可以吧？我认为您应该将我或保险介绍给您的朋友。我不贪心，因为太多也跑不完，朋友当中您认为需要保险，有可能会买保险的，您只要给我介绍三个人就可以了！”

只要三人，不为过也不困难，对方通常会接受。积少成多，你有五百位客户，就还有一千五百个准名单，生意怎会做得完。

客户要介绍了，你立刻拿出一张推荐卡请客户签名。有了这张签名的推荐卡就等于有了护身符，就可以到他最好的朋友那边去了。

在他朋友那边，你当然可以大方地说是某先生介绍过来的。因为只介绍少数的人，所以你可以将原来介绍者的投保内容（如果他不介意）让他知道。

能立刻成交就成交，若他潜力大、资源够，可能要花一点时间和他沟通，这没关系，当然也可以先缔结一张小保单（如意外险），作为以后容易上门的依据。

35. 成交靠比例，但可以提升——成长篇

保险可以说是劳动密集型行业，不一定要有非凡的智慧和聪明的反应，只要肯努力，谁都可以成功。

一个卖劳斯莱斯的销售员，他曾经作过一个统计。

他每年打36000个电话给准客户，平均一个月3000个电话，一天一百个电话。

当中有80%，28800个会接。

40%，11520个会听他讲。

40%，4608个会有兴趣。

大约四成1843个会出来看。

也有百分之40%，737个会考虑。

40%，294个会有意向。

40%，117个会洽谈。

40%，47个想买。

最终成交18部车。

成交18单会让他赚到200万元。

他得出结论：每努力打一次电话会赚到55. 55元。

销售就是如此，只要坚持，多加接触，就会有固定成交的机会，但态度要对，精神要好，不给自己太多的借口！

坚持做该做的事，高产值就是从一次又一次的拒绝累积起来的！

差别是技术、精神、意志力！

勤以拜访，专业提供，超值服务。

这三项一提高，成交率就会拉高，如此而已！

保险界的高人为何成为高人，就是符合这些元素的！

【保险金言】我们决定进军养老，其实很简单，人寿保险就是解决生老病死的金融方案，13亿人口的大的国家，老龄化迟早到来，所以下决心把虚拟的金融保险服务和现实结合起来。

——泰康人寿陈东升董事长

36. 梅第博士的伟大精神——成长篇

梅第博士是当代保险之神，他已经九十多岁了，但仍然乐在传播保险精神，到全世界四处分享保险的重要性。他从伊朗到美国，从不懂英文及保险是何物，已工作近六十年。

2009年4月他到台湾演讲，在台三天我有幸近距离陪同他，也邀请他到舍下晚餐。从他的人格与风范中感受他的精神，实在百感交集。

他已年迈，体力不如往昔。在餐厅一坐下，头一低即沉睡半个钟头。但累归累，当有人要与他签名、合影时，他都来者不拒，工作人员要推开拥挤的人群，他还微笑着要工作人员不必如此，他的随和令人尊重；他时时替人着想的行为举止使人感动。

五十多年来他的好习惯让人动容。他每天四点多即起床运动并做早餐，七点前就到公司，坚持与毅力，显示一个人的成功不是没有道理的。

他认为保险是人世间最好的投资，是可以应付人生三大阶段、四大问题、八大需求的保障。

三大阶段是指：抚育期、奋斗期、养老期。

四大问题是：活得长、死太早、收入中断、残废疾病。

八大需求：生活费用、教育费用、住宅费用、税务费用、养老费用、医疗基金、应急基金、最后费用。

他认为各种投资都有不确定性，唯有保险最安全，他要所有的保险业务员都必须明确执行这份神圣的使命。

【保险金言】以前我每个月做两张保单，现在我每个月参加两次葬礼，给他们的受益人送去几百万的理赔金。 ——梅第博士

37. 力量来自先知灼见——行动篇

震旦行和优美公司三十余年前执台湾日用品的两大牛耳。

可如今，震旦行的声势如日中天，事业体除横跨日用品外，还进入光电、科技、租赁、保险等行业，市值高达数千亿台币；而优美却是财务溃败，几乎失去经营权。

这两家是以同样业务发迹的公司，最大的差异来自领导人的眼光和决策。

领导人的眼光和决策决定企业的成败。

震旦负责人授权部属成立事业部，大力发挥又因势利导，在AI时代来临前一刻迅速加入AI列车。如今开花结果，在大陆都已培养了数千多名干部。

而优美领导人行事谨慎事必躬亲，转型时选择文具用品失当，且资本大量投入而与高科技绝缘，加上无法看清时代趋势，盲目护盘引致财务危机。

我们也该想想，为何有的人在保险界里经营得很成功，不但组织扎实，客户支持，收入丰厚，还得到大多数人的尊敬与跟随，而有些投入时间相差不多的人，却默默无闻，甚至还要为考核伤神、为收入伤心。

怎么会差别那么大呢？

我认为最大的差别在于选择是否正确。

思想影响观念，观念产生态度，态度引导行为，行为改变命运。

思想是否正确，一念之间造成南辕北辙。有些人进入保险界后，误听伙伴的不正确之言，只追求快速的推销利益，不在乎新人的培养；甚至做case不服务，行不实说明的勾当；好高骛远，快速求进，到后来却害了自己的下半生。一念之间，差之云泥，我们不可不防。

所以，平时放开心胸，增长见闻，除了多请教成功者外，还要在书中寻求真知灼见。

【保险金言】有大格局的人可以完成大事，格局较小者做一般事，没有格局者做不出什么事。志向不同，格局也不同，成就当然大不同！ ——陈亦纯

38. 断绝恶习——成长篇

保险卖不出去，渠道不知在哪里，客户不喜欢你，这些都是有原因的。但大部分都是自己的问题，我们来检讨看看。

一是你有没有在早上和棉被打仗。温暖的被窝让人依依难舍，睁开眼又是无助痛苦的一天，能拖一分钟就拖一分钟。

二是有没有常和电视对坐。坐在电视机前多好，无忧无虑，时间又好过，眨眼一个晚上又过去了，免得找客户，接受反对的屈辱。

三是和书本有仇。有句话说：“人生最无奈的事是，赚了钱后忘了谦虚，结了婚后不再恋爱，毕了业后不再看书本。”

管他一年出多少本书，管他书中有无“颜如玉、黄金屋”，书拿起来千金重，多无趣啊！

四是借口公司的行政资源不好。公司产品不好、广告太少、服务太差、形象不够，甚至代理费低、训练少、不够亲切，都变成做不好的原因。

五是和车阵并行。出门堵车，找不到停车位，路途太远，种种交通问题都是阻碍生意的理由。

六是习惯聊天、打球、喝咖啡。正事不好好办，聊天好打发，尤其聚众批评主管，喝茶找碴，喝咖啡谈是非，一天光阴容易过。

七是不参加进修会、晨会等。什么都会了，保险做那么久，还要参加这么多无聊的聚会，什么晨会、夕会、进修会，浪费时间。

八是没有时间观念。和客户约时间不准时，参加公司活动也不准时，不热衷、没热情，好似行尸走肉。

九是常以解压为由。常说压力大，要喝一点小酒、唱唱歌、逛逛街、抽抽烟、出出国，日子就如此一天一天过。春来秋往，没什么进步，收入也是如此如此。

十是陷主管于不义。什么都推给主管，说主管不尽责、不能照顾部属、太小气，种种情况就是主管的问题，一点都没有自己的事，这种人工作会做好真是有鬼。

【保险金言】富贵病来袭，你的财务准备好了没？ ——中国守卫保险创意营销大师奖得主刘刚

39. 减少雇主的风险——接触篇

身为一个企业的雇主，烦心的事情可不少。举凡公司事情，柴米油盐酱醋茶，薪水、生意、员工、资金调动、质量，样样都不可掉以轻心。

若再想到员工的安危，那就更无法释怀了，所以对一个日夜打拼、心情操劳的雇主，我们一定要用解忧代劳的立场去替他设想。

雇主当然也会想到员工的安危，但他绝对无法知道真正的状况，你一定要把最坏的状况告知他。你也要帮他找出钱的依据，保费从哪里来，如何处理对他最有利，比如：

可否还帮员工找出对家属相同的优惠条件。可否从福利委员会那边找出钱来。

员工自费如何，用什么方法去将雇主的美意代为传达。员工离职时保单如何维系原功能。

员工需要理赔时，如何用最快速度处理。

这些都不是非保险专业人员可处理的，而我们正是来解决这些困扰的人。

我们来念个顺口溜罢！员工是雇主的生财宝，对员工好，就是让老板好。

对员工好，员工会知道，照顾员工到老，他会帮你守得牢。

尽力去创造共好，风险由保险代劳，真心示好，大家都好！

【保险金言】一条船出航之前就已了解他的整个航程，但一个战士只有到了远方的海上才能获得命令。——哲学家齐克果

40. 客户可能一次成交吗——成长篇

客户有可能一次成交吗？

坊间有人教一次成交术，有可能吗？

当然有！我们先来看一些数据，你想一想，你随便找出你的10个客户，看看有没有第一次拜访就成交的，应该是十个里面占有一个。

拜访两次成交的，有几个呢？两个！

十个成交的客户中有几个是三次成交的，三个！

其他是四次以上才成交的。

数据是不会骗人的，差别是技术特别好，或技术特别差。所谓大数据就是从庞大的数据中找出成长的关键和因素。

再从这些关键中创造好绩效。

当中又有一个关健特别重要，就是多拜访多谈。

建议各位日日拜访，周周报件，月月达标。稀客变常客，再变为贵客。你每天要想的事，是你对客户有无帮助，你所做的事能不能成为自己的本事，你有没有附加价值！

先不谈成交的技术，我们来看或然率，数大就是美，放开心胸，坦然面对，尽心尽力，绝对有成效的！

从事保险工作，最终成功的人，不是天赋异禀、外表逼人、口齿利落，而是实事求是、按部就班、日复一日、艰苦卓绝的人。

【保险金言】一般人是看到才会相信，而保险是相信才会看到。——周润发

41. 最伟大的汽车销售员乔吉拉德——成长篇

1977年吉尼斯世界纪录记载着一位“最伟大的销售员”——美国密歇根州底特律市的乔·吉拉德，他于1973年创下前所未闻的1425辆个人年度汽车零售纪录，直至1991年吉尼斯世界纪录年鉴还记载着，他一生总纪录是13001辆，每月最高174辆，平均每日6辆，他的纪录至今无人能破。

乔·吉拉德出身贫民窟，35岁以前换过40个工作，曾破产过，但自他35岁后开始卖车，创下四个世界第一：单日、单月、单年、总销售量冠军。

在其十五年的汽车销售员生涯里，碰到经济环境紊乱的时刻、越战、石油危机，但他一年还能卖出一千多辆车子，他是如何做到的呢？

勤追踪准客户——他每个月不间断地寄不同卡片给客户，最高纪录一个月寄出一万六千封。卡片一年出现在你家12次！若想要买车，当然要找他！

名片传单化——他喜欢在公众场合“撒”名片，在球赛里名片整袋地撒出。到餐厅用完餐，账单里夹上三四张名片及丰厚的小费，经过公共电话旁，也不忘在话机上夹上两张名片。

让老客户再回购与帮忙促销——“我的客户里，有九成是回头客，剩下的那一成，不是搬走了，就是已经过世了！”老客户成为他的助销员，在完成历史天量的那年，四分之一的量是老客户介绍出来的。

形象营销——如果你想要向红极一时的他买车，就必须像上医院看诊一样排队预

约，有时还得等上半个月、一个月——向他买车已是一种荣耀。

善用价值影响力——1978年，乔·吉拉德急流勇退。目前依然行程满档，应邀到各地演讲，分享营销经验与推销秘诀。要学习他的技术无须多大学问，但问题是一般人没有他的耐力，做不来他的积极与坚持罢了。

【保险金言】要明白保险不是卖，而是说服客户买。

——MDRT中国华北区主席吕启彪

42. 我相信保险是对人类最有贡献的产物——行动篇

生命无价，没有什么可以替代生命。英年早逝，白发人送黑发人，肝肠寸断，悲恸难当，不全是骨肉相离，更难堪的是未来生活何依。

壮年痛别，壮志未酬，黯然神伤，无言以对。苦的是目标未达，愿景尚缺；悲的是失去家中支柱，妻寡子幼，何以度长年，奈何无依靠。

更有恶疾缠身、失能无着、债台高筑、税重难当等等难以承受之憾。

人生八苦，生、老、病、死、爱别离、求不得、怨憎会、五阴炽盛（五种因形形色色思想贪念等之困扰），无日无之。

生要美如春花　死要丽如秋月

既而为人，就难以逃离人的原罪。“生要美如春花，死要丽如秋月”（印度哲人泰戈尔语），但没有几个人可以淡然看开，从容自处。

保险没有办法克服这些问题，但最起码可以解决一些困扰。

生命无价，但可以用保险估出价值，做出相当的生命价格。

身体的病苦无法逃离，但用保险可以维持最低的尊严，可以免除举债欠款的威胁。

亲人的死别没办法替代，但保险可以提供资金替代已逝者的薪资和其他工作所得。

一家经济支柱倾倒，原要用五至十年才可弥平伤痕，回复原来生活水平，但由于保险，这些时间不再难熬，不用等待，保险可以买到宝贵的时间。

钱不是万能，但没有钱却是万万不能

保险给了温情，伸出了援手；给了寄托，得来了安全。

没有一种产品能带给人们这么多的好处。怪不得人说，保险是20世纪最伟大的发明。

既已从事保险这个事业，就要当作是一辈子无怨无悔的不归路。

把它当作是终身事业。

把它当作是志工公益。

全心全意去努力，心地要坚，意志要牢，这是对人类最有贡献的事业，我们一定要用全部的心血去灌溉，去创造最大的成就和境界！

【保险金言】从事保险工作，每天劝人买保险，存的是善念，讲的是好话，做的是善行，不论客户有没有立即购买，总是在客户心中种下善因。 ——阳光人寿郑美妮

43. 成功关键——促成篇

一个保险营销员重在于他对保险是否具备高度的热情与投入，如果他只是过客心态，能赚多少是多少，那么他不可能长久任事。

保险是否可以当作长期事业，甚至是终身事业？以欧美多年发展历史来看，能工作二三十年已不是什么新鲜事，而且因长期的经营，他们的收入与成就都在社会一般行业之上。

如何才能长期经营呢？

决定一个人成功的因素有四项，分别是知识、习惯、技巧、态度，前三者固然重要，但我认为只不过占10%的影响力，态度应占90%的比重。

拿破仑·希尔曾经说："积极的态度是所有成功者共同的秘密。"也有人说："态度像磁铁，不论思考是正面或负面，我们都受到牵引。思想像轮子，使我们向特定方前进。"

要成功，关键就在自己。

保险这个行业，若要有成就，不论其经营管理或营销推广，不出"累积经验"四个字。从精算到核保核赔，要成为"专业"，其实也是将实务经历不断整理归纳，才能出现适地适当、较佳总结。

保险的推销更是如此。他必须在很短的时间有所收获，才能在失败概率较高的工作中坚持下来。这中间，便有很多的故事及原则可供其借鉴及参考。换句话说，将别人成功的经验、工作的原则及心情运用在自己的推销上，那么，便可缩短纯熟工作的时间。只要是有效、可持久而经常被使用的方法，就马上吸收、马上运用，如此必能

成功！

所有营销员都会知道，平均缔结成功率最少会有三成，而要提高其成数者，除了技巧之外，其实便是如何自我激励及理解管理，这就是所谓的健康心理建设。很多人会不假思索地对自己提出“要知坚持”“要知刻苦”“要知忍耐”“要知勤奋”，以严厉的自我要求磨炼心志，以为如此便可锻炼出必胜心，殊不知这只是建立工作习惯及工作纪律的手段而已。

真正伟大的营销员，能让人一直感到他的“豁达欢乐”。因为他始终用平常心来对待及解释自己的失败及成功。他永远告诉自己：“最终成功是必然的！无须忧伤。”

【保险金言】每个人的人生都是由“命运”这条经线以及“因果法则”这条纬线交织而成。想好事、做好事，就能改变一生。——稻盛和夫

44. 为子女投保——接触篇

有些家长会说，照顾下一代是本分，何需买保险。更有人会说：“抚养子女不惜本，孝顺父母餐餐论。”让下一代生活得衣食富足即算完成任务，何必再用保险以示捞本。

新时代，新观念。

我们换一个角度来看，如果不用投保理由为子女买保险，何不用新时代的投资观念，来为自己争取最高权益?

而且以小孩子为投保目标，更能利上加利。

试看几个理由：

1. 为子女投保，保额如与大人一样，保费一定较低，成本低当然利益大。

2. 为子女投保，可得较父母长期之回收利益，较之成年人投保有利。

3. 为子女投保，条件可较优越，因为小孩子最起码不抽烟、不喝酒，行为上也无工作灾害等事实。

4. 为子女投保，除提前保障外，碰到因身体老化或各项症状而拒保的概率会很小。

5. 为子女投保，可得到长期投资的功效，可作为升学、创业的资金来源。

6. 为子女投保，可做父母无后顾之忧的有效工具。

【保险金言】普天之下，没有我不爱的人；普天之下，没有我不信任的人；普天

之下，没有我不原谅的人。心中烦恼、埋怨、忧愁放下。长情大爱，遍满空虚，永无止境。

——慈济功德会证严法师

45. 你可以成为超级英雄——成长篇

有人问我，为什么成功者总是那些人，为何那些少数人老是得奖、称霸。

要知道赢家总是有异于一般人的特质，而且他们也总是做一些人不愿意做、做不到的事。

如果他们做得到，你也可以做得到，只要你去学习他们的特质，学习他们正面的人生态度、正面思考、正面行为和热情。

他们的特质还有哪些呢?

1. 赢家的外表。外表是给人的第一印象。还没知道内涵先看外表，专业的穿着、专家的配件、得体的礼节，让对方见你就放心，愿意和你谈重要的事。

2. 强烈的企图心。态度、举止一定要热情，穿透到客户的心里，他有让客户被吸引的吸引力，他让对方感受到他的企图心。

3. 充满自信的语言表达力。不论是速度、段落、用字遣词，都在带来强烈的个人风格和力量。

4. 高度的竞争力。不是靠比较，而是他对行业的自信及商品的特性掌握，带着专业的理念和使命感。

5. 成为行业中引人瞩目的专家。由熟练到锻炼出最强力的深度，让自己成为这个行业的引领者、代言人、典范与标竿。

6. 顺着生命必要的脚步走。从一开始的晋升到奖励都达成，从基本的学习到进修和提升到自成一家，都要有必要的节奏，甚至在媒体上发表言论，出书，出音频、视频。

7. 追寻精神导师的脚步，跟着杰出者的成功经验学习。

【保险金言】到目前为止，我没有发现有哪一种方法，比购买人寿保险更能有效地解决企业的医疗财务问题。

——微软前总裁比尔·盖茨

46. 乔吉拉德与梅第爷爷有何不同——成长篇

1999年9月18日到20日，两位全世界最知名的销售天王来到台湾。

乔吉拉德被称为世界上最伟大的汽车销售员！纪录迄今无人可破。

保险教父梅第，到2018年已经96岁了，保险年资超过60年。

他们展开了为期三天的演讲，演讲完之后，中间停留一天，9月22日离台。

乔吉拉德的成功秘密是“专注”，他是这样说的：“我总是让自己走在一条通往‘目标’的绝对直线上，专注＋目标＋排除理性、超理性、绝对的理性。”

梅第的座右铭是：“使命＋情怀＋爱，感性、超感性、绝对的感性。”乔吉拉德在销售上取得了大成功，但在做人上，他的同事都很讨厌他。相反，大家都很喜欢梅第，他的人缘好。谁人缘好，谁人缘不好，都是有原因的。

三天演讲结束，21日悄悄来了。20日晚上，林伟贤送梅第回饭店时，梅第还对他说：“你永远不知道，明天和死亡，哪一个先来。”

当时的林伟贤对死亡完全无感，因为当时他才三十几岁，距离死亡实在太遥远了，他认为那只是销售的话术。

时间滴滴答答流过，完全无法让人察觉异样，日期从20日跳到21日，过了一小时四十七分后，台湾发生了超级大地震。

林伟贤第一时间赶到饭店，敲响了梅第的门。门一打开。他吓了一大跳，老先生居然跪在窗边。

他心想，老先生应该是受到了巨大的惊吓吧，没想到，梅第对他说：“对不起，我为台湾带来了厄运。”老先生居然把地震的罪揽到自己身上。

随后，老先生先为今天听他演讲的两千多名业务员祷告，希望他们平安，再为主办单位上上下下的工作伙伴祷告，最后为台湾这块土地上，所有不认识的人祷告！

全都祷告完成之后，老先生请主办单位，把原订于9月22日离台的机票改期。林伟贤点点头：“没问题，我来处理，我今天就送你离开台湾”。

没想到老先生居然摇摇头：“不不不，请你帮我延个三四天，我想留下来，看看有没有需要我帮忙的地方。”林伟贤感动极了，原来这就是传说中的“使命＋情怀＋爱”，梅第奉行了一辈子的销售秘诀。

此时，敲门声响起，门打开，是最伟大的汽车销售员乔吉拉德。

他已经打包好，并且把全部行李都背在身上了。“走了，走了，今天、现在、马上、立刻就走！”林伟贤哭笑不得，原来这就是传说中的“专注＋目标＋排除”，乔吉拉德奉行了一辈子的销售秘诀。

卖汽车的，本来就应该先走，因为现在这里没他的事。

至于卖保险的，最后走才是对的，因为现在……是他该承诺责任的时候了。

【保险金言】以前跟客户谈什么是保险，而现在跟客户谈的更多的是怎样科学配置保险。

——北京大都会总监吴征宇

47. 我相信保险是最容易销售的产品——行动篇

没有一种商品像保险那么容易销售了。

它的价值高于黄金、钻石，但售价只有砖头那么低廉。

它的价值相当于钞票、有价证券，但价格却只像卫生纸般便宜。

它的投资报酬率千百倍，它的救急济贫的特质没有时间、人种、贫富的区别。

它没有销售时间的限制，也没有地域或职业的差异。

它的使用价值可以在老年，提供养老的奉给、病苦的安慰。

也可以用在壮年，提供事业的安定、合伙人的权益和资金的稳定。

当然，它对家庭的安全更有了关怀、责任和照应。

对意外、疾病、工作能力、资金运用有了稳定和安心。

对子女的教育赡养、创业就学，也提供了长年的规划和温馨的回应。

只要缴了保费，达到应尽的维护保单有效的责任。

你就——

在苦难的时候不用担心求助无门。

在资金需要时不会借贷无着。

在巨祸临头时有了最强有力的援手。

要缴税金、要筹措子女教育金、要维护老年尊严，保险都可伸出一臂之力。

卖不出去只因为卖的人没有自信心，没有毅力，不够努力，缺乏热诚。

这么好的东西不应该卖不出去。只要有心，只要心无旁骛，保险绝对卖得出去。

随着人口增加、财富成长、观念提高，销售的金额必定飞涨。

随着时代的变化，意外事故加剧，疾病充斥、天灾地变无日不有，人口老化、少子化，加上人性沉沦、家庭结构变化、单身化，保险的重要性与日俱增。

你要记住！保险最容易销售出去、最没有障碍。

你要破除心中的迷惘，保险是最好销售的商品！

【保险金言】保险是“黄金当作砖头卖，钞票当作草纸撒”，只要想到这两句话，你还卖不出去保险吗？

——陈亦纯

48. 反复不断——促成篇

一位新人成交了一笔三十余万元的case，我问他是如何做到的。

他说，客户是好朋友介绍的，初次见面时并没有很大的反对意见，只是有些问题要澄清；他能立即回答就回答，回答不了的就回去找资料，第二次再去说明。

就在客户并非反对，但也没有立刻接受的状况下，他前前后后跑了十几趟。他是新人，自己都觉得讲不出新话题、玩不出新花样了，每次只是反反复复地说明保险的重要性。说来也奇怪，客户居然就投保了三十余万元的保费。

我自己也有这样的经历。在初入保险界的第一个月，毫无头绪和进展，只接受主管的指示。只要客户并非坚决反对，就再次前去，直到客户接受或把我轰出去为止。

所以在完全没有销售经验的状况下，我第二个月的收获大出众人所料。我记得多数客户都是说：“看你跑这么多趟的情面上，我给你投保。”“我不是买保险，我是支持你！”

砍一棵树，如果一百下会断，而你在第九十九下停止了，成果只是留给别人而已。

所以常有勤快的人带回一些莫名其妙的生意，通常那只是前人种树，让后人乘凉的例子。

所以，在和准客户谈保险时，能坚持多跑就坚持多跑，丝毫偷懒不得。

不是辛苦三五年风光三五十年，而是努力三五年，经营三五十年！

【保险金言】随时要名单，随时播散出去的种子，是解决业绩的万灵丹。保持一颗单纯的心，单纯坚持一个目标，确实执行。

——3W保持人陈玉婷

49. 注意客户的购买信号——促成篇

记得曾有一次陪同新业务员出去拜访客户，我事先告诉他，请他尽情发挥，我在旁只观察不发言。

但在第一家拜访时，我便受不了了。因为客户已几次透露出购买讯号，但此君却浑然不觉而喋喋不休，一副要把保险话术全部讲完之意。

事后检讨，他也以无法查觉而道歉，说毕竟新人与老人是有所不同的，无法准确察觉购买信号。

其实，关于客户的购买信号，可能有下面一些状况：

1. 眼神凝聚，注意你所说的产品内容。

2. 频频发问。

3. 问你买了什么产品。

4. 询价或对是否有折扣发问。

5. 对公司背景或理赔程序问个没完。

6. 把玩建议书，无意识地翻阅。

7. 询问这个建议是否最好。

8. 随口说：“没预算！以后手头较松再买。”

9. 手指头不经意地敲击桌面，或脚板无意地抖动。

10. 陷入沉思，眼神涣散。

11. 询问有谁买了这种保险，使用状况如何。

当准客户有了以上的动作，你就要尽快展开促成，让生意成交。

此时，你要这样做：

1. 拿出要保险单或计算器、手机告诉他填写方法。

2. 举出几个购买后满意的实例。

3. 举出几个理赔的案例。

4. 告诉他几项决定后的好处。

5. 一边解释客户疑惑，一边将他可能会问的问题抢先说出来。

6. 向他借身份证件。

7. 询问他的身份证号码或生日的确定日期，顺便做出填写的动作。

8. 问他一个月缴多少保费会不会太少。

9. 向他说今天这个特殊日子投保最有意义了。

很多生意，都是在“半推半就”中成交的，绝对没有保户告诉你他很喜欢保险的道理，你要在客户有一丝购买欲望时，带着他迅速做出决定。

【**保险金言**】美丽和智慧是一种心灵的感觉，并且反映在你的眼神中。

——意大利影星苏菲·亚罗兰

50. 改变命运，从自律开始——成长篇

李嘉诚说，改变命运要从自律开始。我觉得自律不但重要，要坚持，还要顽固地坚持。

字要写得好，必须天天练。弹琴要谈得好，每天需要练几个钟头。要上“中国好声音”，你也要每天练上几个钟。要参加马拉松，也要有纪律地从每日短跑开始。出租车司机车开得好，因为他天天开五六个钟头。要成为好演员，不去看个千场电影去揣摩别人的演技，怎么可能有出神入化的演出。

保险要做得好，不但天天要和客户谈，而且要天天谈。还要天天学、天天看主管和高手怎么说、怎么做。现在有视频、音频，花不了几个钱、几个小钱就可以让你领悟怎么达成交易。

李嘉诚每天看好几个钟头的书，柳传志说他和人约会从来不迟到，企业家能受尊敬，正是因为自律、自尊。

王小波说，人生痛苦的本质是对自己无能的愤怒。自律，恰恰是解决人生痛苦的根本途径。那么如何自律呢？我综合了一些看法，给大家一些建议。

一是要给自己一个有挑战可以达成的阶段性目标。不要好高骛远，不要给自己定一个难以完成的目标，如今年要赚上一千万，要认真客观地衡量完成目标的条件是否足够充分，然后做具体计划和理由。设定一个日期或事件来让自己开始，可以使你更容易实现你的目标。

先从遵循公司的脚步走。晋升要有多少业绩，要完成多少规定的事项，依照时间达成，或提早达成。

公司的奖励记清楚，每一项都要达成，每一项都参加，如此，你的保险地位、社会地位，你的财富目标，你的“这个世界不是梦”，便都可以达成。

二是要不断激励自己。要成长，必须有诱因、成长激素。可以把你的计划拆分成一段一段的，当你达成一段时，就给自己一些“奖励”，不断给自己信心。如果你用自我控制的积极效果来激励自己，你的意志力会持续更长时间。

多看成功者的传记、世界名人的传记，多参加进修会，多看励志的电影，也要参

加国家级或世界级的大会，甚至自告奋勇去做大会的志愿工作者，近距离接触讲师，你一定会受到非常大的激励，让你有沸腾的心志，刺激你往上走！

三是要有正常的作息、足够的睡眠。睡眠要足够，要顺应生物钟，子时该躺下，因为肝部要排毒，熬夜、晨昏颠倒，会对身体造成大伤害，我们光是搭飞机十几个钟头去有时差的地方旅游，回来就要休息几天才能恢复体力，所以不要残害自己的身体。

当一个人睡眠不足时，每天上班都会觉得很累，无法专心处理好工作，辛苦一天回到家里，哪还有精力去做其他的事，很多人长期熬夜，导致身体出现各种亚健康疾病。要知道身体才是革命的本钱，没有健康，赚再多钱你也开心不起来。

四是要和自律的人在一起。和自律的人在一起最大的好处就是，可以互相激励对方，在自己想放弃的时候，得到对方的鼓励或提醒，会让你们变得更好。

这也是为什么说物以类聚，勤快的人身边大部分人都是勤快的，不信你看看你身边的朋友。

现在是云端时代，可以邀请志同道合的网友用群族共励，好比日行万步群组、日抄经群组、MDRT俱乐部、COT. TOT俱乐部，大家目标一致，可以相互提携，排除困难，化解懈怠的心情。

没有人会甘心接受平庸，如果你也不甘一生碌碌无为，请从自律开始，改变自己，改造自己的人生。

【保险金言】买保险不能改变生活，而是防止生活被改变！——马云

51. 每天最少工作十个小时——成长篇

你一定抱着无穷的希望生存在保险这个行业里。

你肯定听说过很多因为从事保险工作而帮助许许多多人，也因为从事保险工作让自己致富，并成为一名成功者的故事。

在竞赛完毕的颁奖典礼上，你是否羡慕那些头顶着光环、受到包围喝彩的胜利者们？他们意气风发，侃侃而谈，成功对他们好似理所当然，成功好像并不是那么困难。

太多人告诉你：

人寿保险的市场最大，最容易销售。

只要有人，你就有机会，没有形体的障碍，没有年龄、性别、贫富的限制。

只要努力，你就有机会。只要努力，你就可以创造你所想要的一切。

相信自己，你一定做得到。只要你愿意，没有人可以阻挠你，没有人可以妨碍你。

你可能已在保险业工作一段时间了。起初你也很努力，相信自己会像前辈们那么杰出，可是一段时间下来，好像不是那一回事。困难一直出现，问题重重，收获不易。

这到底是怎么一回事？怎么差那么多？该怎么办才好呢？

此时要虚心检讨自己到底要什么。

首先问自己，是否真正想做好保险。你投入的心血有多少，你每天真正用在保险销售上的时间是多少。

你每天和多少人谈保险。在谈保险的时候，你是否全力以赴、全心全意为对方做打算。

你是否肯定地传达给对方这样的信息：保险是他这一生当中最重要的投资。今天不买，明天一定会后悔。家长不买，贻害全家；可以不吃饭、不买衣服，但保险不能不买。不买对不起自己，对不起太太、小孩，还会连累父母、兄弟和朋友。

你是否能坚定地告诉他：保险费一定要付。他今天不付，他日出事了就由妻儿付，而且是十倍、百倍地付。

今天为了省一点钱，改日可能天天要省钱，或者干脆没有钱，这是不智之举。

你有无竭尽全力地求好呢？

当你迷失在街头，不知到哪里去寻求避风港，漫无目的地在大街小巷中踌躇彷徨，或者和几个失败者同病相怜躲入咖啡厅互诉悲情时，你能说自己尽力了吗？

保险做得好的人，每年的收入动辄一百万元以上，而且还会持续增加。你看，这一行没有风险，而且无须大量的资金投入。

做生意的人，怕倒闭、怕景气不好，拿薪水的人，不但怕老板要你离职，还担心薪水调整得慢、职位晋升得不满意；唯独保险工作，没有风险，不怕老板调职、公司倒闭。

只要努力，你就有机会，为何不全力投入呢？

每天十个小时只是基本的时间，把十个小时当作应尽的责任。不打混，不偷工减料；不彷徨，也不找借口。

成功是属于有志气、有决心的人，但看你想不想做个成功者！

我对工作时间的建议：

1. 每天投入到生产性的时间最少要有十个小时。

2. 工作时间不要把家中或私人的事情牵扯进去。

3. 学工厂生产线上的工人，准时开机，全心投入，定时休息，乐在工作。

4. 学工厂生产线上的工人，大家目标一致，全力以赴去达成。

5. 投入工作，做好记录，检讨产能，思考为何别人的绩效高，你却做不到。

6. 学学麦当劳等快餐店的员工，维持一天的笑容，表现出一天的热诚，快乐地大声招呼每一个人。

【保险金言】一个人几乎可以在任何他怀有无限热忱的事情上成功，就是一般人以为最难的保险营销也是一样。 ——太平人寿顾问梅汝彪

52. 随缘开拓法——开拓篇

什么是随缘开拓法？不拘泥于任何地方、任何人，有机会就开口，有对象就出手。

对“寿险”这项产品而言，与世界上的其他所有的商品比较，我们可以这么说，“寿险”是最没有限制，也最没有障碍的商品。

所谓“没有限制”，意即只要是活着的人，没有收入、财富、地位的分别，有时甚至不分健康与否。

“没有障碍”，是指只要愿意，不论有无时间，因为可委托别人代办或由别人处理；也不论销售工具或渠道限制，甚至因数字时代的降临，应用数码传递保险亦可成交。

但还是有做得好与做不好的分别。

因为，最大的限制与障碍到底还是存在的。存在自己的心中，存在自己的思想、习性里。

有一旅行团到了美国，其中一位团员对另一位团员惊讶地说道：“美国小孩太聪明了。”别人赶快问原因。他说：“小孩子那么小，居然会说英语。”

太神奇了吧？大人学英语学了一辈子就是开不了口，可是小孩子才几岁，居然英语讲得呱呱叫。其实也不是美国小孩厉害，看看自己的小孩，才不过两岁牙牙学语而已，就知道大人在讲什么，也知道如何和大人沟通。

这就是敢开口、敢找机会表达的成果。只要不给自己找一大堆的理由，胆子放大

些，眼睛放亮些，嘴巴利落些，生意的机会就可能降临。

缘是与天俱来的，所谓“同船而渡也是三百年前结下的缘”。可是有缘不代表一定就有分，相识有缘，随缘需尽分。

寿险工作是化缘、结好缘的工作。

客户能相知为他家人投保是善缘，听了不保是无缘；长期客户是良缘，听了不买是无缘；尽心尽力后还是不保，就只好随缘了。

随时随地多开口，多表白，多劝导。

搭出租车可以向司机开口，买衣服顺便向店员劝导，去餐厅也可以向老板、服务员表白，搭飞机时空姐是练习的好对象。

甚至已疲惫了一整天要回家了，在家门口的便利商店买晚报时，看到店员换了新面孔，也可开口询问。

说不定这一开口，就是天雷勾动地火，一发而不可收，带来无穷收益呢！

1. 随缘开拓要用平常心，不矫情，不做作。

2. 胆识够。不必对陌生人胆怯，也不必对财大气粗的大老板示弱、卑躬屈膝。

3. 开口就有机会，开口不一定有用，但不开口就没机会，不开口一定没收获。

4. 随机推销要注意客户的个人状况，如身体状况、财务状况，不可图客户的爽快签约，忘了观察和了解客户投保之意图。

5. 随机推销要注意本身之安全。知人知面不知心，不要因客户太好心，就忘了防范。

6. 所谓熟能生巧，每日多谈多讲，自然流畅顺手。但提防因熟练而大意，范本还是要备好，要有最佳保险组合的概念。

7. 话要讲清楚、说明白、不宜多。让客户多讲多问，才能明白客户的心意；要自制，别自己一直讲个不停：有机会甚至录音回来，再三加以检讨和改进。

8. 应用一分钟话术。如何提起客户兴趣，精简有力，达到客户心坎里，这要不停地练习。

9. 如果客户有能力年缴一百万保费，你就不要只收一年一万。你要眼观四路、耳听八方，用触觉去判断，但是千万不要让客户害怕你。

10. 先成交再说。不论如何，先拿到一把钥匙、通行证再说。所以简易、低廉、易办的保险可作为立即成交之利器。

【保险金言】营销员知晓财富流失的奥秘，可以更好地为客户服务，客户明白财富的真相，可以增加对我们工作的认同。——平安人寿最大团队总监庞国平

53. 为她设想——行动篇

当一个犹豫不决的家庭主妇，已经不知如何是好时，你要迅速地帮她作出决定，为她找出购买的理由。

“你作好决定后，不但拥有保障，老公也会很高兴。”

但太太们，大部分是自己没什么自信作出保障的决定。

你要鼓励她，告诉她一些实例，拿一些模板给她参考。

也有很多男士相当尊重太太，或者是认为保险属于财务问题，应该由太太安排。

但很多营销员非常怕去见客户的太太，尤其是客户说此事由太太决定，请你去和他太太研究时。

有什么好怕的呢?

机会本来就是一半对一半，既然先生要你去见他的太太，机会就已超出一半以上了。再说，先生不想管，可以由太太决定，那么你就可以直接和太太接头了。

一位黄姓女性业务员，她说，她擅长处理这种状况，最喜欢去和对方的太太直接沟通，甚至引导客户说这事该由太太决定。

穿得朴素些，带个小礼物，电话里面说：“您先生实在太爱您了，连保险都要您自己选择，您有了一张不错的保险，加上爱你的老公，等于是双重保险，我实在太羡慕您了！”

你多为她设想和赞美，她会觉得何乐而不为呢?

【保险金言】保险对个人有储蓄的好处，对家庭有保障的功能，对社会有安定的作用，寿险所累积的巨额资金，更可以协助国家进行长期建设，繁荣经济。

——新光人寿前副董吴家录

54. 以柔克刚——成长篇

在十几年前，一位客户投保了五百万元寿险，不料体检时出了状况，需要增加保费七万多元，四十几万元的保费，突然变成五十五万元，这下子难搞了！

客户很肯定，只要加费就是不保。

与公司周旋半天，承办人员硬是非加费不可，只好申请将保费退下来给客户算了。

因为保费高，惊动副总，要我过去问原委，协助他处理。

经过协调，核保部门同意只加费三万多元。

我带着支票到客户面前，支票先递给他，意思是不加费公司不同意，我帮不了忙，只好退回了。

客户感动了，好像很少人这么干脆的，他想了想，问我还有没有其他办法，他是很想投保的，我也仔细想了想说，这样吧！你的体况是一定要加费的，不然这样，今年加费部分我来付，明年再体检，如果正常就恢复正常费率。

客户当然不肯让我付费，但对我的努力很认同，经过再三思考后，终于同意依照公司加费的总费用付款！

【保险金言】过去20年中国企业家的寿命非常短，而且很容易就成为两院院士，不是去医院就是去法院。——地产大王冯仑

55. 保险事业的前途光明吗——成长篇

当有些人听到我是1975年进入保险界的，他们无不大为惊奇。他们有时还会问我保险事业到底是什么，他们若来参加这个行业有没有前途。我会列举一些数字来说明。

1975年，台湾的投保率只有3%，1986年投保率是15. 8%，在2000年达到100%的投保率，从15. 8%走到100%投保率走了十四年。

大陆现在的投保率，15%而已，但财富在逐年增加，全世界的眼光都聚焦在大陆。如果从2013年算起用十四年的时间，大陆的投保率在2027年有100%时，若像台湾一样高达16. 81%之保险深度（2012年大陆的保险深度只有3%左右，保险费收入只有1. 7万个亿），则当年保费会有人民币二十多万亿，成长是非常惊人的。

这是惊人的数字和可怕的财富，可是有几个保险从业人员可以想象到那时候的荣景，并为此做好准备？如何依着数字和年度的推进，给自己一个高大上的宝座？这需要有伟大的企图心和魄力。

再给一个忠告，保险天空无限大、远景无限宽阔，但要能长期受尊重和支持，必须有高尚的理念、助人为乐的价值观，不图重利美名、豪宅名车、名牌奢宴。

因为还有人生活在穷困的水平下，有人失学，很多人面临疾病意外，很多人必然老龄失怙无依，我们必须像先知一样，大力去鼓吹防患，甚至还要出钱、出力去拯救和呼吁，这是我们不能忘却的责任。

【保险金言】如果我办得到，我一定要把保险这两个字写在家家户户的门上，以及每一位公务人员的手册上，因为我深信，透过保险，每一个家庭只要付出微不足道的代价，就可以免除遭受永劫不复的灾难。——英国前首相丘吉尔

56. 耐心和毅力是时间的延伸——成长篇

如果都市里盖地铁，一挖好几年，道路受阻，灰尘迷漫，商家受苦连天，过往的行人及车辆苦不堪言。

但苦日子总会过去，地铁完工后，路阻拆除，道路恢复平坦，大量的上班族、行人、学生涌入地铁，迅速而舒适，大家莫不交口称赞。

没有困扰就不可能有成果。如果因担心交通黑暗期而不开挖，则交通的混乱永远是黑暗期。

放弃了，就没有了。树要砍一百下才会断，砍了九十九下放弃的人是傻瓜，但傻瓜大有人在。

改变习惯会很不习惯，大部分的人没有耐心，到处追求速成的秘方。看别人成功，以为成功是举手之劳，没想到成功是需要付出时间的。

揠苗助长绝对无益，火候未足不成气候，大师也要从伙头夫子的工作做起。

人是习惯性的动物。习惯了安逸，就不敢付出劳苦；但甘于劳苦，自然也可习惯于劳苦。养成早起习惯后的人，闹钟未响人已先起。

培养毅力从下定决心开始，每天一定要固定早起和出门的时间。

可以拿孟子的《告子篇》来鞭策自己："天将降大任于斯人也，必先苦其心志，劳其筋骨，饿其体肤，空乏其身，行拂乱其所为，所以动心忍性，增益其所不能。"

由俭入奢易，由奢返俭难。天底下不可能有白吃的午餐，敢努力、敢学习，自然就会有成长。

碰到困难就想退缩和放弃，永远就不可能有杰出的一日。

困难是一定有的，阻碍也是连绵不绝，但成功往往就在失败的旁边等待，只是你没耐心而已。

1. 放弃之前，一定要问自己，真的要放弃了吗?

2. 放弃之前，再试一次，再给自己一次机会。

3. 别想太多，尽力去做。

4. 怕主动开口被拒绝丢脸? 不要怕，做多了，自然不觉得丢脸。

5. 常要告诉自己有志气些，也要鼓励同人勇敢些，怎么可以轻易投降?

6. 多看名人传记、企业家奋斗史，可以激起“他是何人，我又是何人，有为者亦若是”的冲动。

【**保险金言**】深窥自己的心，而后发觉一切的奇迹在你自己。　　——培根

57. 缘故开拓法——开拓篇

何谓缘故? 新知、故友、姻亲、业务往来以及和我们有过关系的都可算人。

有人说，向认识的人推销保险没有面子，太丢脸了。有人怕被认识的人拒绝，没有意思，太难堪了。也有人说，推销就是要向不认识的人下手，这才能显示自己的勇气、专业知识和市场拓展能力。

讲得有那么一些道理，但我们深入来看：每个人都是要买保险的，你不向熟人说明，他还是会被别人所成交，你白白浪费机会，何苦呢? 除非你自己的信用差，在熟人心目中不值得信任和委托，否则，买东西岂有不向熟人买的道理?

卖车子、卖房子、卖计算机可以找熟人，卖保险为什么不行?

买车子、买房子、买计算机、买衣服、买珠宝向熟人买比较放心，为什么买保险向熟人买不安心?

好东西要与好朋友分享，除非你认为你的东西不是好东西，你是过客或者你在找其他机会。

你若卖车子，但不找熟人来买，让他向别人买，大家只是彼此不相欠、不埋怨。

今天你在销售保险，你懂保险，也对他的状况明了，但是不向他说明保险，不卖给他保单，可万一哪天他或他的家人出事，他觉得保障少或买得不对，他会怨恨你，没有尽到朋友或亲人的职责。

与其现在被骂，不要以后被骂，与其被不相干的人拿走生意而后悔，不如义无返顾地立即着手。

1. 依不同来源分类。分细点可较周详，如：同学可分为小学、中学、大学等；友

人又分社团、球友、生意往来等。

2. 依亲疏关系分级。总不能专找关系淡薄的对象下手，先找些一定会支持你的人得到效果，再将口碑传出去，你的成就才会加快和有效。

3. 依紧急与否分次序。有些亲友急需节税，你要优先处理；有些是工作危险性大，先提醒他；有些则是家庭担子重，非先让他承保不可。

4. 依金额大小分快慢。你不去，别人攻进去；你知道他是好对象，目标明显，别人当然也知道；你和他有关系，别人的关系不见得比你差。金额越大，你的动作越要快，反正一次面子要卖，当然成效要高些才划算。

5. 缘故名单要常增补。不要将亲友故知当抹布一次用完，还要提供良好的服务，要延续拓展准客户。所以缘故市场要有计划性、目标性地经营。

不管你销售何种商品，保险是有感染性的，因为大家都是亲友，所以都可能互通有无。为了效果加大，产品不宜复杂和太个别化，让满意的客户帮忙宣传，胜过自己讲半天，所以可以用较明确易懂的商品但也有一些注意事项。

1. 广为周知。既然有心长期经营，就要让大家知道；既要防堵，也要尽快开源。

2. 理直气壮。不要心存赚人佣金不好意思的想法，也不要赚了一点佣金就考虑是否退佣，你是在做好事和提供好产品，时时在心中如此告诉自己。

3. 他若拒绝也不要翻脸，大家都是熟人，日后还要相见。留些数据或常给他数据，因为是熟人，有什么病痛灾难时他或许会想起你的。

4. 如果对你的销售满意，对你的成就也支持，想办法把他增员进来。亲友搭档最好发挥，也较有荣辱与共的想法。

【保险金言】保险是所有行业中最有潜力的！ ——郎咸平

58. 加快热度——促成篇

十位客户投保后，有九位会生出后悔之意，这代表客户投保有时是因激情所致。

所以在和客户谈保险时，要把你的热情传达过去。

你的眼神要炯炯有神，你的语气要坚定有力，你的肢体动作要兴奋洋溢。

你要在平日养成乐观的习惯，就是失败也能一笑置之，立即再出击；甚至在心里没有失败的想法和阴影。

“这些保单快停卖了，要买趁早哦！”

“大家都流行买这种高还本的保单，您不要跟不上潮流！”

“现在都买大保额，买少会被人笑，赶快参加高保额俱乐部吧！”

应用热力沸腾的原理，给自己旺盛的成果。要一百度才能将水煮开，你就不要在九十度时停顿。

常常停留在九十度，永远不会有成果。

【保险金言】维持现状即是落伍。　——新光人寿创办人吴火狮

59. 坚持信念——异议处理篇

面对没有营养的问题，你怎么处理?

“别人买保险都有退佣，而且一退就是30%。”

“别人买保险都有送东西，我的朋友小琳买某公司的保险被招待去泰国玩了七天。”

你和他争辩退佣的高低，还是赠品的大小?

你会不会立刻显得气馁和泄气，半晌讲不出话来，甚至还要当场打电话回公司问主管，可不可以退佣?

你敢不敢和他讲，退佣是非法且不专业的事情；以退佣争取保单的，是不诚信和不想长远经营的人? 为什么传达保险意念的人，这么没有信心和理念呢? 保险是使命感的产物，要坚定地传播最正确的理念，要知道客户需要的也是真正的信息。

不要用退佣、送礼、喝酒等偏差的行为来诱导客户，不但违法，而且客户在真正明了保险真谛时，是不会欣赏这些偏差手段的。

有一个笑话。教皇和一位美国企业家在花园中散步，主教随侍在后。

“一千万够吗? ”教皇摇头。

“五千万可以吗? ”教皇还是摇头。

“那——一亿可以吗? ”教皇仍然不肯，美国人垂头丧气地走了。

一旁的主教连忙向前问教皇：“您怎么拒绝这一笔钱呢? 有这么大的一笔钱，我们可以为教友做多少的事啊！美国人是要求什么呢? ”

“美国人要我在祈祷后，”教皇说，“不讲阿门，说可口可乐！”

所以信念是不该轻易改变的，一个轻易改变信念的人，正是为自己的人生路堆积炸弹。

【**保险金言**】不论是10张、20张保单，还是上百张保单的加保契机，都是提前将人身风险损失缩小，将人生梦想累积放大。

——南山人寿林意珍

60. 我有经营顶级客户的条件吗——成长篇

人人都想经营高额保单，先问问你自己有没有具备这些条件。

五个“战”字，提供给有心走向顶级的市场保险人作为参考，去审视自己是否够格。

1. “战功”——你创造了什么好记录，你用什么可以让人肯定你，你凭什么让别人拿出几百万、几千万来和你达成一笔交易。你若没有好成绩，你将很难说服这些顶级客户。

2. “战力”——你现在拥有的实力，你的职位、你的组织、你的外表是否足够让他们认同你。

3. “战略”——有心得到这些顶级人士的青睐，你就必须制定战略、战术，锁定你的目标族群、你的核心价值、你的通路、你的行动。

好比你到他们常出没的餐厅、Club、 精品店去消费。你也打入他们的社团，你认识他们的服装、饰品设计师。你在他们参加的社团中拥有一个受重视的职位。

你搭头等舱去接近他们，你开顶级车去争取认同，你住在高级小区里。

你有和他一样的品味、观念、赚钱的态度，他们会喜欢你的。

你还认识一批知道谁是顶级人士的专业人士，如医师、会计师、律师、设计师、美容师等。

4. “战德”——你的内涵气质不能差，尤其是专业知识，其他的社会知识、企业知识也要涉猎。你有没有在媒体上发表论述，甚至著作等身，这代表着你的权威、你的专业。你是不是行业中的领导人，当媒体需要保险观念时，你可否代表行业发言。当然你的道德力也要高，你不可以卖弄他们的隐私和私人事务。

5. “战气”——没有人会喜欢一个无精打采的人，让自己随时保持充沛的体力，让你的阳光热力去照射四面八方，让准客户喜欢你的热情和主动。

当然不可能这么简单就可以打入这些金字塔位于顶端的族群。你要以耐心的态度、精进的学习力，加上更细腻的手法，才能收成不凡的成果。

【**保险金言**】如果金融保险人员做得好，等于给中华文明的推进立下了汗马功劳！

——余秋雨

61. 多谈好言，以诚感人——行动篇

由于疏离感及压力等社会因素，现在会好好谈话的人已经不多了。

所谓“说好话、存好心、做好事”，这是保险人的职责与本分，但很多人却无法善尽使用。

所谓好话，就是赞美的话，鼓励的话，正面、积极、乐观的话，对别人有益的话。

保险商品已大同小异，公司也难以区隔，针对客户需求提出个别设计规划的做法，也已不再稀奇。

倒是传达保险理念和提供服务的人有所差异；而且，因为有个别差异，所以还是需要由人来传达保险。

销售始终来自于人性，因为每个人都不一样，因而懂人性、善解人意者就比较受到欢迎。

不批评同业和客户的观点，是最需要注意的事。对客户所感兴趣的事务一定要表示关心和赞同。

业务同人平日要多吸收有关艺术领域的知识，在进入客户办公室或家庭时，能一眼看出他的喜好和素养。与其猛推销商品，不如赞扬客户的眼光，这样他会认为你和他是站在同一阵线的。

如果能讲出对别人有益处的建议或缓和心灵的话语，更是让人油然升起赞叹之意。有位营销员常寄他的作品和剪报给我，更是让我不能忘怀。

现在微信盛行，每天用一些细碎的时间，你就可以在最快时间里和客户、朋友做最亲密的接触了。

我欣赏的业务员是：

1. 正面、积极、乐观且笑口常开。

2. 言语中突出他是正向思考且能为人考虑的人。

3. 赞同对方的话，而且能引述和强调对方论点。

4. 关怀众生且有匡益人心之作为。

5. 能参与小区事务且不计较毁誉利益。

6. 善解人意，敏感话题少评论，不与对方的政治、宗教、休闲、嗜好起冲突。

7. 会观察对方的心态，适时分解对方的忧劳并提出抚慰贴心之思。

8. 用心倾听，不会横加打断或言不及义。

9. 态度始终谦恭和诚挚。

10. 能分享客户的得意事，能保守客户的秘密，能解决客户的困扰，能提供对客户有益的说明。

【保险金言】仗剑需交天下士，黄金多买百城书。人人皆为我名师，事事助我成大愿。

——陈亦纯

62. 特殊商品开拓法——开拓篇

用单一商品做特定市场开发，并结合特定市场的习性和关键人士的支持，往往可以创造出不凡的业绩量。

早年在台湾的“防癌天使”就是最好的例子，单一防癌险引起了不同凡响的话题与市场影响力。重大疾病险、儿童专属保险的上市，也曾引起一波波的涟漪。

单一商品的特色是鲜明、深入、简单化，它的背后也是很清楚的“积极、关怀、公益”。

如何做呢?

1. 找出特定市场的特殊商口。

2. 和特定市场的关键人物先取得默契，有了默契和承诺后，开发就不再是难事。如幼儿园园长愿意推荐、医院院长愿意推荐，效果必定产生。

3. 要注意时间性。如学校有开学和放假期，利用开学的时期配合缴款或通告，则效果会更明显。

4. 商品要单纯，但有其特殊性。

5. 团体汇缴有优惠也是一个关键。

在女性较多的职场主推女性专用保险，如女性疾病保险等；在托儿所、幼儿园或小学以儿童保险做突破口，让父母安心。

旅行险给跨国经营的公司；年金险或趸缴险给需要退休规划者；意外险与定期险给较有风险观念者或易发生意外的族群。

注意事项：

1. 商品不能一成不变。当别家公司同类型商品已攻上来时，要及时更新、转型或加值，使同业难以追逐。

2. 时效性要掌握。虽然中国富裕到“钱淹喉咙”，但“生意无三天好光景”，别人会抢你的市场。所以如何抢得头筹，而在别人纷纷跟进时，你已转到另一管道跑道上，不和别人打混仗。

3. 速度与广度的配合。当台湾发生“9 · 21”大地震时，美国救援队从土耳其赶到台湾灾区，也很快从瓦砾中救出不少人。记者问他们如何救人，队长汤姆士只说：“Speed！Speed！Speed！”速度快才可以救人，也只有速度才可以争取到空间。为了广得市场，可以和伙伴合作，共同开发，创造声势。

4. 可以和相关商品相结合。如与儿童用品、语文班、才艺班相结合，打造专属产品。

【保险金言】学习了陈老师《保险大赢家》视频课程后非常受益。我非常认同保险既是有利于人民的，又是可以成就自己的事业。——北京爱心人寿徐伟

63. 钱会贬值，不要买保险——异议处理篇

民众很奇怪，也没有统一教材，但是面对保险营销员时，往往会说：“买保险没用，钱会变薄，以后领回来的钱还买不到一包卫生纸！”有一位保户说，二十年前他买了十万元的保险，当初十万元还感觉蛮大的，可是辛辛苦苦等到满期后领回十万元，却觉得什么事也不能做，所以他认为钱会贬值，千万不要买保险。我向他说明：没错，钱的价值通常会贬值，投保时预计未来可领回的钱，或许会比较没价值。但是别忘了，已经缴的钱也会跟着贬值，保险公司并不会因为通货膨胀而调升保费。所以，比较之下，其实并没有吃亏，还可能赚到更多好处。”为什么呢？接下来让我告诉你。

现在的保险，大部分都采取增值的方式。如果每年付五万元，约定保险金额是一百万，五年之后，您仍然只需要缴交五万元。但是，保险金额可能调升到一百五十万元了。十年后，如果您还是每年只缴五万元，但是保险金额可能提升到了两百多万。如此一算，是不是很划算呢？此外，保险是反映一个人的价值和身份，所以当您的保额因为通货膨胀的关系，使价值跟不上身价的时候，您就应该再增加保额，这样才符合您的需要。不要认为买了一张保单，就可以使用一辈子，这是很危险和不切实际的想法。

还有，您如果担心金钱的价值会贬值，最科学的方法就是去评估。您预估20年后会贬值多少，在买保险的时候，是不是就应该考虑增加保险金的额度，或是购买增值

型保单，确保当预估的时间到来的时候，能得到您所约定的金额。当然，保险的功能也不只是储蓄而已。当一个家庭，因为一家之主突然撒手而去，如果没有留下足够的生活费用，这时候他的家人，一定很渴望有一笔钱去应付眼前的开销，不管金额是多是少，而保险的理赔金，就是一笔可以安家的救命钱。

假如没有特殊的状况，通常这笔预定金额，可以在被保险人出事之后，很快地送到受益人的手中。这和其他财产不同，其他财产的价值，往往不容易掌握。而且，除了保险金之外，一般资产要变现，也会需要一些时间，而且还会有课税的问题。因此，拥有一张和资产相匹配的保险，才能使财产不致因外在的因素和税金而贬值。事实上，最怕贬值的东西，其实不是保险或财产，而是一个人的能力。当能力受损的时候，才是他生存受到威胁，与最需要援助的时候。保险的助力，或许就是他力图振作的最好依据。

发生事故时，虽然有保险或没有保险，日子一样要过。但是，没有保险，生活会变得黑白黯淡。有了保险，生活可以较为明亮、有希望。科技时代，头脑要与时俱进，千万不要还停留在农业时代，随遇而安，等碰到事故再说，那是非常愚昧的行为。

【保险金言】将“世界最自私的行为是无私”这句话融化在你的血液中。

——保险教育家于文博

64. 以夷制夷——促成篇

明明知道客户会买保险，预算都有了，但就是犹疑再三。

也谈不出为何不立刻买，就是感觉话不投机，无法取得信任和订单。

他是个谨慎的人，而你是个大而化之的人，当然两边兜不上去。

他白手成家、困苦出身，而你却是含着金汤匙出身，味道不同，难以契合。

他学历低，而你学历高，基本差异显而易见，怎么拉拢也不靠近。

此时该采用以夷制夷的策略了。请求营业部里的同人支持，哪一个人的习性和他较接近，可以很快地让他放心和契合，就请他前去帮忙。

如果对方喜欢艺术，你找个懂艺术的人。

你发觉他家的设计很典雅，就找个喜欢搜集艺术品的朋友一起去。

对方喜欢古典音乐，你可以找个喜欢上音乐厅的同事。

他喜欢和高地位的人交谈，不妨请主管协助，或者副总也可以，甚至请老总打个电话也行得通！

【保险金言】推销成功的基本步骤就是要每天认识新朋友，关心他、了解他，然后将他变成自己的客户。

——南山人寿黎顺发

65. 随机开拓法——开拓篇

什么是随机？特定机会与创造商机的意思。

但在掌握商机前先问自己有无能力。所谓“成功的人，先拥有能力再寻找机会；失败的人，找到机会后再问自己有无能力”。

机会随时随地会降临，全看自己有无福分消受。

脑筋要灵光，感觉要够，要知道自己是个事业家、生意人，你的生意大小全凭你的努力和用心。

1. 找出机会点。每天报纸上的新闻人物、财经专家、成功人士、杰出企业家，这些人都会投资大额保险的；发生灾害的地区，如地震、火灾、流行病，余悸未消最有可能接受保险；医院，悲欢交集人生难免，接受保险也较高；生子、新婚、晋升、新屋落成、购车，都是人生之至喜，也是保险的最佳购买点。

2. 找出接触点。利用出国旅游同团相聚多天的机会，出国同游时人与人之间最无防范心，最易传达情谊与热情；打球、登山、公祭、婚宴，虽然相聚的时间不太长，但有心者亦能留下好印象；小区的会议、小孩学校的家长会、同乡会等，都是好发挥的机会。

3. 找出时间点。有些家族性的保险抗拒让人懊恼，他们自认财多权重或没需要而推托，但人吃五谷杂粮，总会生病和死亡，生病时总会引来一大堆的问题，照顾、赡养、用药、业务移转等；死亡也是一样，财产申报、遗产分配。这些都叫人忧愁和不知如何是好。在新痛难消情况下，提供保险是保障财产的好方法，这是让对方获益的机会点。

这些在机会点上被抓到的人，大体上可以用观念去争取他，保额也可以高些，保费当然可以高些。终身还本险当然不错，但若考虑储蓄，可用两三年或五年短期还本险，去满足他的需要。

要注意：

1. 要有速度，需求虽是长期，但感觉与悸动是刹那间的。你知道他有需求，别人也会知道。谁的速度快，谁就可以掌握商机。

2. 要有深度。想让业务源源不断，最好采取深度经营法。他个人一生可向你买几张保单，他的家族共可向你买多少寿险，他们的保费投资额是多少，是否足够在财务状况更好时符合他们的身价。

3. 要有广度。面要拉开，线要如网般撒开。在别人还没有感觉和行动时，你比别人早一步查知和下判断，而你的老客户、业务介绍者等协作人员常会提供正确的情报供你使用。

4. 要有感度。如今卖保险的人多了，每个人的身边都有很多做保险的亲友，如果没有特别吸引人的感觉，你如何让别人接受你。平时除培养与众不同的判断力、观察力和说服力之外，还要有与别人不同的气质与态度。生意不是便宜或折扣就可成交，反而是稀有尊贵的才好接受。

【保险金言】中国国家主席习近平在2018博鳌亚洲论坛上发表主题演讲称：今年要加快保险行业开放进程，努力让开放成果及早惠及中国企业和人民，及早惠及世界各国企业和人民。

66. 我相信我会在保险界成功——成长篇

所谓成功的企业家，是指能看到自己的事业目标如期达成的人。

他会很自信地说，他要什么、他要创造什么，绝对可以如期完成。

他有旺盛的企图心，他的愿景不断地被提醒和描绘，他一直给自己的潜意识下指令，他早就在脑海中烙印下繁盛的景像。

“有梦最美，希望相随！”“人生因梦想而伟大！”

去想象美好的未来，去赞叹美好的场面，大家一起去描述美丽的远景。

当一直去想象好的一面时，往往好事就来临，美梦成事实，所谓“心想事成”。而一直埋怨环境和别人的人，是不可能有大成就的。

做得到，你一定会成功。

幸福与痛苦完全是自己的选择。当你要幸福，你会感觉幸福日益增加，周围的朋友也都菩萨般慈祥和和蔼，幸福的磁场与日俱增，会吸引更多的良善来临。

反之，老是想象自己会碰到失败的遭遇，得到悲惨的结果，心中不时浮起厚重的乌云，脑中纠缠着不健康的思绪，当然吸引来不好的事物，真正带给己失败的结果。

没有低潮，没有负面。客户的反对是正常，这是购买的讯号；同人的稍有冲突也正常，这是成长的突破，顺境的必然。

想象自己是最健康的人，你会日益健康。思考转变态度，态度产生行为，行为转变命运。脑中有好的意念，就会刺激右脑神经做细胞改造，产生好的效果。全身的细胞每十一个月汰换一次，如果有心，十一个月后你就是焕然一新的人。

想象大家都对你友善支持，大家当然都支持你。

你要大家都有幸福富裕的未来，祝福他们，每天用笑容、愉快的声音去赞同道谢；你相信对团队有帮助，真心付出，就绝对会成为团队中的灵魂及不可或缺的人物。

你相信在保险界中会成功，只要每天心情愉快，每天去想象好的成果，每天去谈好的事，每天去做对成功有帮助的事，你就一定会成功。

财富是跟着有缘人走的，你喜欢它，去正视它，喜欢和大家分享，财富就更欢喜靠近你，你可以拥有全世界最伟大的力量，你可以有源源不绝的热能，只要你想成功，你绝对可以在保险界成功！

【保险金言】一个天资平庸的人，能够下苦心，愿意坚持学习，会比一位资质比他好，但不能踏实往前的人更有脱胎换骨、脱颖而出的机会与可能。——中国人寿宁波刘波

67. 多赞美少批评——成长篇

有一位大学生，临毕业时去找他的指导老师，请教他如何在社会里博得好人缘，并声称准备了一百顶高帽子，作为人际沟通的礼物。

老师正色教训他，做人要实在，不可虚伪和浮夸，不要走快捷方式，意图一步登天。

学生赶快敬礼道：“还是老师您伟大，实实在在教育英才，为社会尽心尽力。”

老师频频点头微笑。

待和老师分手，学生暗自笑道：“又送出一顶高帽子了。”

由此可知，人总是喜欢听好听的话、顺耳的言论，纵然是阿谀谄媚但总是比当面指责批评受用多了。

同样一件事，运用迂回委婉的方法，总是比直截了当有效得多。

到了客户家中，尽管小孩一脸呆相，鼻涕直流，你还是要猛夸小孩漂亮、聪明可爱。

陈设或许不高明，但你还是可以从整洁、高贵或细节等特殊处称赞起。

只要有心和懂得赞美，一定有办法让对方开心。

所谓职业眼、招风耳，眼睛一瞄，哪些东西可以重点描述和赞美，即应心里有数。

客户是怎样的个性和属性，你要会看并投其所好。

见人说人话，见鬼说鬼话。

讲话要得体，甚至要讲到心坎里。

卓别林有次被英女王召见嘉勉，女王说："你在电影里演得很好！"

事后卓别林说："女王并不是很有心，因为她没有说出我在哪部电影中表现不错！"

所以赞美还是要言之有物，才能真正博得欢喜。

---

68. 保密为要——成长篇

客户李小姐是一位牙科医师，投保了一份保险，一年三十万的保费。

承办的杨小姐把保费拿回来之后，想到一些不妥之处。

因为李医师说，她会介绍一些好友一起来投保。

她还说，她会问男友这保额够不够，如果不够还要加保。

左思右想，杨小姐立刻打电话给李医师：

"李医师呀，我已经把您的申请书送到公司了，原则上没有问题，恭喜您！"

"您说要介绍朋友给我，很感谢您！不过回来一发现，这张保单已经没有额度了，是不是暂时不要跟朋友说，免得他们因为无法买到而感到遗憾！"

"还有我必须提醒您，您最好不要跟男朋友说您买这张保单的事情。男女之间财务最好不要太透明，尤其是女性，一定要有自己的安全防护。

杨小姐打这通电话的用意，在于避免节外生枝。由于金额还算大，李医师向好友或男友透漏她买了这张保单，朋友们可能会提出反对的说法，或介绍其他公司的业务员来搅局，为安全起见，先不要让这张保单曝光为要。

而更戏剧化的是，经过杨小姐这样的说明，李小姐不但没有对外声张，甚至还要求把额度提高，最后变成一年缴五十多万元的保费。

你说，这是不是太妙了！

【保险金言】年轻人在保险界里，只要努力学习，一年可以得到要领，3年便会有所成。

——富邦人寿刘约仑

69. 锦上添花——成长篇

雪中送炭世人无，锦上添花人人爱。

世人习性大凡如此，因为要自保或不愿惹麻烦上身。

同样地，如果这位营销人员是个强将，在公司是明星人物，客户与他交往必然感到荣耀；如果营销人员业务做不来，面临考核，再和善的客户都会避而远之，唯恐惹鬼上身。

要是推销过程中，客户在迟疑、思考，你不妨不经意间将以往的成绩单显露出来。得奖照片、客户感谢信、出国记录等，与客户分享。客户从半信半疑，到觉得不错，就听你讲也蛮好。

第一步已完成。若关键时刻客户还在犹豫，你的撒手锏可以拿出来了。

就是你在这段竞赛期间已有非常好的成绩，但对手也不是弱者，紧追在后，咬住不放。

如果还有多少业绩，就可以稳拿头奖的资格；得到头奖后，将有个盛大的颁奖典礼，到时将请支持的朋友一起来祝贺。

让你的成就，成为更成功的武器。

让你的成功，成为更多人喜欢你成功的因素！

【保险金言】抱怨一次，折损三善。保险人不但不应该埋怨，而且要对公司、客户、同事时时心存感恩才是。

——新光人寿林雪贞总监

70. 特定机会开拓法——开拓篇

留意有哪些突发状况可成为销售上的卖点。

如发生地震，某公司大力投入赈济，结果形象效益无限放大。

空难发生，借由鲜明的创痛也可立即刺激准客户投保。

除此之外，还有一些机会点。

1. 参加婚宴有没有想到新人更应该买保险？谁有最多的新人资料？婚纱摄影机构。他们可否参与保险规划？

2. 参加殡仪馆公祭，也应想到殡仪馆有相当多的死者资料。而参加葬礼的人们，面对故人之丧会心有戚戚焉，这也是销售的好机会。据统计，一个人身故时会参加他丧礼的人，平均有250人，这是个容易联系和影响的人群。

3. 去医院看病患，慰问的人可能会自我担心，家属也自我警惕，这都是促销的好机会。

4. 留意心理的感觉。有些人正愁云苦雨，不要再刺激，可以等过一段时间再谈。

5. 去协助事务。喜事需要人手，丧病也要人帮忙。尤其是丧事，保险营销员不要忌讳退缩，能助人走完人生最后一程，是最该做的事，因此你要去学习如何助丧家处理善后的麻烦事。

6. 参加慈善团体，平日也多参与助人施舍之事。多参加慈善活动，不但自己心平气和，也让周围的人感受到你的影响。

7. 留意在婚丧喜庆里热心帮忙的人，这些人可以成为你业务来源的中心，或是你增员的对象。

【保险金言】我相信从事保险工作是一分耕耘一分收获的真理，今天不努力，明天就不可能收获。

——新华人寿北京赵永康

71. 十六字诀是致胜之道——成长篇

有没有什么方法，可以让效率放大、成果增加？其实，还真有一套十六字诀，若能善加牢记，时时活用，念念不忘，效果必然明显。

“碰到就讲”——随时可以谈保险，随地可以谈保险；随机可以谈保险，随兴可以谈保险；随意可以谈保险，随人可以谈保险。

没有哪种物品的销售对象有这么宽，而且没有太多的限制。

大不了被拒绝，没有尝试就没机会，只要一试探，商机自然显现。

不用在乎销售工具，经验与胆识是基础，勇气和主动是最强的触媒。

“讲就要成”——开口就要传达，你愿意将好消息、好东西送给他的意图，你的意念、思想要与你的行动配合。

当你要他购买的意愿大于他不买的意愿时，购买的可能性就大大提高。

每一个人都有买保险的机会，尤其是在他面临家人的生离死别或身体状况突然发生变化时，你适时的介绍正是促使他投保的动因。

“成要介绍”——成交后正是客户对你最信赖、最依赖和最有感情的时候，立刻请他介绍。

请求介绍也要有技巧，也要有经验，不能一味请托。

1. 要知道保险是最没有分别性的，只要是人都可能成为我们的客户。

2. 要感激保险事业给我们最大的活动空间和市场，我们要善加利用。

3. 随时让保险的促销意念发酵，开口就有机会，出手就会成交。

4. 请求介绍和介绍后的回报，要绝对迅速而有感情，让客户交定你这个朋友。

“介绍感谢”——只要客户介绍就立马行动，而且行动要时时汇报于他知道，让他明了介绍给你是值得的，是正确的举动；千万不可不动声色，让客户不知道到底怎么一回事。最好成交后送小礼物以回报，致最大的感激之意。

感谢函随手寄出，云端邮件是最实时的，所谓“礼多人不怪”，反而是点滴情意长留人心。

请常常写信给客户和朋友。我认识一位MDRT好手，他几乎每季度都给我一封信或一张自拍的照片，感觉真好！

要是你认为手拙，文思不敏，无法信手拈来地写信，建议你找模板稍加修改即可。

【保险金言】克服困难是一种享受。——良机实业董事长张广博

72. 管理公文包——形象篇

公文包代表着一个人的形象外表，切不可疏忽和草率。

从公文包可以看出这位营销人员的品位与风格。

公文包最好是高级品，而且和身份相当。如果公司有制式公文包，则用公司的物品。

很多女性同人把公文包当作百宝箱，什么东西都有，但每次找东西时都东掏西掏，找不出个所以然，其实这样特别不好。

最好将要用的东西，包括名片、签字笔、保单、价格表、计算机、公司宣传单、小赠品等，以明细列出，出门前检查一遍。

若再加上手机、iPad，公文包既重且有分量，更应该妥善应用，不要混杂。否则，出门在外紧急要用时，会挂一漏万、贻误商机。

公文包外表要清洁，从里面拿出来的用品也要整齐干净。

进了客户的办公室，最好将公文包置于茶几或桌脚边；如果要放在客户的桌上，一定要问客户是否可以。

公区包的开口勿正对客户，免得让客户看到里边众多的物品。

如果公文包用的是类似007式的箱子，开关一定要记得落锁。不要没锁好，手一提箱即打翻，东西摔得满地，造成窘状难以收拾。

有些东西对业务有帮助，也可考虑带上，如工程用计算器。

千万注意，公文包是做生意用的，绝不要变成百宝箱。

【保险金言】成功的秘诀，就是每天比别人多努力一点。

——中国MDRT第一人蹇宏

---

73. 有效说服——促成篇

要如何做有效的说服呢?

1. 对说服的看法

你要把握每一次机会。

多听客户怎么说，不要抢着说，不必立刻辩白，让客户尽情地发表他的看法，请听他的话中含意。

多看客户的肢体语言，只要你身经百战，有了足够多的经验，客户的举止会告诉你他的真实意图。

多想，多替客户想，他的需求、他的要求、他的困扰，你该如何为他设想，给他助力。

不争辩，争辩无益，但很多营销员却喜好争辩，要知就是辩赢了，生意没了，争辩有何意义。

2. 推销自己

你的仪容、你的态度、你携带的配件，都代表着你的形象。你如何自我介绍，你有丰功伟业吗？你介绍自己时不亢不卑吗？还有你的坐姿，你知道椅子的主客位吗？在面谈时你的资料摆放顺手吗？这些都是必须学习的常识。

3. 学会微笑

不懂微笑不要做生意，不会微笑不要做保险。微笑是你的招牌，是你内心的反应，是你给客户最好的礼物。

你要懂得问候，适当地问候他的家人，问候他的员工，问过一次之后第二次见面时要能够承接。

注意听对方讲话的意思，不要他在讲什么，你根本心不在焉，没反应或是会错意。

要注意肢体语言的运作，绝对不要嘴巴讲，手在比画，脚在抖动，学会运用恰当的肢体语言。

还有你讲话的音调是不是恰当，速度是快了还是慢了，段落的控制，就像一场演讲，最重要的是你的现场表现，客户不太会在乎你的语言内容的。

还有你的措辞、语汇的使用，这是修养的表现。

你要谦虚，要关怀，要恰到好处地肯定对方。

有一些不要碰的话题，像政治、宗教，千万不要去碰触，免得受伤。

4. 技巧

注意成交的时机，生意就是要成交的，所以你要坚定你的信心，防范第三者的搅局，在签约之后还是不能大意，因为在反悔期有可能会翻盘的！

【保险金言】不懂带人，你就自己做到死。 ——日本行为科学家石田淳

74. 唱作俱佳——成长篇

豪华小区里，通常都有活动中心，里面设有豪华的运动器材。

当时多少人冲着这些设备买了房子，但住进去之后又有几个人会经常使用呢？大概不到十分之一吧！

吃牛排若没有牛排端上来时的嘶嘶作响声，就差了那一股渴望享受的感觉吧！

谈保险时，什么是嘶嘶作响的感觉呢？他的高保障、他的远离老年孤单、他的疾病医疗，还是实现人生的梦想，完成人生接续的责任，或是助人优先的成就感？

他的附加险有很多种，癌症、疾病、重大医疗，可能一辈子都用不上，但只要用了一次，投资报酬率就够了。

如何去显示保险的功效呢？

最重要的灾难剪报、疾病统计数字、客户感谢信等都是最有力的证明，精心设计

的展示夹和手机或iPad界面，还有贴心的建议书也可以表现出保险的功效。

但最重要的是人的因素。在做说明时，如何声色俱佳，如何扣人心弦，如何引人入胜，都需要学习。

去找出那嘶嘶之声吧，客户就是要听那种声音的！

【保险金言】不怕口袋空空，就怕脑袋空空。不怕没有准客户，就怕自己不设法去做。

——泰康人寿广州陈有恒

75. 新商品开拓法——开拓篇

在众多保险公司的竞争下，一个现象就是商品的种类多，内容丰富。

客户买了你几年的保单，很容易被别家公司的营销员攻击，有的是言过其实，有的确实是竞争力弱了。

如果不幸被盯上且攻击的话，会有几个后果：一是被解约，二是被缴清。但客户也可能会先通知你，如果他还觉得你不错的话；如果没通知你，别家公司的营销员等到公司办解约或缴清，承办单位也会立即通知你去保全，所以你应该有几个预备的策略。

平时，一定要注意新商品的讯息，对新商品要去做仔细的研究和分析。

在新商品推出之时，找出最佳的观点和最能吸引人的话术，尽快约好客户再做新一次的推销。

老是被你追着加买，客户会不会不厌其烦呢？

他会不会说：“好吧！我买新的，旧的你把它处理掉算了。”

甚至他还没有解除老保单的意念，你自己却一开始就引导他，到后来真的还要解除老保单。

这是不智的做法，也是不入流的营销员的行径。保险应该像衣服、图书、存款，买进之后就再也不会放它出门。

保险，就像女孩子的衣服永远不嫌多。

所以你要有一些有效的做法。

1. 老客户要常联系，否则有新商品推出才去找他会怪罪的。现在微信联络很方便，一周转个几篇，或每天转一篇，转文要有价值，不要转一些没有营养的东西。

2. 将新商品推出当作是促销的一个重点机会，尽快兴奋地告诉老客户，分析原有保险加上新商品的利益。

3. 推新商品以不伤害老保单为原则，除非同性质，如意外险，影响不到生效日和效力才加以更改。

4. 训练自己的胆识，在新商品上市时让老客户再加买。

5. 如客户真的负担不起，也要他介绍给其他朋友知道。

【保险金言】培养人才的重点，不在技术，而是在观念与热忱。 ——中国生产力中心石滋宜博士

76. 与时代同步——成长篇

AI时代的最大特征即是，每18个月，不是增加一倍的设备功能，就是缩小一半的价格。

大家都忙着和时代同步，没有危机感的人体会不出保险的急迫性。

上班和休闲的时间变了，和客户见面的时间无规律可言了。

如果没有和时代同步成长，就无法提出一套并驾齐驱的策略与步骤，那么企业也好、个人也罢，都会被时代给甩开。

要善于应用时代的新科技设备。

网络购物将是重要的销路来源，上网不一定要靠计算机，电视也是硬件来源，手机将成为主要媒体。

可以用云端通信方式与客户联络。视讯方便了，影像可远距离传递，销售时即可避免舟车劳顿。

找出你的目标团体的代理人，他一个人代表一个团体和保险公司协淡，价格、商品、缴费方法都有无限协调的可能。

也可以和不同行业的商品或服务做策略联盟。与保险较接近者，如医师、会计师、律师、运动俱乐部、航空公司等，都可以用来做策略联盟，用他们的渠道来推销自己的产品，互惠互利。

银行销售保险成为重要的业务收入，因为银行可以掌握到客户的详细财务状况，客户对银行中的工作人员的接受程度会大于不够专业的保险业务员。

最重要的是头脑灵光，能跟上时代。虽然保险人每天跑在市场上，与各行业的人士都能接触，理论上可以看到最新一面和最尖端的一群，但大部分的保险营销员都无动于衷，仍固守本分做自己擅长的事情而已。这里劝大家莫停顿在习惯领域里，创新

突破才有生机。

未来的世界将是地球村，贸易无疆界，往来无界限，知识信息随手可得，种族、国家、语言、学校的隔阂将被打破。

不同的区隔将只剩下习惯、人文、饮食等。

销售的方法必大幅变化和突破。目前的步兵战术仍然保存，但必然有不同渠道、通路、器具和技术出现，跟得上时代的人，才能得到时代最大的回报！

【**保险金言**】我们的理念是，不跟在别人后面，不跟别人做同样的事。

——台积电总裁张忠谋

77. 一定会成功的营销员——成长篇

成功一定有模式，有其成功的因素。失败也一定有原因，有其必败的理由。

成功的营销员必然是敬业和专注的。因此他的外表所显示的即是健康及干净的形象，而且因为勤奋和努力，所以会洋溢着良好的气质及风度。

一个成功者必然是重视纪律的人。

每天会早起，提前到办公室。在同人到公司之前，他大概已将一天的行程及该做的事情准备得差不多了。

他也是一位负责的人。主管交付的任务会勇于达成，对客户的服务从不懈怠，对业绩的执行会强力奋进。

他不会怨天尤人。他只会为成功找方法，不会为失败找理由。

他很清楚保险工作是个人事业，所以不会推托和找借口。

他充满着热情，尤其是对初入职场的新人。虽然不是自己所增募的，但仍然用心提携，因为他知道，这是教学相长最好的机会。

他还会努力上进，追求最新的知识和观念。他的时代感不会脱节，他的速度在一般人之上。

他也会关注周围的事物和社会的演进。甚至积极参加社会团体，作为个人成长和取得良好客户群的最好方法。

反之，就是失败的营销员了。

不努力，怨天尤人，不知上进；不知何处是市场。

缺乏自信，也没有辨别事物好坏的智慧；加上不用心，迟到、早退、浑水摸鱼，自我搪塞、找理由。

日复一日，只好走上离开这条路。

在竞争的时代中，只有参与竞争才能脱颖而出，没有不劳而获或坐享其成的道理。

【**保险金言**】没有竞争对手的地方，也正是代表了当地的消费能力不高。

——天仁茗茶创办人李瑞河

78. 购买尊严——成长篇

想避免年老后成为失去尊严的老人吗?

一位事业有成的企业家，他相当认同保险。

他说，他看透了人性，既不想未来依赖子女，也不想拖累下一代。

他计划给自己买足一千万的保险，大部分是保障型的，保费分期缴纳，负担不重，但杠杆能力高。

他计划用两百万回馈给自己心灵寄托的宗教团体，除了感谢教友们平日的支持外，更实质地回馈一笔公益金，也留下典范。

三百万给子女，让子女可以保证生活所需。这是一笔绝对可以兑现的钱，而且不担心价值贬损，也不会提前被动用，可以绝对保有它的功能。

剩下的五百万给最后照顾他的人，可以请律师代为监管。谁真心陪他到最后一口气，谁就可以得到这一笔免税遗产。

他说，他会把保单裱起来放在病床显眼的地方。一方面是对自己的聪明抉择而骄傲，另一方面可以带来最大的尊严。或许是笑话，但却是聪明之举。

保险的成本是低廉的，但保险的获益却是庞大的，懂得利用保险的人是有智慧的!

【**保险金言**】选定一件事情，就咬住不放。世界上成功的人，不是那些脑筋好的人，而是对一个目标咬着不放的人。

——企业家张国安

79. 费德文如何寻找新客户——成长篇

我们都知道费德文能够持续地维持高绩效，那他是如何做到的？从记录里我们可以看到一些诀窍。

他随时维持并补充一份两百人的名单。有效的名单才可以补充源源不绝的火力。当然他会分类，并排定先后次序。

他以协助处理无主保单为荣，客户的原始承揽保险员已离职，通常后续接手人只是公式化服务，但他不是，他是殷勤、细腻，做到令对方感动。

上帝会回报那些无私帮助别人的人，因为他的用心，他会让客户以向他投保而自豪，好心有好报，好报来自不断的保单和新的推荐名单。

费德文说，我只是走出去。你要去拜访，除非拜访，否则无收获。他每周会安排30~40次拜访，会先寄信通知即将拜访，信中用公司主管或名人名义推荐。

他花小钱赚大钱，除了善用助手帮助他之外，他还会用一些小钱得到功效。如在客户年纪调整前夹一元美金提醒，信中有现金当然不会随手被丢弃。他还会向客户买时间，好比说一个钟头价值美元五百元，客户当然要仔细地听一个钟头，高额生意就这样进来了。

他让客户的秘书愿意协助他，伴手礼、感谢函、小手册、年节礼，由于不花什么大钱，秘书收得安心，当然就会帮他安排时间了。

所谓行行出状元，路是人走出来的，没有天生的好手，好手尽在人世间。

【保险金言】我为我所销售的产品人寿保险而感到无尚光荣和自豪。这甚至无法用价格来衡量，它与我们人类最宝贵的两样东西密切相关，那就是生命与健康。

——中国人寿深圳刘朝霞

80. 同一行业深度开拓法——开拓篇

未来的保险因为有AI的威胁，所以要讲究深度，而非广度。透过人与人的温度交流，打动他的心，得到他的信任、交托。

要问客户的一生要几张保单，为他的家人完成多少保险。

同样地，要能事半功倍，对一个行业的开发要深入仔细，这不但能带动风潮，也会带来信心和效益。

除了同一行业可深入开发外，这一行业的旁系及关系也都可归纳并延伸进入。

如开发计算机公司，他们的周遭客源是哪些，是不是值得我们去开发呢?

外部是贸易商、零件制造厂、广告商、运输厂商及创业公司。

内部是职员、制造人员、设计师、主管、核心经营者。

这些都是准客户，值得深入开发。

要注意的事项：

1. 对此行业的特性要下功夫钻研，能讲出这个行业的术语、体会他们的心态，并了解他们的作息。

2. 找出该行业的退休人员、离职人员或热心人来加入保险营销行列则更妙。

3. 要在同一行业里打出口碑，建立知名度，让该行业的人对你有信心。

4. 用心经营同一行业，就必须参与这一行业的活动和公共事务，甚至变成该行业的义工及联络桥梁。

5. 适当地传递情报和数据给同一行业内的人，让他们觉得你在该行业中有影响力和分量。

6. 想办法延伸到边际关系。从一个行业延伸到其他行业，从上游延伸到下游，或从雇主延伸到员工。

7. 对该行业的新人多用心。客户是靠培养的，当他新加入这个行业时，一定是孤独辛苦且面临挑战的，如果我们这时能提供资源去帮助和提携他们，他日茁壮时他们必会回报的。

要在一个行业深度挖掘必须注意以下事项：

1. 服务一定要快。深度开发一定要把服务做快，行动让大家看得到，才是最好的销售武器。

2. 不要以退佣争取保单。一个退佣会造成相关系列都要退佣，不要以为他们不会讲出来。到头来会“做无利润，不做又太可惜”进退两难的蠢事。

3. 不传递不实情报。没有经过证实的情报不要乱传，虽然出于好心，但可能会带来后遗症。

4. 不批评。不要在同行面前批评同业，你会变成是非人，一个不受欢迎的人。

5. 勿大小眼。不要只巴结大厂商或公司内管，谁能确定小厂的购买力一定会小于大厂呢？你若看走了眼，少了生意事小，被隔离和驱逐才是大事。

【保险金言】把我的设备、市场、资金全部拿走，只留下我的人员和组织，4年后，我仍然会是钢铁大王。

——安德鲁·卡内基

81. 坚持就是卓越，卓越才能坚持——行动篇

且听一位拳王的感人故事。

阿里在四十五岁那年，以高龄之姿不可思议地打败了当时年轻气盛的拳王摩尔。

摩尔无法接受这事实，在一段放浪自我的岁月之后参加神职。后来为了筹募迷途青年基金而复出打拳，在失败二十年后竟又奇迹地取回拳王宝座。

他感慨地追忆着心中长达二十年的悔恨。

当年他被阿里打倒在地，裁判数到八时，他原本可以爬起来，但他放弃了。在以后的二十年当中，他无时无刻不去想那段创伤，也一直在思考，如果在那两秒内他再爬起，结局又将如何呢?

二十年是631720000秒，是两秒的31586万倍，由于两秒钟的犹豫，造成二十年的遗憾，代价是多么的庞大!

人可以选择重新开始，但不能常常开始

坚持方显卓越，可以忍耐支撑到最后的人才是胜利者。

很多人喜欢换工作，所以一年可以换十二个老板；他们不喜欢人管，好高骛远，永远追逐一步登天的梦幻。

但今天不努力工作，明天就必须努力找工作。为何不能向那些在行业中卓然有成者看齐呢?

以各保险公司的长青树而言，他们或许不是很杰出，甚至在刚进入此行业时不被看好，但因为不变己志，日久终有大成。

我认识的李君，应属一位平凡朴实之人，但他却秉持从业原则不懈。虽已年资二十，仍推销服务不断，增员辅导没停。原先默默无闻，如今却领导着每月上千万业绩的大团队。

曾国藩曾说过，领导人物要有四耐，耐苦、耐烦、耐冷、耐闲。当红时要谦虚，不红时要替人鼓掌、怡然自得。

卡耐基也说过，成功者专业知识只占15%，人格特质占了85%。能力好不如个性好；有勇无谋是猛士，有谋无德难成气候。

有些工作难以成就大事业，但保险事业已被证明是可以终身从事且完成自己愿景之事。

不过在制定自己的愿景之后，要给自己坚定的信心，期望的目标不要任意更改。

然后，改变态度和行为模式，坚持追求成功，再去创造成就，改变一生！目标不变，虽路途遥远总能达到；成果在眼前，不能弯腰去拿终究一事无成。

砍树要一百下才能断，九十九下时却有人放弃离开。很多顾客已接受说服、心意将定，但有些业务员却自我退缩而放弃，白白将机会让给别人。

殊不知，坚持就是卓越，卓越才能坚持。这是一个良性循环。

【保险金言】一个人的命运，取决于晚上8点到10点之间。

——声宝企业董事长陈茂榜

82. 交换名片该注意的细节——形象篇

名片代表着一个人的职位、职务和状况，也代表着品牌、品位和商品，所以开展业务要多换名片，多发名片，多得名片。交换名片的学问大着呢！

虽然现在是AI时代，微信当道，大家流行扫二维码，但云端不如实境，我还是建议大家随身要多带名片。

因为营销工作有时多少给人忌讳，所以面对还不了解你身份的陌生人时，你一边向他致意，一边以分解动作掏名片夹，看到对方已拿出名片时再将自己的名片递出，否则很可能对方先看到你的行业，立刻打消了给你名片之兴致。

交换名片，姿势是推而不是递，如能用双手最佳，拇指和食指握着名片的双下角送上，嘴里还要说："我姓陈，请多指教！"

拿到对方名片，一定要微点头，双眼注视名片，念出对方的姓氏和职位："李总，幸会！幸会！"

如果不是在对方的公司内，你拿到不熟悉宾客的名片后，应立即念出："大华公司，王总，幸会！幸会！"让对方觉得你重视他，同时也重视这张名片。要是这家公司有点名气，或你对他有若干知晓，你应该说："大华公司，大公司，是上市公司哩！"

或者说："你们的公司在00宾馆旁边，对吧！"或者说："我一位朋友的朋友在你们公司服务。""我买过你们的产品。"

如果你对他的名字有些疑问，可以适时问道："王先生，您这个名字是应该念o还是念0，怎么念才正确呢？"对方不但不会说你无知，还会很高兴你对他的尊重。

拿到名片后，除了念出声音外，还要放置好。若面谈时，将名片放在桌子上接近你自己的地方；若同时面对几个人，也要同样地陈述姓氏职称后依位置方向放名片。

千万不要搞乱名片和对方的名字，面谈时要一再称呼他的姓氏和职位。

名片不可折起或放在屁股后面的皮夹内，越是态度尊重和谨慎，对方越是欣赏你。

当面别在名片上做记号，除非对方要你记什么或真的要在名片上写什么，否则就是失礼的事。但出了门要赶快记，客人的特征和讲过什么，也要将日期和缘由写下来。

名片要善用和会用，回到公司后除归档外，能随手寄谢函或用微信写个感谢函发过去，他会很在意的。同样的道理，你会在对方的名片上做记录，对方也会的。所以你的名片上切忌加塑料类的保护膜，以免对方无法在背面写字。

发名片时不要区别对待，只要看到现场的人，能发就发。在车子或公文包里，每天都要检查名片是否带足够，一次放个几盒。名片要传单化，它是物美价廉的宣传品，绝对不要吝惜使用。

身上还可放空白名片，上面只印着姓名、公司、地址、电话几个字。这是为对方推说“我身上刚好没带名片”时准备的。

你的绝招是立即把这种名片拿出来，奉上笔，请他写下姓名、公司名址和电话。

除非他真的不给你资料，否则总该会留些东西给你吧！

【保险金言】不要强拉马喝水，要让马口渴。　——推销名师廖孟秋

83. 照表抄课——促成篇

我认为一个基层主管在扩大他的保险事业时，最大的困难并不是增员，而是如何辅导。

在AI科技高度发展的时代，辅导新人员已应该与时俱进，用高科技手段来做培训，如利用大数据来给客户定位，并做特定开发。

通过专用软件自行推估出要有的保额及保费，何时见面，提出什么数据，展示数据如何给对方。

客户反对时如何处理，客户的拒绝是什么心态，用怎样的方法去扭转。

在成交后如何立刻进行再开拓，保单如何用最快的方法送到客户手中，如何转介绍，以后的服务如何处理。

甚至客户的肢体语言、陈设用品、学历职位，都有一套拆解系统。

只要依照规范，逐步推进和化解，成果必定卓著。

绩效高的主管在经营单位时，都会有一套与众不同的SOP模式。

如果再加上一套缔约处理系统，效果更是卓越。

早会、晚会、增员日、周会、月会，绩效检讨、激励活动、话术管理，都可以照表超课，严守纪律和持续前进，让没有客源和经验的新人，都可以收到明显的成效。

【保险金言】企业不再是卖产品，而是卖别人的需要。——营销专家玛莉·凯

84. 柴田和子成功要诀——经验篇

柴田和子是连续20年蝉联全日本寿险销售冠军的纪录保持者。一年保费（含团保）超过7000万美元，一个人的业绩等于800个业务员的总和。

她有几项别人难以望其项背的独特方法。

1. 她用高级人脉拓展业务。顶级人士愿意替她背书，肯将最好、最有实力的好友介绍给她。

2. 用奇装异服拓展形象。没有实力若是奇装异服只会徒增他人的嘲笑，但她有本钱，所以能走出特殊风格，让人一眼难忘。

3. 她善用团保开拓无限业务。团保让她的人脉更稳定，团保让她整个公司的上下游和员工都支持他。

4. 她用赠送火鸡拓展业务。在重要的节日送上火鸡，当然客户一家吃不完，她又追踪到客户分送的邻居。

5. 看电视找信息。看到电视里面的名人或被报道的特殊人物，她会立即搜寻相关数据，也立刻联系追踪，不和她做生意，她是很难善罢甘休的。

6. 从同业的困难里找商机。如果她知道同业手里的案子不容易处理，她会要求转给她处理。越困难的，她的斗志越高昂。

7. 向全世界高手学习。虽然她已是全日本最杰出的营销员，但她还是会向全球的高手学习，我曾目睹，在一个研习会中，她挂着耳机，全程两个钟头聚精会神地聆听，手上的笔还记录个不停。

如今她培养了两个女儿接棒，也是日本保险界的佼佼者。

【保险金言】如果伙伴手里的案子不容易处理，我会要求转给我处理。越困难的，我的斗志越高昂。——日本保险天后柴田和子

85. 店面开拓法——开拓篇

很多人梦想着以店面展示吸引客户上门来创造营业额。通过店头展示开展业务不是不可能，任何方法都会有效果，但要去评估效果大小、投资报酬率是否足够。

保险这项商品难以直接用图片就吸引人，一定要透过说明分析才会让人首肯。

而且保险是长期投资，对方难以自行到店面去投保。何况假如自行参保，还要去仔细了解他是否有其他意图。

但店头业务还是可以进行的，好比机场的旅行险柜台，虽然收入比不上权益金，但各保险公司还是踊跃争夺，以期形成良好的宣传效用。只是，保险营销员进行展示一定要吸引人潮创造销售业绩，切勿沦为寿险公司的活动广告。

1. 找寻人潮多的地点做展示。如庙宇、步行街、税务局、机场、医院等。

2. 要能吸引注意，带动人气，不一定全天候守在那里，人多的时候才去，比天天苦等无人好得多。

3. 展示人员的态度仪容需加以训练及要求，服装最好是制服，并每个人配带名牌。

4. 门面不可太单薄，要有整体设计的观念。海报和电视墙要有质感，不要随便画画了事。

5. 以附加价值吸引人。如理财规划、性向调查、量血压、简单体检等。

6. 要留给对方好印象。在询问完毕，对方尚未进一步咨询时，先赠上公司介绍或小礼物，给他个好印象。

7. 留下对方资料。利用计算机做财务评估或性向调查时，留下客户资料，且最好询问日后寄东西是否方便，如果登门拜访又如何。

8. 联合其他商品共同营销。如饮料试喝，或提供试用计算机软件等，让对方觉得有些不好意思。

9. 用简易商品做先锋，先成交成交。回头再谈较高额保单。

10. 后续服务要做对。不要认为来店头购买就是送上门的。对这些人更应该感激，更应该提供优质服务。

有些事项需注意：

1. 驻守期间态度要端正。无人的时候，不可摆出一副苦瓜脸、悲伤无聊的样子，也不要显得无所事事拼命玩手机。有些较内向的客人不太敢直接接近，他会在外围观察，如果觉得营销员没气质、没士气、不专业，可能就不过来了。

2. 态度不亢不卑，语气诚恳有礼，千万不要勉强刻薄。就是不买，也要让他留下好印象。

3. 让营销员轮流去接受训练。让新进的营销员轮班去驻守，让他们去表现不同型态的销售，而主管也可立即检讨他们的表现。

【保险金言】 我参加世界MDRT的年会，学到了不屈不挠的精神，和没有不可能的决心。从事保险营销这样子的人生，是无休止的，是不能够喊辛苦的，有了这个决心，我又回到原点，充满干劲从头再来。——日本保险天后柴田和子

86. 学习也要养成习惯——行动篇

早上稍微早一点起床，出门前将手机浏览一番。对自己有用的赶紧摘录下来，或转发给客户或伙伴共享。

现在云端保险网站甚多，讯息又新，是大家的帮手，不能不尽力去使用。

寄到公司的杂志没时间在上班时看，如果坐公交车或地铁上下班，不妨在车上看。口袋中装有小贴纸，精彩的文句段落作上记号，回去誊录或COPY。

回到家不要直接往沙发上一坐就打开电视机。要改变习性，可边放CD聆听音乐，边把杂志或书本再看一遍。

准备一支笔和一本笔记簿，好的句子立刻记下，不要累积一大堆后却忘了当时的感动和澎湃；手机可录的时间既长又可分段寻找，这是时代进步带来的好处，要懂得利用。

好的句子记下来后，需再三咀嚼和记忆，找机会与同事分享。

朋友的帮忙、客户的支持、伙伴的努力或者师长的鼓励，用实质的东西回馈最好。书是最好的礼物，最长久不忘，收获最大而且价廉情长。

送书给人要附上短笺，或在扉页写几句称谢的话，被送书的人将是毕生难忘。

有一个读书会，他们如此推广新读书主义：“自己再累也要读书；工作再忙也要看书：收入再少也要买书；住处再挤也要藏书；交情再浅也要送书。”

读书是最低成本的投资，送书是最大的礼物。要支持读书的人，要感谢写书、印书的人，不要翻印与盗版，用最大的情意去给自己最大的收获。

【保险金言】 爱上自己的产品，爱上自己的事业，这是绝不能含糊的，保险的爱就是一种信仰。——宁波中寿林丽珍

87. 讲话要小心——形象篇

有些话是不能乱讲的。

一是批评对手的人与事。

分析比较无可厚非，但人身攻击和捕风捉影会造成互相伤害。

二是指出客户的弱点。

每个人都有罩门，都有不喜欢人家讲出来的隐私或弱处。

如身材矮一些，头发少了点，眼睛是斗鸡眼，手脚哪里有缺陷，子女有智障，老婆整容失败了，家中布置哪里不太对。

或许这些缺点，他自己讲可以，但你挑出来，他会引以为奇耻大辱，记恨在心。

三是故弄虚玄。

明明没什么了不起的话题，你却煞有介事地故弄玄虚，开始或许会让人觉得有意思，但多来几次就会让人嫌恶和讨厌。

四是男女话题。

男女之风花雪月，自古就是文人骚客之兴致所在。但一位营销人员若不节制，偏好此类话题，会让人厌恶和鄙视。

五是政治。

政治牵涉党派和取向，但这偏偏是热情和盲目的。所以在不能确定对方真正的政治倾向及他家人是否是同一阵线之前，不要太冒险以政治话题吸引他。

六是宗教。

宗教也是一样，信仰有时是非理性和偏执的，而且宗教的分派与思想，依人时地往往又产生不同的解释和批判，这都是我们在发表看法时要注意的重点，在拿不定主意时，应予回避。

【保险金言】客户服务的终极目的，就是将客户发展成事业伙伴。

——保险教育家于文博

88. 开门见山——促成篇

与其拐弯抹角，不如直截了当地将来意说出。

李君虽是新人，但凭借以往的阅历、地位，理论上是不该做不好的，但第一个月却成绩甚差。

我详细问他拜访过程，他不好意思说。事实是他在以前的部属或旧友面前开不了口，等终于讲出来意时，对方已有防备，就委婉拒绝了。

我问李君："保险可是害人之物？"李君说："不是！"

再问道："保险能不能助人于危境，救人于苦？"答案是："可以。"

再问："见故友坦率且热情地说出在保险公司，有伤你的地位和形象吗？"答案是："不会吧！"

这就对了，既然是能助人的善事，可帮人又使自己受尊敬，为什么不能大声介绍自己呢！

心中胆怯，口里不能坦率表白，眼神一定不对，态度必然畏缩，有谁会向一个没有信心的人购物呢？

勇敢表白，自信热情，显示出来的一定是力量和伟大，对方会受震慑，待他思考反对理由时，你已经准备好进入第一阶段，成果在望，就这么简单，大可一试，不会有损失的！

【保险金言】你对学习没有100%的投入，怎能指望客户100%信任你？

——广州培训师燕南飞

89. 从大保额开始谈——接触篇

人往往有一心态，如果不以所卖的东西为平庸，反而以价值高、流行趋势为导向，在肯定和自信之影响下，往往价格高更好。

如果对方是个有财力之人，是不是可以立刻提出千万保险之建议呢？

千万保险是流行，是某某公司所推荐的重点商品。

很多人都参加了，您也赶快参加吧！保障呢？

当然高了。一般事故理赔一千万，意外加倍，癌症、疾病、失能等都包含在内。若平安无事，不但保费可全数退回，还加增值金、红利等。

至于保费是多少呢？

当然不是很高。非常划算的，很多人都可接受，平均一个月十万左右而已。

保费提出一次就好了。不要让保费的高低成为争论的话题，改以体检和相关事项为重点推介。

如果从一开始就咬住千万保险，千万不要胆怯和心虚，一路谈下来，客户可能就接受了。

不过在谈较高保额的建议时，自己一定要有所认知——一千万保额并不是很高的金额。

千万在都市里买不起一栋像样的房子，千万不过是两部名贵的车，一个科技公司的资金动辄百亿，千万那是什么数字呢?

甚至客户的身价是以亿相论的。你提出千万还是侮辱了他，你让他降低了生活水平真是不应该，理论上是要从实际状况去做符合他的需求的建议的。

所以若先提出千万之建议，还要依状况调整，这不过是先走出一步而已。

经常提出高额保险的建议，养成习惯自然不会胆怯，客户群也顺势趋向这些层次。

【保险金言】不眠者夜长，疲倦者长，不知真理的人生死轮旨长，不求正法的恶人人生虚长。

——《法句经》

90. 小区（社区）开拓法——开拓篇

民众住在同一个小区是趋势和必要。为了提升共同生活质量意识，运用守望相助及互助分工观念，创造群体力量，互利互保的优质生活。

保险销售如能参与此趋势，亦可有相当大的回收及效应。

在一个群体居住的小区内，大到数万户三四万人，小到百户千人左右，若能好好经营，定会创造好的效果。

甚至可以放大到小城镇，因事业经营需要或教育而聚集的地区，如科技园区、大学城、加工区，都可推广。

进行小区的业务开拓有一些经验供参考:

1. 要有寿险公司跨部门的共识及配合。因为需要有策略性商品的提供和参与。

2. 能找到Key Man来配合为最佳。如小区管委会的主任、业主委员会的委员等。

3. 要有长期经营的心理准备，因为前几年的回收金额可能不敷成本。

4. 表现要良好，服务需贴心。让小区住户感觉到保险进入小区是互利互益之事，绝不要把近利摆在前头。

5. 参与小区活动。住户内一定有家人或朋友在保险公司服务，要显出与众不同和物超所值。

6. 配合其他福利为更佳。如健康检查、信用卡、银行消费性贷款、保健服务等。

我曾经配合几个团队成功开发和经营几个小区，光是团保的保费就非常可观，再加上车险、产险，不但稳定，业务人员没有展业困难而动辄离职的困扰，而且不用东奔西跑，交通成本大为减少，是相当好的业务通路。

但还是要注意：

1. 勿急功近利。要有投资及经营的观念，虽然可能前几年看不出成效，但被大部分接受后，业务就会蜂拥而至。

2. 先由知名人士提供推荐。小区内定有知名人士，想办法取得认同。

3. 在区域内建立自己的人脉部队。在区域内布置你的业务员，不一定是专职，兼职也可，甚至是提供情报者亦可。

【保险金言】当客户滔滔不绝地说出我完全不同意的事情时，我绝对不会当面挑出他的错误，我会说：您这见解非常高明，不过我可以再提几个不同的意见给您做参考！

——美国保险高手富兰克林

91. 纯熟的技术来自持续的操练——行动篇

要把保险工作做好，在初期一定把全部的时间和体力放进去，而且一而再地练习，以增加技术的纯熟。

有人邀请瑞士钢琴家塔尔贝格在二十天后演奏，塔尔贝格说：“对不起，练习时间不够，无法演出。”

对方说：“大师还要练习吗？”塔尔贝格说：“一个曲目最少需练习一个月。”

对方惊讶地道：“我所认识的音乐家从来没有为演奏会练习四天以上的，何况是大师级的你呢！”塔尔贝格不以为然地说：“我每次发表新作品至少练习500次，否则不敢出席；一天练习50次，需要一个月；如果你能等我就可以出席，否则很抱歉，我只好拒绝。”

国画大师齐白石自从习画起，每天不间断练习。50岁至80岁共画出一万多幅画，刻印三千多枚，69岁拄着拐杖还在观察虫子、鱼虾跳跃的形态。

日本汽车大王椎名，十五年来卖了4500辆车。他说：“业务员就是每天拜访客人，其他别无工作。我每天做150家的陌生拜访。陌生拜访并不一定有效果，但这和球赛前的热身操一样，我一再提醒自己勿忘初衷。”

这真是疯狂！一定有很多人不以为然，难道一定要这么投入才能把工作做好吗？

其实，各行业的佼佼者莫不如此。

微软创始人比尔·盖茨每天工作十六小时；台湾企业巨子王永庆每天凌晨三点起来开始工作；大部分的信息业者几乎都以公司为家，除了睡觉吃饭之外，时间都投入工作中。

高尔夫巨星伍兹，每天练习挥杆千次以上才有如今的成就。他甚至在重要比赛期间，因对白天的表现不满意，而拉着教练在夜晚再苦练几个小时。

可见，要想成功，不认真努力是不可能的。

同样，想在保险界成就功名，秘诀只在每天勤加练习。

每天与主管或部属谈保险，练话术，心无旁骛，专心一意，让工作成为生活的一部分；每天想的都是如何提高产能、创造佳绩；每天寻求突破的渠道，切记心诚则灵，事在人为。

练习也要注意自己的态度，不能盲目前进。

1. 记得常向学有专精的人请教。多学有益，不学绝无益。
2. 不管成绩多好，谦虚是唯一的要务，只有谦虚才能再学到东西。
3. 对重要客户要进行模拟、交叉思考。机会有时只有一次。
4. 练习时多用计算机、录音机及摄影机，在公开场合发表心得时必须再三检讨。
5. 要去背一些名言和佳句，将前辈的话术熟记，在紧要关头念出来会引起共鸣。
6. 学习要花时间和金钱，但不学习会花更多的时间和金钱。

【保险金言】老人没有保险，尊严会打折。儿童没有保险，孩子学业创业会困难。宁可多买保险，不要买不足额！　——大马保险同业公会前会长黄纪敬

92. 打招呼——形象篇

所谓见面三分情，见了人先打招呼总是不会错。

不过不要失之大意，性别乱置；或是年龄判断有误，以至于称谓上出了差错，容易引起尴尬。

有次表扬大会，女主持人兴奋地说，能够主持大会实在太高兴，所以她邀请她的爸妈都来到现场。

果真大会结束时，她的家人都来到了后台，祝贺她今日主持成功。

她先向我介绍她的父亲，我赶快趋前握手，并连声说道：“伯父，您好！”

眼睛一瞄，旁边一位像极了女主持人，一定是她的母亲，心中稍微闪了一个念

头："怎么她妈看起来这么年轻？"但人已走了过去，伸手就握，嘴里立刻说道："伯母，您好！"

这一说，全部在场的人都爆出了笑声。

女主持人说："副总，您也太离谱了，她是我妹啦！"

虽然让她妹妹心里很不舒服，但总算礼数周到，态度恭敬，尚不至于让大家不快。

但不是每次都这么好过关的，所以不要冒险去乱称呼。

"这位是您太太？""这位是您父亲？""这位是您千金？"辈分弄错，可能生意就搞砸了。

有一次，邻居就将我的同事误认为是我的儿子。我一时迷惘，是不是我太苍老了，还是我同事的外表太幼稚了。

总之，别冒险地乱称谓，最好还是以称赞来代替言不及义的招呼。

如果对方说："她是我太太！"你要不假思索地说："真的吗！看起来好年轻，我以为是您的女儿或妹妹呢。"女人喜欢别人说她好年轻，男人希望太太看起来年纪小，这样说铁定没错。

当对方介绍："她是我妈妈！"同样地，立刻就说："哇！真的吗？我以为是您大姐，怎么这样年轻！"介绍完毕后，第二次的称呼就不要弄乱了。对方的太太要直呼"大嫂"或"王太太"，对方的爸爸或妈妈就要称"伯父"或"伯母"。

其他的人，则看他们的态度来决定。不是所有的人都希望别人称他们为"大哥"或"大姐"的。

倒是职称较保险，如李董、李总等。

还有用词要谨慎，如今年轻人常用错了主受词，讲者无心有心则听了会深以为意。

打招呼时，礼数及规矩千万不要太潦草和疏忽，有些人是很在乎的。

【保险金言】营销员认真、专业地为对方设想，并让对方也认真、用心地了解他的保障，而且真正反映到他的需求及权益，当事人就会珍惜他的这份保单。

——陈亦纯

93. 言语魅力——促成篇

在妇产科里，医生对一位女士说：这位太太，我有一个好消息告诉你！

女士着眉头说：医师，我还没结婚！

医生立刻改口说，那么小姐，我有个坏消息要告诉你。

语言的魅力即在此，要会妥善利用。

有位仁兄擅长称赞，他曾对来开门的女主人说：“请问你妈妈在家吗？”马屁拍得太让人兴奋？

他最擅长的是，当问到真实年龄时一定说；“哇！没看身份证绝对不会相信你是××年出生，还以为你只有××岁，你到底怎么保养的？”

他进了人家家里，一定会找出可以称赞的东西，就是随便一个茶杯也赞不绝口。

对男主人泡茶，他煞有其事地闻一闻，说：“这茶一斤要不要一万元？这是顶级高山茶喔！”

对于保险的介绍，他本身不多说，而是让客户多谈自己的想法，“王先生，您对保险的看法怎么样？”

“你觉得保多少才够呢？”

“您要选择哪个日子生效呢？”

将决定的大权丢给对方，还不断称赞对方的高明和理性，让对方难以下狠心拒绝。

语言的魅力就是如此，不在多，而在精，出手利落，效果立见。

日常一定要练习讲好话，讲受用的话，讲精进的话，做一个会讲话的人！

【保险金言】保险销售是在客户的心中下心锚，是引领对方到他想去的美好地方，你要在他的脑海中输入人生、家庭、事业、未来等美好的景象，让他乐于前往。

——马来西亚张自强

94. 小孩是财神——接触篇

在客户的家中正谈个起劲，冷不防小孩子跳了进来，一会儿吵着爸爸带他出去买汉堡，一会儿打翻茶水，哭哭闹闹。

或者客户带着小朋友到办公室或一起上餐厅，小孩问个没完，一直让大人分心。

该怎么办呢？

千万记着古人的话“小孩是财神”。

绝不要露出不耐烦的眼神，也不要不知所措。

上客户门之前，若已知对方家中有小孩，应准备可以拢络童心的东西去，讨小孩的高兴。

小玩具、小赠品或者一些糖果零食也可以，见面立刻往小孩身上塞。

有些小孩深受庭训，不会接受陌生人的礼物。但当着他父母亲的面塞给他，他的父母总会说："好，好，说谢谢叔叔！"心里多少也会有一股暖意，怎么这个保险营销员这么有诚意。

办公室里也要准备一些小孩赠品，小朋友一来东西立刻奉上，若东西有趣，他会乖乖地在一旁把玩，不会扰乱大人谈事情。

除了东西要准备外，嘴里也不要闲着，记得一定要多夸赞、多鼓励！

"这是您的老大吧，长得和妈妈多像，多漂亮！"一次称赞两人受益，多划算。

"小朋友好乖啊，这么会招呼客人，爸妈怎么教的！"一次赞美到一屋子人，大家都乐在其中。

把小孩子弄得服服帖帖后，在紧要关头或许还可助一臂之力呢！

"小朋友，爸爸要给你保上大学的基金，你高不高兴？"

"小朋友，爸爸保了两百万，你高不高兴？"

【保险金言】很多人都认为我了不起，一年可以卖出一亿美元的保险，其实平均起来，一个礼拜也不过是200万美元罢了！并没有什么惊人之处啊！

——美国保险大师班·费德文

95. 保险都是骗人的！——异议处理篇

相信很多人都听过客户对你说：保险都是骗人的！这真的很奇怪，保险本来是用来帮助人的，是再正当不过的好事，但为什么有人听到保险就会抗拒地说保险都是骗人的呢？其实，要怪就怪有些从事保险工作的人乱讲一通。原本不能理赔的，也说成了可以理赔，明明没那么高的利率，却夸大到不行。还有些从事保险工作的朋友，在客户投保了以后，就看不到人了；当客户遇到事故需要协助，或是心中有疑惑想要咨询的时候，销售员音信全无，让客户不知道该如何是好。所以，保险工作者有责任把保险导向好的方向去，不要总是将保单的内容，只聚焦在客户可以领多少、或是什么都可以赔的表象上打转。我记得有一次一位李先生说："保险都是骗人的，我不要买，你找别人吧！"我灵机一动，我说："李先生，你说保险都是骗人的，好像有道理喔！"我这样讲，他反而愣住了，心想：哪有人自曝己短的。我紧接着说："李先生，我想你或家人也都买过保险了吧？你的朋友很多也都买了。买的时候，业务人员都会说：买了之后如果死了可以赔多少、罹患癌症可以赔多少、手术赔多少、住院赔多少。但是到底几个人死了，还是得癌症了、生病了？结果大部分的人都没事，都好好的，这岂不是在骗人吗？”

李先生立刻反驳我说：“可是我听到很多人说，他们在发生事故的时候，保险公司都不肯赔！”我说：“李先生，在保险公司的统计上，申请理赔的一百个人之中，能够拿到理赔的超过九成，只有少数的人不能理赔。一般而言，拿到理赔的人，大部分都不会吭声，尤其是赔得越多，越是不敢让人家知道，对吧？保险公司也会代为保密，所以，变得有点儿好事不出门的样子了。”

我的业务伙伴，他们曾经处理过一件死亡的理赔，理赔金额台币三百万，后事还没处理完毕，小叔就说生意困难，借走了一百万，婆婆说缺人照顾，希望有一百万养老……那么，借是不借，给还是不给呢？所以，大部分得到理赔金的客户，都选择闭口不谈。

至于那几个不能赔的，就大声嚷嚷，唯恐天下人不知道。那为什么不能理赔呢？要去了解原因。好比说买汽车，就为了要省一点钱，不加冷气，不加音响，你说这能怪汽车公司不对吗？又好比出国旅游，贪便宜买的是廉价团的行程，所以赶行程，到处购物，吃得比猪差、起得比鸡早、跑得比马快、住得比狗坏，这你能怪谁呢？一样买保险，若只买意外险，一般身故能够赔吗？若没有附加医疗住院，生病住院能理赔吗？我们都知道癌症的治疗费用那么高，假如客户就是不愿意买癌症险，倘若不幸罹癌，保险公司没得赔，这能怪保险公司吗？

这些都是投保目标不符合的原因，还有被保险人自身的因素。例如，告知不实，投保时既有的病症不讲，或者带病投保，或者假性生病，或故意自残或自杀，但是投保的契约未足年份等等。现在政府对保险界的监督，可以说是不遗余力，为的是让保险在正规的管理下，达到公民确实受到保障的承诺。

2013年1月1日，中国保监会投资上亿元制作公益广告，以《保险，让生活更美好》为题，在央视播出；接着将当年7月8日定为中国第一个保险宣传日，并且定名为全国保险公众宣传日；随后保监会及教育部在9月1日，联合推出了保险意识读本《保险伴我一生》，并将此读本正式并入初中与高中的教材。这些作为，都是希望保险让全民知道，并且从小就灌输保险的正确理念。你现在还会认为保险是骗人的吗？

【**保险金言**】先把自己推销给客户，找出客户真正需要，把解决需要的点子交给客户，让客户了解保险正是那个点子的精华，引发客户想立即解决需要的欲望。

——美国保险之父梅第

96. 对保险有使命感，对时间有急迫感——行动篇

身为保险工作者，应会常到医院探望病人，到殡仪馆参加葬礼。每一个生命的伤病或离去，总是带给他们家属极大的混乱及痛苦。

面对如此苦悲，你到底抱着怎样的心态？你提出来的帮助有多大？而面对万人的大灾难，你的贡献又是多少？有无尽到应尽的职责？

应将心比心哀矜同理，如果你努力了几十年才买到的房子在此次灾难中倒了下来，你已居无定所，但房屋的贷款还是要还。

你心爱的家人已成了重残者，你一方面要照顾他，另一方面又不能让收入减少，蜡烛两头烧，如何支撑下去？

“花无百日好，人岂无岁月忧。”你哪里知道，明日的此刻是否还能安好无恙？

你的目标、理想真能照你的计划逐步推动吗？尽力都可能做不到，何况大部分的人都不是很尽力。你不计划成功，就是计划失败。

在地震后的一天，我参加同事的母亲在台北圣家堂的追思礼拜。

在高耸庄严的教堂中，圣歌响起，礼赞哀祷浸人心扉。感动之余，除了思考生命的真义外，我还想到当年渡海到异邦宣教义、传福音、全心奉献的西洋传教士们。他们在遍受艰难险阻下还能坚强以对，除了一心对上帝的信任外，应是舍我其谁的使命感了。

从事保险工作的回馈，大家都知之甚详了，可是单有致富的意念是不够的，要想让自己心中的力量雄壮，非要有屹立不摇的信念不可。

态度决定生命的深度，大教育家Edwardpulling说了一个大家耳熟能详的故事：

在中世纪时期，法国某工地正在建造教堂。

工头巡视工地，就问工人：“你们知道自己在做什么吗？”

第一个工人说：“你没看到我正在切割石块吗？工作这么粗重，太阳又毒辣，我的背都快断了。”

第二个工人说：“我在依照建筑师的图形组合切割石块，工作虽苦，但可以混口饭

吃、养家糊口。”

第三个工人说：“我正在盖可以传子传孙的大教堂，你看不出来吗？”

身为营销员的你，抱着怎样的态度在工作呢？一位朋友工作认真投入，生病了还不愿好好治疗，直到他住进加护病房，还担心是否影响单位的运作。我去探望他时，他伸出大拇指告诉我说：“没问题，我会很好！”言犹在耳，不过十四天而已，他即辞逝。真是老天无眼，偏要开好人的玩笑。生命的长短，由不得凡夫思量。要想死而无憾，一定得留下些什么。

建议几点：

1. 要确信保险是最伟大的慈善事业。

2. 你尽一分力，就等于少了一个受苦的人。

3. 你多讲一句保险的好话，就等于多种了一份对保险的好因缘。

4. 你不把保险工作做好，难道要留给别人去做？

5. 舍我其谁的气概和使命感最伟大，保险人要杰出，就必须具备这种气概。

6. 要快，要猛，要尽全心，因为保险人最能体会生命的微弱，不能不急迫行善。

【保险金言】是日已过，命亦随减，如少水鱼，斯有何乐；当勤精进，慎勿放逸！

——佛教经典

97. 刻意练习——态度篇

有一本名为《刻意练习》的书，出版后带来很大的轰动，因为把原来的一万个小时练习的理论推翻了。

这观念说的是，如果你不刻意，就是1万个小时也不会有成就，空浪费时间而已，没有办法找到究竟。

曾经有一个调查，700个千万富翁，只有2%是继承来的，剩下的98%都是靠自己取得的成功，而成功的关键就是他们比一般人更努力，不分大小全力以赴，付出更多的汗水，因此可以说，没有付出就没有收获。

有一位房地产的超级战将，他年收入超过100万人民币。他是怎么做到的？原来他有一本笔记簿，翔实记录着十多个小区的经营记录，包括小区定位、住户年龄、商圈、交通，还有每个小区住户的公用费用等，还定期拜访小区的管理人员，还在管理中心设立服务据点，在节假日为小区居民送上一些小礼物。他积极地拓展人脉，他让人家看到他，信任他，当然要买房子的时候就想到他。

他一个月有7到10间房子的成交量。

所以他会收入高不是没有原因的，对比一下，你有在努力经营吗？

你有无刻意练习？

经营保险不动脑细胞，自然不会有大收获

如果你是小区的保险顾问，你有接地气的经营吗？太多营销员都是蜻蜓点水，忙是忙，但效率不高，开销大，收入不稳定。

你有用心地把专业知识学精学透吗？

你有在小区建立你实际或虚拟的保险工作站吗？你能给客户提供一条龙的服务和保单管理吗？这些技能需要软硬件的配合，你熟悉吗？你有刻意去练习过吗？

当客户信任你，就会变成需要你，当他的企业扩大、他的收入增加、他结婚、他生子、他购房买车时，当然你的需求就会增加，这无关景气、亲疏远近，这只和刻意练习有关！

【保险金言】你拒绝保险和我，伤害的不是我，而是你和你的家人：当风险来临的时候，会让你的爱人、孩子，甚至父母都陷入经济困境！——沈阳太平刘义名

98. 转移目标——促成篇

当准保户在争执到底要不要投保的时候，你并不一定非要坚持下去不可。如果你谈的额度蛮高的，而且，对方的身体看起来并非完全合乎保险公司的标准，你可以这样说：

现代人吃好，用好，缺乏运动，体检时高达三分之一的人都不能通过，不是要加费就是被拒保，所以我不是担心你要不要保，而是担心你不能保或者要加很多费。我看先安排一次详细的身体检查，没问题后再看要保多少吧。

对于对方的拒绝，你并不是非解决不可，可以实际案例提醒他，很多人在核保时出了状况。所以先从处理体检开始，这是曲线救国的一项策略。

而且并非一定要取得客户的承诺不可，用体检来带动促成也是好方法。

话先讲在前面，事实上也确实是很多人在体检时出了状况。如果先讲明可能要复检或加费，待公司真的通知加费或拒保时，你就不会措手不及或狼狈不堪了。很多营销员惧怕发生状况，其实都是缺乏自信和缺少经验所致！

【**保险金言**】保险人的工作，不是卖保险给客户，而是启发他对生命的珍惜，让他未雨绸缪，拥有幸福、平安、健康的人生。

——广州培训师唐彦芳

99. 用新闻话题——接触篇

身为保险业务人员，每天要从手机、电视或报纸中得知当天的各项大事件，一定要有新闻的警觉性。

如果是与客户有切身关联性的话题，不要迟疑，立刻使用。

好比老客户从事建筑业，你看到政府有了新措施，或是同业有了什么大动作，赶快将新闻汇总过来，打电话过去关心，或是手机拍照发给他作参考。

如果是准保户，你更应该将这些与他切身相关的信息提供给他。要是发生了社会事件，如意外、天灾或人为的大事，也要适时地引用。

在拜访的过程中，适当地将这些话题提出来，这对胶着的气氛有缓和的功效。

天灾会让准客户体会人生无常和大自然无情。

人为的灾祸会让准客户产生心悸。虽然已经很小心了，但还是会因为别人的贪婪和任性，给无辜者招来横祸。

平常还要多做些资料搜集的功课，将可能用得上的新闻搜集下来，没准哪天就派得上用场了呢。

平常搜集的资料要分门别类，如保险、金融、政治、文化、健康保健、宗教等。哪种客户对哪类话题有兴趣，你就可提供给他。

在展业夹中也要放一些数据。客户有时在心中纠结到底要不要购买时，会无意识地翻弄业务人员的展业夹，里面的资料很可能会打动他的心。

如一些会引起注意的话题：

“多子饿死父，五子竞相推托。”

“富商身故，子女夺产，四年未能下葬。”

“保险预定利率调降，明年保费将提升15%。”

“回家的路何其远，稚子放学竟被绑架。”

这些剪报，胜过千言万语！

【**保险金言**】我很少看到一个真正愿意投入保险业又能够吃苦耐劳的人，没有在这行业出人头地的。大多数的人进入这行业，最后又被淘汰掉，不是性向不合，而是态度错误。

——寿险大师诺曼·诺文

100. 我买很多了——异议处理篇

当你跟客户提到保险的时候，他往往下意识地说道："保险，哦，我已经买得很多了！"真的买很多了吗？搞不好他都没买，或是只买了一点点而已。这时候你应该马上说："太好了，真高兴能遇到像您这么有责任感有爱心的人，现在大家都在拼命赚钱，往往忽略要先买保险，哪像您这么先知先觉呀！"

接下来就要进入主题了。"陈老板，您买的是哪一家保险公司的产品呢？""嗯……好像是什么安的……"不是很清楚，答案是可能有买，也可能没买。"陈老板，您一年缴多少保费呢？""好像一年缴五万还是六万，不太清楚了，都是会计在处理的。"问到这里，答案出来了，不是没有买，就是买很少，或者买的是财产险，他自己都搞不清楚了。可是，这时候，你千万不要把他的话戳破，也别说他不对，还是要肯定他，赞美他。

接下来，你把问题转移，提出你的要求。比如说：陈老板，我们公司刚推出一种新的医疗险，联结投资和保障，大受欢迎，好多人都参加了，我的额度不多，所以我特地来通知您……或是说：陈老板，您的身份刚好合乎我们公司的一个优质企业人士的项目，让我为您分析一下……要不然，你也可以说：陈老板，这是一个让您资金活络的项目，大水库和小水库互相交流，满足您对资金活络的需要，特别能衬托您这样的社会精英……当你点出了问题，抛出了球，接下来就看看他的反应再说！

当客户还在犹疑、考虑时，我们还有一个独门的破解之道。就是"保险八张论"。客户说"保险我买很多了"，你可以马上问："您买几张了呢？现在流行保险八张论，您买够了吗？"他一定疑惑地问："什么是保险八张论？"你可以问他："请问您买的第一张保险是为了谁？"他会说："为自己啊！"你要立刻纠正他说："自己有那么重要吗？是谁从小养育你、照顾你的？如果万一你有发生了事故，白发人送黑发人，你忍心吗？"接着再问："那第二张是为谁买的呢？"通常他还是会说自己，你必须问他，这一生当中，除了父母亲，谁与你最亲？那当然是爱人！那么……第三张呢？第三张为下一代买，为的是不要让下一代输在起跑点上。到了第四张，就是为银行买的。因为，大部分的民众买屋买房，都是用贷款买的，得预防风险才行。而第五张保单，则是为了医院。另外，第六张是为了国家，因为当企业转移，或进行资产过户，都要很高的费用，何况未来还要准备遗产税。第七张则是为了养老院，也是为了自己的老年生活打算。

那么……第八张呢？是为上天而买的。虎死留皮，人死留名。每个人都会想做一些好事，捐一些钱给贫困的人，但通常不一定做得到，往往“留下遗憾，却没留下遗爱”。如果留一张保险，指定给信任的公益机构，用每个月捐一点点小钱的概念，在往生时立刻嘉惠众多的弱势族群，这是不是让生命发光发热的伟大做法？谈保险要有创意，行动要创新，但不要太标新立异。一定要让对方的良知发现，用保险做捐赠，还可以带动客户对生命新的认知和体悟，在心灵世界极需提升的时代，我们要能和对方一同感动。

【保险金言】真正的强者，不是看他摆平了多少人，而是看他帮助了多少人，服务了多少人。
——天津蓟县泰康人寿杨立军

---

101. 掌握时间就是掌握金钱——行动篇

创业之初一定要投人，要把全部生命力都投人进去。

日本企业家松下幸之助说：“如果在创业时尿中不带血丝，代表尚未尽力。”

多少成功的企业家，创业之初废寝忘食，胃出血是小事，命都快没了。虽然并不是把命都弄没了才能把事业做好，但最起码可以学成功者的风范和拼命的勇气。

要把保险工作做好，一定要三多一长：见客户数要多，谈保险数要多，失败次数要多，工作时间要长，这是最基本的创业之道。

先投人大量的工作时间，再追求效率，成功率自然大增。效率是智慧经营，时间加智慧，成果会加倍。

不想堵车，对各条马路的状况就要留意；早上不愿和大家挤，提早出门十分钟就可节省半小时。要准时和客户见面，多利用地铁系统或确知哪里可以停车。

接受邀约，如参加别单位的晨会、进修会前，先问自己能否准时参加。别只顾答应，结果时间根本调配不过来，延误邀约，反而是让人失望之举。

会利用时间的人，能把时间的宽度放大。如早餐和午餐约客户共进，别人匆忙间，你已得到若干收获。也要加强时间的效能，如边开车可以边听音频；客户多就找个助理来协助；生日卡和问候信由计算机软件定期发放。

运用时间要有几个原则：

1. 时间要有成本意识。不要只记着处理紧急的事，而把重要的事给疏忽了。

2. 养成守时观念。不要老是找理由，为迟到做辩解。

3. 会创造附加价值。

4. 会利用现代化科技，增加时间效能，如网络等。

5. 时间的安排合乎经济、创意、规律等原则。

6. 要有从容不迫的技巧。

7. 遵守公司及团体的规定，先把尊重公众放在首位。

8. 做部属的好模范。在时间的安排上，让部属知道你是有计划、有目标、有能力的人。

除了这八点外，与客户展开实际接触时，也有一些要领可创造时间价值：

1. 与客户见面，以先取得确定时间为佳。

2. 先抓出有决定权的人。

3. 别以为成交就算了。成交是再成交的开始，此点要深思。

4. 成交后别得意忘形。如能接到介绍名单为最妙，否则找机会离开。

5. 别把大量时间放在没希望或低效率的客户身上。推销不比其他，苦劳是没有意义的。

【保险金言】穷人没有保险，会是雪上加霜；富人没有保险，可能一辈子白忙。

——中国香港郑铿源

102. 一生只有三次机会——态度篇

哈佛大学一项调查报告说，人生平均有7次决定人生的机会，两次机会间相隔约7年，25岁后开始出现，75岁以后就不会有什么机会了。这50年里的7次机会，第一次不易抓到，因为太年轻；最后一次也不用抓，因为太老。所以实际上只有5次机会，里面又有两次不小心错过，所以严格来讲只有3次机会。

机会和时间都是匆匆而过岁月都是匆匆而过，不过才过了农历年，一下子就是端午节，一年过了一半了，然后中秋节到了，春节又快到了。

年初你确立的目标，你达到了吗？有没有发挥你想要发挥的功能，你有没有尽力？

爱因斯坦说，你要荒缪的想法，才会有好成就。人生的细胞3岁定型，总共有1千亿个细胞，然后以每秒死掉一个前进，你不要怕，一秒一个一分钟60个，60分钟3600个，一天也不过86400个，一年是3100万，如果我们能够活到100岁，总共死掉的细胞有30亿个，对1千亿比较，也不过损失了3%，一点都没有影响，如果我们不用这些资源，就把上天所给我们的资源也浪费掉了。

所以我们要去创造上天给我们的资源，去上课，去读书，去研究，去思考。

现在是高速变化的时代，你如何改变自己，如果你没成长，你就落后了。

你要努力到可以让人家刮目相看，以前有人说这个世界的发明都发明了，这真是笑话，你可以天马行空地思考，因为在云端时代里面什么都有可能。

我在1981那一年，用传真机卖保险卖到翻，我应该是华人世界里第一个用传真机卖保险的人。

那一年传真机刚进入台湾，我看到了新世界，一个新事物可以从甲地把纸本影像传到到乙地，可以从国内传到国外。我思考，有没有什么生意的机会。终于给我想到了，外国的观光客到台湾来要确保安全，万一有事故要用保险来保障，所以每个观光客进入台湾一定要有旅行保险。

我赶紧和几家大型的旅行社谈，他们的国外旅客名单在确定时，用传真机寄给我，我确认后转给公司和核保部门就生效，保费月底再一次结，大家都方便，对方认可，公司也认同。我立马跑遍全台北市的旅行社签约，这一来不得了，当别的业务人员收三五万保费时，我一个月可以做到百万。

除了这项突破之外我又陆陆续续创造了几个被外界称为是世界奇迹的案例，不是我厉害，只是我头脑用得多，我不走红海，我走蓝海，我用创意，我走的是一条与众不同的路。

【保险金言】一个人价值几何，不在于他赚钱的能力是否高明，而要看他是否懂得理财。

——巴菲特

103. 零钱致富——促成篇

买保险并不要特别有钱，将不在意的小钱挪过来就够了。

我问一位李太太，一家四口每天回家都把零钱拿出来，一个月大约会有多少。

在没有电子支付的年代，出门回来都会有零钱的。

她想了又想，算了又算，说道：“大概两千元吧！”

“李太太，以前这份小钱平常你们一定不会在意，随手放置或丢入存钱罐中。这些小钱大概要几年后才会重见光明，功能看不到，太浪费它们的价值了！”

“现在虽然用电子支付，没有零钱了，但我建议你们全家还是照样当作有零钱可存下来，就当作一个月三千元好了。用李先生的名义买张寿险保单，因为他是一家之主，不能有任何闪失的。大概保额含意外险是五百万，说大不大，说保障还可以。”

这笔钱对家中的收支不会有影响，又不用另外找财源，可以说是“废物利用”“积少成多”的妙法！

【保险金言】把你的每一个点子具体化，让客户们能够体验他的好处，这才是活的点子。

——新加坡特许规划师教授张国全总监

104. 对土地、房屋拥有者——接触篇

辽阔的土地、舒适宽广的房屋，是可以使拥有者满足，旁观者尊重，下一代愉快安心，但还是要提醒他们，这些有形的东西，毕竟持有人只有使用权，而没有长期的拥有权。

宗教人士告诫财产是五家共有：水、火、盗贼、官府和子女。

创造了一辈子，辛辛苦苦节省下来的财富，究竟对下一代有无利益。

有钱并不一定要买保险，因为只不过是锦上添花：但有钱买保险并不坏，能锦上添花，也能使人光荣和快乐。

也可建议真正的富豪们，时代变了，年轻人的想法也变了。他们不见得要你的财产，他们可能对返璞归真、云游四海更有兴趣。

何妨放大胸怀，看外国人是如何处理他们的毕生心血的。

洛克菲勒成立了基金会，帮助第三世界的学子，已使数万本来无缘更上一层楼的贫困子弟改变了命运。

钢铁大王卡内基，从1881年到1919年逝世，捐建了2500座图书馆，其中1700座在美国本土，影响将是千百年不灭的。

一些耳熟能详的科技新贵，在获得巨大利润时也会回馈社会。

比尔 · 盖茨捐出一千亿美元，用于消除艾滋病、疟疾等。他这样做是师法卡内基，尤其是卡内基的名言：“身怀巨款离世的人，其实走得最不光彩。”

其他的科技新贵也不惶多让，已有相当多的“科技慈善群”提出对人文、教育、

环境、慈善的捐助，他们在力行“施比受更有福”的真谛。

中国台湾也在迎头赶上，凌阳科技董事长施炳煌捐出五千多万人民币；硅统科技董事长杜俊元捐出数十亿的股票及土地；英业达董事长温世仁推动“千乡万才”计划，协助甘肃黄羊川的孩子读书，原计划用他的数十亿财产的一半，可惜温董事长英年早世，留下未了的善业需后人完成。

这些做法，才是真正使毕生努力得以传承的最好例子。

而保险是帮助达成这些善举的一个重要途径。

保险的还本和现金价值、理赔金的庞大额度，都是可以使用的钱，善加利用，更能创造以一当百的杠杆效应。

【保险金言】大多数做无关他们领域和专长的决定很困难，比如在手术房决定一个人生死的外科医生，他可能难以在服装店选择领带。 ——著名股票经纪人夏佛洛夫

105. 一切都是命，保什么呢？——异议处理篇

您相信命运吗？常有客户说：“一切都是命，还要保什么险呢？”话说得没错，如果一生都是命，保险有何用？人固有一死，或重于泰山，或轻于鸿毛。而什么是轻呢？在生的时候，对家庭没有好好地维护，死的时候又没留下资产，甚至还留下了负债。更严重的是，死未得其时、未得其所，也没有准备好最后的一天来临，那该怎么办呢？

生命很可贵，可有些有轻生念头的人，总想一走了之。如果真的走了也罢了，但是万一不成，喝农药灼伤了喉管胃壁，跳楼重伤变成了终生瘫痪，还需要家人照顾。甚至有人放火，却波及了无辜的邻居，跳楼压伤路人，还要付出重大的赔偿。还有人想开车撞山壁，结果车子掉入大海，若没有投保，得不到赔偿，这真是非常不值得的死法。一时的想不开，反而让命运变得更差更坏，这命运其实是自己造成的。好命变坏命，这能怪谁呢？

如果是搭民航机失事，虽死犹荣，一者“轰轰烈烈”世人皆知，二者可得到最多的理赔金。保险公司要赔，航空公司要赔，信用卡刷卡付费要赔，自己买的寿险要赔，自己买的意外险加倍赔，公司团保赔，劳保赔……该理赔的，全部都不啰唆。如果买的不止一家，保险公司还会比赛看谁理赔得快。影星张国荣跳楼死了，有3000万港币的保险给付，是重于泰山。梅艳芳、凤飞飞、邓丽君也有不少保险，这都让活着

的后人感到欣慰。但也有很多人死了，一分钱都没留给家属，或者只有一点点的保险金，没留保险金也就罢了，有的还留下了债务，那这样的生命就更不值得了。

有的人虽然活着，但像已经死了一般；有的人死了，却还活着。什么样的人活着，却像死了一般？三四十岁没工作、吊儿郎当，依靠爸爸妈妈吃饭要钱，喝醉了还打父母，这种人跟死了没什么两样。不过他若有一点羞耻心和责任感，就赶紧买一张保险吧！受益人就填双亲。因为，保险可以做到生死都有钱，怎么样都有钱。没买保险，出了事，自己或家人命更坏，更难以维生。

以前的人没有保险概念，一切都怨天尤人，或听从上天的安排。所以，命运坏的，会一直坏下去。要命运好，只有努力打拼，用时间和体力去改善。但是，现代的保险机制，用千千万万人去照顾少数不幸的人，而参加保险的人，只要付出一点点的费用，甚至可以这么想，我买保险，并不是要得到理赔，而是把保险费当作施舍的善款，布施给需要帮助，或遭受不幸的人。

当我们有了这种恢宏、开阔的胸怀，光明及幸福会照耀着我们的家门，会让我们的生命更顺利、平和。很多人命运不好，去找命相大师改姓名、修风水、造阴宅。其实，改名不如改个性，改命不如改态度，留财给下一代，还不如留保险。说没钱可以布施，不如把保险金受益人写成公益机构，心存善念，一善破百祸，你的命不会变得更好才怪呢！

【**保险金言**】怎么样才是一位出色的营销员，首先你得争取到跟客户见面的机会。

——美国保险大师梅第

106. 多谈机会大，效益高——行动篇

记得有一次在比赛期间，因为心里惦记着业绩，我一个不小心，没注意到前车而紧急刹车，“轰”的一声朝对方的车撞了下去。

看着对方驾驶员怒气冲冲地下了车，我也赶快下车，连声说：“对不起，对不起，都是我的错！”立即掏出名片递上，又说：“我们把车开到旁边去，免得占了路使人不方便。您的损伤我会负责，请不要担心！”

他大概没遇到过这么肯负责任的人，将我的名片看了看，上下打量我一遍，又将被撞得有些凹陷的车子看了看，点点头，进了车将车子发动。我也进了自己的车要往旁边挪，但一转身，居然不见了那辆车。再看了看，他真的不要赔偿就走了。

这就是保险营销员的好处，身份明显，来意清楚。只要你的形象符合职业定义，便无须啰唆，名片一递，商机自然无限。

被我撞车的人大概心想惹上保险人不好脱身吧！得到几千元赔款，搞不好要花个几十万买保险呢！

由这事件来看，保险人的行动便弥足珍贵了到，要肯开口、肯接触，自动将名片递出、来意讲出，就有收获的机会。

在宴会上，若能主动招呼、夹菜、倒酒，自能引起欢迎，待大家开始请教姓名、职业时，往往保险的话题便可以谈开了。不用去管讲保险时的态度是好是坏，只要能热诚服务、用心招呼，往往客户就自然来了。

我的一个朋友参加了很多的社团，他抱着的观念是，参加社团就是要联结人脉，要学习，要掌握机会做生意，因为他的目标清楚，透过热诚和努力，果然他的很多大生意都是社团中的伙伴产生出来的。

人人都是可能的客户，开口便有成交的机会。

由此推论，搭出租车可以谈保险，他不会在未到达目的地之前将你赶走；到百货公司可以和导购人员谈保险，她不便拒绝；搭百货公司电梯见服务员较不忙时，你可以和她谈保险，她可能很高兴，因为总算有人没把她当哑巴看了。

保险没有地域之分，没有时间限制，也没有年龄差别，更不用去区隔财力，人人都可能是座金矿。

1. 有谈有机会，没谈绝对没机会。

2. 带起话头，让对方多发表对保险的看法，去判断你要提出什么建议。

3. 以问话代替猛讲不停，别让你的气势、快乐引起对方的不悦。

4. 对陌生人讲话要精简有力，要有眼明、手快、嘴准、心灵的本事。

5. 多发名片，多发传单，不见得马上见效，但哪天他有需要时就会与你联络。所谓名片传单化、传单子弹化，这是小钱大利益的做法。

【保险金言】努力工作早退休，退休后为了公益。小钱是用赚来的，大钱是修行来的。

——陈亦纯

107. 格局决定布局，布局决定结局——态度篇

星巴克台湾地区总经理徐光宇曾说道：“台湾人在创业时，没有几个人敢用开一千家店的规模去思考！”

我们生活在十度空间的世界，但因为我们视野不宽、格局不大，又缺想象与思考，所以把自己的世界给局限了。

所谓十度空间是指一点、二线、三面、四体、五速度、六温度、七电、八声光、九波动磁场、十心灵。

从平面到立体再到科技，再到磁场，最后追根究底，原来最大的空间是心灵，人的心灵可谓是无所不包，心包太虚，量周沙界。

所谓玩大不会小，玩小不会大，心胸格局有多大，可以做的事就有多大，正如一句名言：“有一二人之力，即可服务一二人之事；有千万人之力，当服务千万人之事。”

有大格局的人可以完成大事，格局较小者做一般事，没有格局者做不出什么事。

志向不同，格局也不同，成就当然大不同！

在保险界，我发现一个真理。

凡是格局大，即不和伙伴计较，且能以同人福祉为先，敢投资，能分享，思考大局和有效行动，而且广交人脉，常让伙伴接触到海内外的杰出人士，让伙伴近距离学习到英雄们的行谊，进而产生大眼界大格局的心胸，并因此可以创造大型团队、大额保单。当然团队就可吸引到更多人才，扩大团队的规模。

反之，只有海岛格局性格的主管，没有眼光，没有宽阔的心胸，常和公司、主管、伙伴计较，思考的是小利小益，要的是眼前的近利，对伙伴不耐烦，对公司也不理会，团队就永远大不了。

【保险金言】推销这一门学问永远学无止境，你必须要努力不懈地从别人那边“盗取”高明的点子。

——美国推销大师史丹利·阿诺

108. 生日礼物——促成篇

有些机会点要自己想办法切进去。有人说机会点不好找，其实不是，机会多得是，全看自己如何掌握而已。

我常告诉准客户，挑个有意义的日子参加保险，既具有纪念价值，又不容易忘掉。

生日就是最好的日子，一年才一次，值得庆贺，也该珍惜与检讨。

为何要检讨呢？因为又年长一岁了。过去的一年，有没有为自己、为家人或者为社会做点什么？明年如何计划？该不该在这一天许个愿，重新开始呢？在这一天里，百味杂陈，感触良多，买个保险也是给自己一个肯定与再开始的象征。

家里有几个人，生日就有几次，每一次都足够保险人发挥。

元旦、春节、端午、中秋、国庆、重阳、结婚纪念日、搬家纪念日、子女就学日、创业纪念日等，都是好日子，都是该庆祝和纪念的时候。

好好掌握，再推及保险上，让他感受到这日子的难得和重要。

给自己一份重要的礼物，这份礼物不但价格实在，情意深重，还是对心爱的人一辈子的承诺。

钻戒、项链、包包会落伍，会过时，但保险只会增值，何不生生世世常相守呢！

【保险金言】生日要给自己一份重要的礼物，这份礼物不但价值高，情意深重，还是对心爱的人一辈子的承诺。

——上海盘石保经葛熙诚

109. 与秘书拉交情——接触篇

俗语说：大官易对，小鬼难缠。秘书说来头衔不大，但掌控着老板的行踪，把关见老板之门庭，就连老板娘有时也要礼让三分。

利害总相权。她有这么大的权就怕人们不尊重、礼遇她，想通这一点，你就好办事。

要特别对秘书下功夫。

第一次见总经理被挡下，没关系，先问姓氏，回来后电话打过去，“miss林，我是刚刚去的陈某某，谢谢您的接待。虽然总经理不在，但能看到贵公司人气蓬勃，实在很感动。而且您这么客气，讲话又这么好听，实在是老板的好助手，公司有您一定会大有发展。”

迷汤先灌，回去赶紧寄个礼物送她，礼物价钱不高，但她一辈子没碰到这么好礼数之人，脑子里印象深刻，下次去还会挡你吗？

好印象一建起来，就可以想办法透过秘书去了解公司的一些状况。包括保险是如何处理的，谁经办、个性如何，其他的高级主管为人处世如何，都可以透过友谊去获取。

我认识一位高手，他每次找老板都先和秘书闲扯一通，而且每次一定带随手礼，吃的啦、用的啦、小纪念品啦，所费不多，但受赠者铭感在心。

据说，他用这套功夫打败了很多同业高手，这些高手大概至死都不知道是如何被判出局的。

【保险金言】我的事业是由服务所造成的，我所销售的东西只有服务和知识，我要给客户最好的服务，好到他们连想把生意转给别人都会惭愧。

——美国房地产销售第一名哈德曼

110. 我没有钱——异议处理篇

客户向你说他不想买保险，最大的借口，往往会说："我没有钱！"碰到这种情况，一定要妥善处理。就比如说，你的客户他姓张。你就要对他说："张先生，请不要说我没有钱。钱可是有生命力和属于它的灵性呢！你说你没有钱，它会认为你不爱它、不喜欢它喔！如果它离开你，那你可是会真的没有钱喔！顶多说：'最近不太方便，或是暂时没有打算。'"如果客户当下不方便，其实，更是应该买保险来当作预防。因为，万一有状况，会雪上加霜，对自己和家庭造成的伤害恐怕会更大。

解决的方法有很多，你可以建议张先生把保险年限放长。本来是一次缴，缴六年，可改成分为20年缴或30年缴。或缴20年、30年，60岁、65岁、70岁、80岁满期等。另外，你可以建议张先生，先买短时间的保障型保险，例如意外险、定期寿险、定期医疗险，这花不了多少钱，但是可以提供该有的保障。或者，你可以建议张先生，将保险化整为零，本来是年缴，改成半年缴、季缴、月缴。一年原来要缴一万元，改成月缴之后，还不到一千元，感觉上会轻松许多。

你可以跟张先生说，钱是存下来的，不是赚来的。要设定好目标，下决心去执行，一段时间之后，你自然就会有一笔钱。如果你不去执行，钱到哪去，你根本不知道。

其实，钱也是挤出来的。张先生，如果您服务的公司对你说："我们今年的营运业绩不好，每个人都减薪百分之十，不接受的就离职吧！"如果您一时找不到更好的出路，要不要乖乖地接受这样的条件呢？少了百分之十的收入，还是可以生活下去的，不是吗？所以，现在我建议你买保险，并不用花到百分之十的月工资来买，怎么不能挤得出来呢?

还有，你也应该要帮张先生，找出保费的来源。而保费的来源也有好几种：一种是多出来的钱，比如说加薪、年终奖金，还有突如其来的财产继承等。另外一种，就是本来想要花的钱，比如说出国旅游、买名牌衣服、买包包等。还有一种，就是未来要用的钱，比如说养老和照顾的钱。最后一种，就是有可能临时会用到的钱，比如说突然生病看医生、或是发生天灾地变的意外，需要应急的钱。

最后，你需要提醒他，大多数的人，如果不是因为重大疾病而离开，就是根来不及生大病就走了！千万不要因为一次大病，没有保险，就造成大支出、“大失血”。所以，建议张先生，您应该还是要用保险费，以分期付款的方式，来储存您面对未来风险的能力！

【保险金言】对营销员而言，善听比善辩更重要。 ——日本保险推销大师原一平

111. 喝酒必修——形象篇

要不要陪客户喝酒呢?

到客户那边，刚好客户与朋友在喝酒怎么办?客户的宴席要不要去?去了要不要喝酒?

要不要与客户应酬，陪客户找有脂粉味的地方喝酒作乐?

这些问题的答案是，你自己对酒的看法如何，你自己有没有兴趣。

从事保险工作其实可以很单纯和崇高的。很多业绩优秀、年资颇深的保险同人都不会喝酒，而且好似年资越深的人，生活越单纯，越不沾染一些社会习性。

假设你不能碰酒，没有习惯喝，就一路坚持下去最好。否则就是浪费时间和金钱，从灯红酒绿中所得来的生意最没价值，酒酣耳热中你兄我弟亲热异常，醒来一场误会；就算生意完成，成本也未免太高，若是对方请客，被请一万还是要还他五千，不可以都是吃对方的。

最好不碰酒，以酒驾怕被抓或不会喝作为挡箭牌，将全副精神摆在业务上。

碰到宴席或客户家中正在吃饭叙餐，你不能不加入时，热诚且勇敢地参加。该送礼就送礼，礼数不可少；席中你可以服务大家，夹菜、端菜，协助整理桌面、纸巾等；或者准备一些应景笑话，使人开怀和拉近距离。

金庸小说中有一段叙述酒具的情节甚是精彩，可以记下在此场合中讲出，包准语惊

四座。

金庸是这么写的：“饮酒须讲究酒具，喝什么酒，当用什么杯。喝汾酒用玉杯，唐人云：玉碗盛来琥珀光；关外白酒用犀角杯；葡萄酒用夜光杯，葡萄美酒夜光杯，欲饮琵琶马上催；高粱酒用青铜酒爵才有古意；米酒当用大斗饮之；百草酒用芒藤杯……”

如此叙述，恐怕已经是酒香四溢，让人沉醉了，可见能让人开怀，不皆然陪酒、用酒而已。

“酒肉穿肠过”，酒能误事，少喝为妙。

不过，交际宴席中又另当别论，一杯红酒或一小杯洋酒，还是要宾主尽欢的。

敬酒时，需依桌席上的大小位一一敬过，避免失礼。

喝酒前先吃点东西，以免醉了难看。

不能不喝时切记：让喝酒成为艺术而不误事！

【保险金言】保险是利人、利己、利众生的伟大事业。 ——大马陈嘉虎

112. 攻心为上——促成篇

花一点心思，就会给客户带来意想不到的惊喜。

“哇！我准备有空时去书店找这本书，想不到你就送来了。”

“你怎么知道我女儿喜欢这款玩偶，她一定非常高兴！”

“我老公最喜欢钢笔了，你怎么知道他喜欢。”

“你怎么知道我正在想要了解医疗保险，上个月我朋友住院花了不少钱，我吓坏了，才想找个保险业务员来问问，你来得可真巧！”

其实，这些都是多用心的关心。

客户喜欢看书，平时你尽量和他聊聊一些他的喜好。当有新书或热门书出炉时，若能在第一时间把书送达，他对你的用心和感激之意是难以形容的。

在客户家中，要观察他家人的习性。当发觉他女儿属狗，又有几只玩偶当摆设时，嘴里不讲，下次拜访拿个大型snoopy玩偶过去，他女儿不乐坏了才怪。

同样，当客户生病住院，你去探望时，顺便问问有几个朋友来看望他了，哪些人被庞大的医疗费用吓坏了，这些都是适时可切入的重点。

【保险金言】一个人在世，大抵上只有60万个钟头好好活，睡觉用了20万个钟头，工作占去了20万个钟头，另外要花2万5千个钟头受教育、5千个钟头娱乐、10万个钟头处理一些个人的零星事情，算起来我们顶多只有三分之一的时间贡献给自己和家庭，因此我们每工作一个小时就必须供得起我们另外两个小时的松怠！

——美国保险大师梅第

113. 对社团的伙伴——接触篇

多参加社团，可以增加人脉，扩展视野，也可以放大格局，最重要的是有可能创造商机。

社团相当多，一个保险人最好参加三个以上的社团，公司内部的、小区的、社会高阶层的，或是不同属性的团体，比如同学会、商会、登山俱乐部等。

自己要清楚参加的目的，是为了认识各行业的领导人，增长见识，还是做生意。

加入社团有没有什么步骤和策略？有没有一套系统化的经营准则？

从跟随前辈进入，到奉献体力、能力甚至财力，到培养影响力，进而成为团队中的领导人这个过程中都是商机。

但不要急呼呼地露出马脚，太急着做生意，容易被人看轻及不齿。

做生意的最高境界是让人来找你；最有价值的是你的专业让人受用。

经营社团当然要花成本，可这个影响是长远的，且可让自己提升，所以成本是递延且逐渐缩小化的。

对社团一定先要奉献，让人看得到你的付出及能力，社员的加入是经常性的，只要用心去维护你的形象，业务会源源不绝，而且不容易被别人侵夺。

可利用机会，以自己的专业知识，把对社团伙伴有利的商机及措施适时提出。如果你不提没有人知道，若是影响大家权益，反而会被人责怪。

出于真心，用心经营，时机一到，自然收获无穷。你还可以把你原来的客户和社团相联结，大家会对你丰沛的人脉很感兴趣的。

【保险金言】寻找客户已经成为我的日常习惯。读报时我在找客户；开车上班时我在找客户；搭火车时我在找客户；陪家人逛街时我在找客户；参加学校家长会时我也在找客户；媒体上出现的名字，也是我在找的客户。因为人就是生意成功的希望所在。

——旧金山人寿创始人卡尔巴哈

114. 早餐的约会——接触篇

这是都市人的通病，晚上晚归晚睡，早上晚起赶路；随手拎个面包或饭团，或到快餐店买份点心，或根本不吃早餐。

这几年盛行可以坐下来吃快餐的美式咖啡屋，如麦当劳、星巴克等，花费不贵，让心灵在开始上班前可以稍作整理。

保险人何不利用这宝贵的时间呢?

可以约客户在咖啡屋里共进早餐，顺便聊一聊保险观念。

请客户早一点起床，你可以打电话叫醒他，或者去接他。

你告诉他，早个三十分钟起床，吃完早餐再上班，早上精神会很好。

你让他知道，在某一地方有家新开的咖啡屋，装潢很后现代化，感觉不错，应该去尝试一下。

准客户愿意接受你的邀约，在一边吃早餐一边谈保险的过程中，他会注意你的信息；尤其是一大早，他的兴趣会更大。

如果一周安排个两到三次，当其他同事九点还在赶晨会时，你已经取得一个认可，你的绩效当然比别人大得多。

早餐的约会是较轻松的、温馨的，是最重要的！相当有效率。

我的建议是：

1. 先确定客户的意愿和时间，问他如何前往，自去还是去载他，需不需要再用电话叫醒他。如果客户自行前往，那就确认他是否清楚无误，车子要停在哪里，千万不要让停车浪费了时间。

2. 餐厅多去几次后，应该让店员认识你。比别的客人多一些招呼与热络，客户会喜欢的。

3. 绝对比你的客人早到，找好位，把水杯放好，客人到了，引导他入座，问他点什么，你去点，你付账。

4. 位子勿选在厕所边、通道旁，或直接面对大马路的，免得对方分心。

5. 控制好时间，客人可以谈的时间是多久，勿东南西北乱扯一通。要在客户预定的时间结束，别让客户心急。

6. 从手机里知道当天的大事或他可能感兴趣的新闻，迅速切入。

7. 可以的话，与客户回到他的办公室或你的办公室，签订投保书。

8. 周六周日也可以约，同时请他家人来，轻松的日子效果会很棒！

【保险金言】平均每个月用一千张名片，每天固定要和15位准客户面谈，没有做到绝不罢休，所以常要到晚上11点才能回家。推销成功的秘诀无他，唯有走的路比别人多，跑得比别人勤快。

——日本保险推销大师原一平

115. 礼物的赠送——形象篇

送礼是大学问，送礼技术的高下影响对方接受你的程度。

送礼也是心声的传递。

据报载某名人在第一次和太太约会时，送的礼物是一本书，书名是《第一次约会就上床犯法吗》，弦外之音，溢于言表。

送礼高手所费不高，恰到好处，但会达到不露痕迹、不受拒绝、收者高兴且自家满意的境界。

一位外勤主管，他总在过年节时拎着一些水果或土产，到几个常要打交道的部室去。他说，这是客户的产品，因为要捧客户的场，所以不成敬意，请大家帮忙享用。收者不会有压力，大家心照不宣。

另一位得奖高手，他在公司招待出国时会大肆采购当地的名优特产，价格并非太高，回来后一一送给支持他得奖的客户，客户也会对他的不忘回报而喜悦。

送礼用心的业务员，常有令人刮目相看的成绩，因为他会恰到好处，使人难忘。

这位高手送礼时还会连客户的小孩都一并致意，只不过是一本小画册、邮票卡，但收者高兴极了。

另外一位同人，他平日只要看到精品店或书店打折扣，就会大肆采购。

在节日或客户生日时，这些用品就成了最好的礼物。

书店常会有引起风潮但促销的书本，他一次就买一百本，客户收到后不管看不看，总是觉得蛮受用的。

有时送礼还要加上一些话术，更叫人难忘。

“张先生！这是专程到基隆××斋去买的元宵汤圆，想不到人太多了，我排了两个小时才买到，您一定要尝一下！”

“这些小茶饼是在××买的，这个店每天只烤三百份，我托人家去买，拜托了几次才买到！”

“李先生！我去台南出差，这些肉粽是从当地的百年老店‘再发号’买的，又大又好吃，台北吃不到的！”

“陈先生！我出国去日本，看到艺品店的饰品，这条领带正合您的风格和品位，所以赶紧抢购下来，您看是否合适！”

除了这些甜言蜜语外，再选择一些对客户而言比较特殊的日子送上小礼物，他会更在意的。

这些日子可能是生日、结婚纪念日、晋升、乔迁、小孩考上名校、生子等。

送对礼，表对情，投之所好，四两拨千金。

【保险金言】满意的客户就是我们最好的宣传员。

——南山人寿前总经理林文英

116. 善终——态度篇

一篇网络流传的文章，讲的是“善终”，不是说一个人过世，而是离开的身影。

影星刘诗诗，离开飞机商务舱的座位时，把毯子、枕头等整理得一丝不苟、干干净净，让服务人员大开眼界，大为敬佩。因为一般人离开飞机座位时，总是随手一丢，匆匆而走。

华人做事讲究的是善始善终。一个人的修养，就看他离开时能否圆满地“善终”。

我常常搭高铁，看到有些人离座时，座位像是被炸弹打过，乱七八糟。

但大部分的人离开，却是把椅子拉直，物品整理好，感觉目前国民的素质已大为提升了！

离开时的身影，可以美得让人感动、赞叹！一个人有没有教养，就看他离开时的身影。

微博中一条“小夫妻退租将房子打扫干净”的消息，上了热搜榜。

家住杭州的吕大伯爆料，自家隔壁住着的是来自陕西的小敬夫妻。

在租约期满搬离前，他们专门请家政人员给房东打扫卫生，地板、洗手间、厨房都打扫得干干净净，一尘不染，甚至还把地垫洗了，晾在阳台上。

赠人玫瑰，手有余香。只有一个有修养的人，才乐于无私地付出、大方地给予，并始终享受着付出的美好与纯粹。

歌德说，通过一个人对待那些无所回馈于自己的人的态度，你可以简单地看出他的人品。

一个人的教养，不是流于表面上的礼貌的言谈举止，是对待无关的人也一样谦虚和友善。

美国著名旅行作家凯鲁亚克说，教养是一种不用说出来的美好。有教养的人，总能在不经意的细节中，让人如沐春风，心生敬仰。

最高境界的修养，植根于内心，无须他人提醒，人生就是一次次的离别，每一次离别都能看出一个人的教养。

出差退房时，能不能整理得井然有序，甚至恢复到入住时的样子，我们为打扫的阿姨着想，也为离开后看到的人有好的观感。

进入电梯时，为后面的人按钮，帮身后的人拉着门。国内常有数万人的露天音乐会和各种活动，离开时，一点垃圾都没有，这比日本强太多了！

这是教养的差别，当我们打电话被客户拒绝时，我们还感激他，让对方先挂上。当我们在客户的公司或家里被拒绝，我们离开时，将桌子整理好，椅子摆放好，衷心感谢客户给我们机会。

当在咖啡厅离开时，杯盘整理好，这是尊重，这是教养，这是善终。即使无缘再见，也让人心生温暖、念念不忘。

【保险金言】保险工作者是要让人尊重的，因为这是伟大且美好的善业！

——修缘法师

117. 强调缺点——促成篇

每个销售员无不大力渲染自己商品的优点，讲得天花乱坠、十全十美。但是，听者藐藐，尤其是商场老将，见识多了，哪会吃你这些自卖自夸的渲染。

“其实要介绍给您的这份保险并非没有缺点，一些状况请您注意。”

在对方已听得昏昏欲睡时，突然间你要将自己的缺点给掀出来，对方一听，哪有精神不振之道理。

“你说保险都是骗人的？”“没错！”

“营销者总是说死了赔多少、伤了赔多少、患了癌症又赔多少，但其实却是投保后很久，也不会死，也不会受伤，也不会得癌，这是不是保险的缺点之一吗？”

“参加保险最大的缺点就是要缴费，每期要缴，不缴的话就会丧失权益。”

“有人说保险什么都赔，其实是不对的，有些状况不能赔……”

客户在听销售人员谈保险时，往往很自觉，自我意识高，尤其怀疑对方的动机与真相，但是当对方能讲出缺点时，尽管只是一小部分，已经可以削减对方的防御力，这是利用人性弱点的战术之一！

【保险金言】我所认识唯一未曾说过人家坏话的人，就是我妈妈。我想不出她曾经说过别人任何一句坏话。她的一生，都在替别人服务，救助贫困和伤员。在她一生的每一刻，她似乎只是想着如何使别人快乐。——旧金山人寿创始人卡尔巴哈

118. 您是怎么走过这一条路的——Q&A篇

香港的Anne问：“您在从事保险初期的时候，应该面临很多的挑战和困难，您是怎么走过来的？”我是这么告诉他的！

1. 人生可以很简单不要复杂

很多人把保险弄得很复杂，像杂货店一样，我简单地当作信仰，对客户传达理念，传达保险给人们的尊严，是一生最重要的好事，如果大家都有保险，这世界多美好，我是这样的要求，所以我每天都很快乐、很单纯。

2. 坚持你的初衷

有人说保险的钱不好赚，什么别的公司佣金比较高、商品比较好，但是我不为所动，做业务的16年当中，我天天不迟到，甚至一直比别人早一个钟头到，以前是这样子，现在也是如此，甚至有人说我是顽固。四年前沈宝仁老师送我小米手环，我就给自己定了目标，要日行万步，一千四百多天了，手环换了好几条，但是天天万步没落掉，我把这目标当作是我的责任，我去想办法如何达成，每天一早先完成一半，接下来就没有压力了。

两年前有佛堂找我，问是不是能够号召大家抄心经来帮地球增加能量，我说好啊！于是找了志同道合的朋友去推广，每半年就可以收到三四千篇，当然我自己也要抄，天天抄，越抄越顺手，越感到喜乐。

3. 从事保险工作要有正确依循的路径

和佛教所讲的八正道一样，从事保险工作，要有“八正”：正见，即正确的见解；正思维，就是正当的思考；正语，讲应该讲的话；正命，就是好的态度；正精进，每天都进步；正念，好的念头；正业，对你工作的宗旨跟理念；正定，让情绪稳定。

4. 要读好书

通过排行榜上的书，以及圣人贤者的书去学习。我这一生当中，影响我最大的一本书是明朝袁了凡先生所写的《了凡四训》，40多年前刚进保险业时，朋友找我说一起到庙里去住吧，我觉得很好，在庙里面看到这一本古文体写的《了凡四训》，当下惊为天人，我就发愿把它改写成现代文，这一改已经改了第四个版本了，这本书现在已经被佛陀教基金会当作善书，你可以从台湾的庙宇中拿得到。东莞的李俊经理发愿要推广，车子里放一大箱，理念一通就送他一本，他希望用此书提升整个中国的善能量，如果你觉得有意义，我们一起来做这件好事吧！

5. 参加好社团

我参加了很多好社团，生命线协会、华人讲师联盟等。社团对我的帮助都很大，学到很多新知识，也得到了好人脉和好的联结。

6. 从奉献中成长

早年主管要我编月刊，我觉很高兴，因为对我来讲是挑战，是新的领域，我可以学到编排的好本事，当然从编排当中，我自己要写，所以后来接受报纸杂志的约稿，我最多的时候一个月可以写10篇，累积了我后来出了这么多书的能量。

【保险金言】你要找出你的兴趣、你的职责、你的天命，并找到你的人生的好路，让你可以活得愉快和长远。

——陈亦纯

119. 午餐的约会——接触篇

很少人不吃午餐的。尤其忙了一个上午，通常已疲劳气虚，走出办公室透透气是好办法。

你提议在××餐厅请他吃快餐，虽然他知道你的意图在于保险的推销，可是他若不是很讨厌你的话，除非真的很忙，约几次总可以让他同意和你见面的。

餐厅的选择很重要。

绝对不能选择太嘈杂、人声鼎沸、车马杂沓的餐厅。在那里谁能安心听你谈事情？白白浪费时间和金钱而已。

午餐时间通常可以稍长些。有些人可以在中午以拜访客户、与客户共餐为由，停顿很长的时间，所以你的有效时间就多了。

正因如此，餐厅的选择就更为重要了。

气氛好是首选。餐厅不会急着请你买单，再接第二拨客人；有咖啡或红茶可享用，加上舒缓的音乐；愉快地谈他的抱负、人生和家庭，适时切入保险规划，生意可以快速进展。

我的建议是：

1. 餐厅要先订位，以公司和你的名字订。多去几次后，一定要让餐厅和你做良好的配合，包括座位的安排、价钱的优惠，甚至上菜的程序都和你的习性有默契。

2. 客户的前往如何安排。自行前去，车停在哪里，有无附设停车场，停车单可否盖免费章，有无代客泊车；如果不方便，可否请他搭出租车或你去载他。

3. 中午的时间长，所以有足够的时间谈完并收费。若需体检的话，体检医院在哪里、时间如何，事先要规划好。

4. 费用不要太贵。免得造成对方心里怀疑与压力，你到底赚他多少钱，可以请他吃这么好的一餐；不过若是他喜欢，则另当别论。

5. 若他要带朋友来，是否一起接待，对你的生意会不会有干扰，这是要注意的。免得赔了夫人又折兵，浪费金钱也浪费时间。

【保险金言】没有一个人可以例外地不要人寿保险。根本没有可以取代人寿保险的东西，不投保保险的人无疑是将他和他的家人、事业放在风险当中。

——旧金山人寿创始人卡尔巴哈

120. 人家愿意和你相处都是有原因的——态度篇

人家愿意跟你相处的原因有：

第一，你能带给人家带来实用价值。

第二，跟你相处能打开眼界。

第三，你能倾听别人的想法并发表有价值的见解。

第四，你能充分认可别人的价值。

第五，你能带给人家愉快的心情。

遇到事情，知道的不要全说，看到的不要全信，听到的就地消化。久而久之，人们知道你是一个可信之人，才愿意支持你，和你交往！

软银的孙正义，投资了八百多家企业，有一百多家失败，追踪原因，发现最大的问题是领导人造成的。

他投资杨致远，因为杨致远有强烈的吸引力。

他投资马云，因为看到马云的眼睛里充满了火焰。

成功的人，会有满腔热血、一身的热情。

你有条件成功吗？在保险界里面，为什么有人能够担任会长，有些人长期平庸，一事无成？

不是能力而是热情，他的火花让客户爱他，让客户相信他所做的事是对的，他创造的价值最大，他也投资他的时间、他的体力、他的精神。

他一步一步得到别人的肯定，让别人对他有信心。

他做大哥也做得起，扶弱助危，他使人愿意跟随他，他的团队自然枝繁叶茂。客户不是被说服的，而是被吸引的，是具有魔力的灵魂勾射的。

因为他的生命充满了爱，他让保险的生命力发光发热。

客户信任他，愿意把几个亿的身家交给他规划，甚至再介绍同等级的朋友。这不是靠他的能力和说服力，而是靠他的影响力。

所以请扪心自问，你的影响力在哪里。你有没有为这种影响力做好准备？

【保险金言】客户对寿险顾问的信任，就如同转轴的支撑和板叶的转动，创造有效的运转能量。

——中央大学博士庞宝玺

121. 感觉为先——促成篇

软性要求有时让客户的感受更受用。

实例一：您上次买保险有没有感觉？

“没感觉，为什么这样问？”

“因为买了不对的保险才会没感觉，买对了当然感觉就有了！”

实例二：

“保险我并不需要！”

“不！我感觉你有需要，而且会很快接受我的建议！”

“你怎么这么说？”

“这是我的感觉，感觉是不会骗人的！”

一般人买保险都是应酬居多，不会去衡量真正的需求。将所用的保险当作一般消费品去看时，就可能不在乎保额和内容，当然这张保单的价值就有限了，所以也容易失效、解约或变更。

如果营销员认真、专业地为对方设想，并让对方也认真、用心地了解他的保障，真正满足他的需求，当事人就会珍惜他的这份保单。

不要轻忽我们的力量，感觉是很重要的。

【保险金言】经营企业或保险，没有理论，没有公式。只要敏于行事，从经验学习，就能够成功。 ——美国企业管理天才哈罗·季宁

122. 我要找什么样的人进入团队——Q&A篇

长沙的胡如宾问我：在目前要忙着成长的阶段，如何去增员合适的人进来呢？要找做业务的人即可，还是要去找能发展团队的人呢？

我的回答是，你要找跟你频率相近的伙伴。

为什么要找和你频率相近的人呢？

因为有同样想法的人比较好沟通、好带领，会有相近的理念、共识，你们可以集中力量，做有效率的事，更可以有共同或相近的梦想，并为此接受一样的训练。

耶鲁大学的墙面上有一句话：持续不断地学习，梦想就不远了。

当你在谈要得到MDRT的资格时，跟你没有共识的伙伴会嗤之以鼻，会不以为然，但有同理心的伙伴会认同，会一起去拼搏。

同样道理，如果你要伙伴一起去参加CMF或台湾的保险会，没有共识的伙伴会说干吗去凑热闹，会不以为然；而有共识的伙伴会兴致勃勃地一起去学习。

有一个国外的统计，俄罗斯的民众一年可以看55本书，日本看40本书，韩国人看7本，而中国人只有0.7本书。当然这不代表中国人不喜欢学习，中国人或许喜欢在手机或网络上学习，但是不管如何，投资在学习上是必要的，你也可以找到喜欢投资在学习上的伙伴，你要建构学习型团队。知识是力量，一个喜欢学习的团队是伟大的，也是可怕的。

还有一位林帆问我说，他的团队都很年轻，要如何教导他们呢？

年轻人有活力，胆识大，就让他们知道，用一面之缘来变成缘故。剪头发、买东西、吃饭、乘车，他赚你的钱，做你的生意，你怎可不跟他们谈你的业务。

搞不好他们正有需求，正准备买保险，你不开口就没机会，你没胆识，人家看不起你。要练习一分钟开门话术，要熟悉电梯接触语，要能很迅速而不被讨厌地加

上微信。

每个人都有250个亲友和关系人，何况现在群组泛滥，要参加什么群，要得到什么友都不是问题。

加上目前中国老龄化严重，一个年轻人未来要养12个他的长辈，且医疗进步，百病可治，寿命延长，但医疗费快速增加，所以政府鼓励民众要多买保险，才可以降低未来国家的负担。

这是对年轻人最好的一个好时机，大家要搭顺风船，这是生命中最重要的机会，请他们多多掌握多多发挥，碰到人就要开口讲，不管成交与否，都要请求介绍。只要行动力够强，怎么会有找不到客户、不知道到哪里展业的道理。

【保险金言】推销成功的基本步骤就是要每天认识新朋友，关心他、了解他，然后将他变成自己的客户。——平安东莞唐朝总监

123. 我相信我会有一群志同道合的最顶尖的伙伴——成长篇

为什么你没有一群志同道合的创业伙伴呢?

你有没有吸引人、让别人喜欢你的气质和性格?你喜不喜欢帮助别人?你是否很乐观?

若是上述这些条件你都不满足，当然具备不了吸引别人的因素。

凡事都是因果关系，得什么果，看什么因。

“欲知前世因，今生受者是，预知来世果，今生做者是。”这是佛家的三世因果观，我们可以来想想这其中的道理。

你以前不喜欢和人接近，不帮助别人，自以为是，言语尖刻无味，私心过重，将利益放在第一位。想想会有人愿意和你接近吗?就是有，怕也相处不了多久，就会受不了。

如果想有一个志同道合的保险团队，你现在就要开始筹划。

你要有最好的东西给他们，他们和你相处可以学到你待人接物的经验。你会源源不断地提供热力与新知，分享荣耀与快乐；你会帮他们找到客源市场，提供各项学习机会；你还能指引前进方向，打造希望家园。

助人成功就是自己成功之时。

你若真心想拥有创业伙伴，你就会依照他们的个性专长给予任务和发挥。

你若真心想让伙伴成功与杰出，而你也确实如此去做和思考，他们会感觉到和看得到。

人都乐意和对自己有帮助的师长接近学习，人也都希望得到性命的指引。

如果你够资格，你确实会拥有这样的伙伴。

耐心点，持续地运作。

有信心，成功会吸引成功，热诚会感染热诚。

复制成功的模式，用代代相传、薪火相接的方式，系统化地运作，有组织地分工，只要假以时日，庞大的团队一定会形成的。

【**保险金言**】人都乐意和对自己有帮助的师长接近学习，人也都希望得到生命的指引。如果你够资格，你确实会拥有这样的伙伴。　——陈亦纯

124. 术语的应用——形象篇

保险术语，在以往主张少用，能不用就不要用。

现在不同了，在保险知识越来越普及的状况下，你不但要用，还要教客户会用，甚至让他变成内行人。

有一些术语，客户理应知道，如被保险人、受益人、投保人。

有些术语要让他明白，如自然保费、趸缴、缴清、宽期限、豁免保费、续缴等。

有些他会比较关心，你要用心让他更清楚些，如分红、现金价值、预期利率等。

要是客户对保险概念不是很清楚，你就不要在交易过程中夹杂大量术语，以免让他听得满头雾水，反生困惑。

你若要谈术语，也要问他是否明了，如果他一脸无辜状，你就必须立刻阐述这些专有名词的意思。

不要用术语来显示你高人一等的优越感，做生意是要用对方法，用客户可以理解，接受的语言来解释

谈生意不是教书，不是谈理论，不要大肆卖弄学问和技巧。

当对方有兴趣谈保险术语时，你就大可说明和分析，以目前的局面而言，满街看上去都是保险营销员，可能客户也在被增员中，所以能谈生意要赶紧谈，谈完时见他对保险工作有兴趣，就可以开始做增员准备了。

【保险金言】我对保险怀抱着神圣的理念和宗旨，即使到处碰壁，也能够坚持满腔的理想继续奋斗。

——中国人寿郑景杰

125. 最重要的风水——态度篇

富豪买了块地，修了别墅，找了大师去房子里看风水。

一路上，如果后头有车要超，富豪都会避让，并说："超车的人多半有急事，先让他们走吧。"行至镇上，富豪放慢了车速。一名小孩嬉笑着从巷子里冲了出来，富豪刹车避开停在了原处，又笑着解释道："小孩子追追打打，后面肯定还有人，等一下。"

到了别墅，富豪正准备开门，后院突然飞起七八只鸟。富豪停在门口，让大师稍等一会儿再进去。大师讶然，富豪笑着说："这会儿肯定有小孩在院中树上玩，现在进去会吓到他们，掉下去摔倒就不好了。"大师默然片刻，转过身对富豪说："你送我回去吧，这房子的风水不用看了。"

这次轮到富豪讶然了："大师何出此言？"大师感慨地答道："有您在的地方，都是风水吉地。"一个心灵高贵的人，举手投足间都会透露出优雅的质量；一个道德高贵的社会，大街小巷都会流露出和谐的温馨；一个气节高贵的民族，一定是让人尊崇膜拜的民族。

最好的风水是人品，大家知道风水养人，却不知人也养风水。

人的风水是什么？第一是心，第二是口，第三是行为。

心生万物，做好事、讲好话、存好心，这就是最好的风水。

风水的宝贵，在于如何调整生命的定位比例。

其实可以二八定律和262法则来改变你的生命风水。

什么是二八定律？就是20%的人可以占80%的成果，80%的人只能占20%的成果。什么又是262法则呢？前20人是强者，60人是普通人，后面的20人不太妙。

在保险界里面，如果只是试试看，那么成功的概率是20%，跟着主管的要求做，那就可能达到60%，若能够努力用杰出者的经验去做，就有可能创造80%的价值，如果拼着命干，努力加用心加别人的经验值，那就有机会创造100%的成功。

如果你的努力，让你一次达到100分了，你要好好地规划，你要坚持下去，才可以一直维持在强者行列。

一个好的主管，如果能够把中间部位作调整，将60%的部分挪一些到前段去，将后端的20%再往中间挪，这个团队就会非常有希望。

如果你认为后段反正只是无效的，那么他们真的就无救了。

262法则永远存在，但是你可以改变其内涵，提升里面的价值因素。

生命的价值在于明了你该做哪些事，生命的意义是你创造了哪些事！

你如果不了解你要怎么做，每天碰到挫折不知如何突破，日复一日，不知所终，那么你这一生就变成一个泛泛之辈了。

我从事保险工作前6年，是努力的，是乐观的。但是因为方法还不纯熟，所以还没办法成为杰出者。

在第6年的时候，我看到第一名的得奖者在台上无限风光，才知道原来得到第一名有奖牌、有奖金、可以出国。

人生不该如此吗？如果人生不能够得奖，不能够出国，不能够得到奖金，那还有什么价值呢？你要得到什么，你的心锚就往哪里放！从第7年开始，我拼搏到连续11年的总冠军，因为我告诉我自己，我要，所以我就得到了！

你要告诉自己，你要走到哪里，你要做什么样的人，成功者比比皆是，但是常常被淘汰，如果你不想被淘汰掉，你就要有方法，你要去创造，你要让别人来跟随你，这样你这一生才有价值，这就是你最好的风水！

【保险金言】保险不是卖，而是和客户一起买！当你真正关心或关注客户如何买，并且让客户感觉你是在帮他的时候，你会发现，客户把你当成了他们其中的一员。

——南山前董事长郭文德

126. 放大胆识——促成篇

有一次，看到同事孙君正在做建议书，半年三万多元。

我问他对象是谁，他说是荣民总医院的医师。我皱起眉头问他，为什么设计这么少？

他说，他已在荣民总医院跑了三年多，客户三四百人，都差不多这金额，但医生们蛮小气的，不可能买太大保额。

我说，你简直在侮辱对方的人格，也侮辱自己的人格。一个医生经过医学院、实习医生各种阶段，才能成为住院医师，收入不会太差，社会地位也有了；买不够格的保险，等于是在伤害他的身份和价值，怎么可以给他这么低的保险额度。

孙君问我该怎么办，我要他最少做一份一千万保额的建议书，用三个版本，分别是保费一百万、五六十万及二三十万去试试看，他点头称是。

第三天，我在台中开会，孙君的主管打电话过来说这case已成交，请我打电话给孙君再鼓励。我立刻找孙君问经过，保费四十多万，但孙君并不是很兴奋。他说，他听了我的话改变了战术，但却懊恼只听了一半，不敢用一百万的建议书去讲，只拿出四十多万那一张，结果客户没经过多长时间的思索就接受他的建议了。

客户的需要有时我们并不完全了解，而且客户会因信任业务员的建议而做出购买决定，所以若不放大胆识，有时真是会受到锥心之痛呢！

几个因素下客户会买大额单——

一是客户财力够，本来就想买。

二是客户对保险认知清楚。

三是已经有人向他推荐过但是当时钱不够或没有时间了解。

四是家人和朋友发生的事故让他警惕。

五是他的朋友或同事已经买了，让他产生了购买的意愿。

【保险金言】很多时候，不是没有办法，而是还没想出办法。

——统一集团创办人吴尊贤

127. 您何时退休，还有什么计划——Q&A篇

马来西亚怡保的阿宾在问，您的保险年资都已经四十多年，比我的年纪还大，陈老师您要何时退休?

如果还不想退休，您从事保险工作这么久了，您的生命还有什么计划?

已经超过六十年保险年资的梅第讲过一句话：“我什么时候退休呢？当我和上帝约会那一天，就是我退休的日子。”

我也是抱着这心态，一日保险人，终身保险人。

做保险是事业，是志业，也是圣人引导我们服务人群的圣业，这是终生职业，哪有什么退休的。

我看到一些朋友退休了，每天爬山、唱歌、旅行，开始的时候蛮有趣的，一段时

间后就受不了，赶紧找个义工来做做。

保险业会训练一个人有各项专才，这也是现在专家讲的“斜杠人生”，你可以发挥你的各项专才。

我大抵上有几个方向。

1. 我可以继续创作写书，因为我和大众接触，也没有离开市场，各种观念、思想在冲击着我，所以不用担心材料匮乏。加上我的作品比较受欢迎，出版社隔一段时间就要我再写书，所以可以用创作和读友结缘。

我可以演讲，传达保险理念，我也常受邀约。

韩愈说“一时劝人以口，百世劝人以书”，我很荣幸我两者兼能发挥。

我常要同人与时俱进，我自己以身作则，或者说，我有兴趣去对新事务和新领域发挥。

这几年大陆视频音频如日中天，我把素材准备好，录制技巧也准备得差不多时，两家视频和音频公司来找我了，而我迅速地把成品提供给他们，他们都非常惊讶，为何我速度如此之快！

2. 我可以结合保险特长做公益。基督教讲十一奉献，佛教讲三布施，法施、财施、无畏施。我联合同人，捐血、捐复康巴士、捐孤儿房。

3. 我还可以呼吁“保险捐赠”，保险捐赠可以让拥有保险的人士“留下大爱，不留遗憾”，目前在欧美国家已经风行，在中国也开始受到欢迎，马来西亚希望我可以过去倡导，未来中国会引起风潮，这是利人利己的工程。

【保险金言】如果保险人可以将保险的大爱做倡导，不但保险的尊严和荣耀更加扩张，对保险伙伴的商机和事业也会有非常大的帮助的！

——陈亦纯

篇三 秋收

128. 节日开拓法——开拓篇

利用节日的特殊性，将保险做突出性的倡导或促进，或与相关商品及活动做配合促销。

1. 找出固定与非固定的节日做规划。

2. 固定的节日，从春节、元宵节、情人节到儿童节、母亲节、端午节、国庆节、中秋节都可应用。

3. 非固定的节日，如劳动日、运动会、环保日、关怀原住民等由政府或特定社团所倡导的节庆。

4. 研究保险与节日的兼容性，最好是使两者相得益彰。

5. 可以找合作单位协办一些与节日相关的活动，但若合作单位太强势或太多，恐沦为花瓶点缀，大为不宜。

建议可以依节日的型态规划设计商品，如儿童节当然是儿童保险，母亲节用妇女险，父亲节用高保额保险等。

要注意：

1. 配合节日一定要有“公益性”，而且不要被感觉为“挂羊头卖狗肉”。

2. 不要大张旗鼓，人力经费花了一大堆，结果成效看不出来。

3. 规划一定要周详。要思考如何引起客户对保险的热情，活动过后如何追踪。

4. 有一些社团他们每年固定会办活动，有经费，他们要热闹，可主动找他们合作，如此可节省经费且人气更盛，最起码这些社团的大佬经这些活动的参与也可变为准客户。

【保险金言】要想出人头地，就是每天要想如何帮助别人。

——平安深圳吴晋江

129. 敢谈就有机会——异议处理篇

我是将台湾寿险投保率由3%看到250%的。我发现一个重要的现象，每个人都会买保险的，现在不买不代表他以后不买，已经买也不代表他不会再多买，只要营销人员够坚强，就有谈不完的保险。

我要举我自己的一个很勇敢的实例。有一次我跑到一个工业区，正巧看到一家工厂只有一个小姐在柜台前忙着，我就进去跟她说："我跟你们老板有约。"小姐说："是吗？"

我说："是呀！是呀！"因为当时小姐正在忙手边的事。所以就跟我说："好！那你自己去跟他谈。"她拉开旁边的一个门，往里面一指，"请进吧！"

她把我推进老板的办公室，砰的一声，门给关上了！我抬头一看，糟糕！距离我前面大概两米的地方，正坐着一个金发碧眼的外国人。哇！事情闹大了！老板居然是一个外国人，我心里想，这个小姐她一定在外面笑："你这个浑小子敢忽悠我！我把你推进去，看你现在怎么办！"

眼看着我要出洋相了！这个老外瞪着我，我很想掉头就走，但这一走不就太屃了！

我硬着头皮，踏着沉重的脚步，一步一步走到他的面前！他看着我，我也看着他。本来还会讲几句英文，突然间都忘了！脑子里找不到适当的开场白，心想横也是死，竖也是死，今天就豁出去了！我打开推销夹，拿起里面的一张要保书，摊在他面前，拿起圆珠笔递给他，指着该签名的地方说："Please sign here！"

听到我讲这句话，心想是什么东西啊！居然要他签名！他看了要保书，哇啦哇啦地讲了一堆！此时我真的听不懂也听不进去了！我只好比较大声地讲了第二句英文："Sign here please！"听到我这么说，他更大声，哇啦哇啦又讲了一大堆。

这时候我生气了，买就买，不买就拉倒，干吗这么大声！我第三句英文脱口而出："Here，Sign please！"我把笔再重重地递给他，他看到我这么坚毅的表情、这么有气魄的动作，无可奈何地拿起我给他的笔，看了我，再看看投保书，顿了一下，居然真的在该签名的地方签了。

我看他签了名，向他讲了第四句英文："Thank，you！Byebye！"拿了投保书赶快往外面走，走到外面看到小姐对她说："你们老板保了，你看签名！付钱吧！一万多块台币！"

小姐不可思议地说："真的吗？"我说："真的！签了名了啊！"她看了看，真的是老板的亲笔签名。她显出一副不可思议的神情，但用内线请示了老板后，立刻开了一张一万多元的保费支票给我。

为什么那老外会买那张保单？因为当时我服务的公司是外商投资的保险公司，所以投保书中的文字是中英对照！而且他是德国人，很有保险观念，来到台湾当厂长，本来就要去买个保险，结果还没找之前就碰到我送上门来了！不是我运气好，不是因缘巧合，是因为我努力跑，所以我的机会比别人好，运气也比别人好。

大家都知道，保险就是要多跑、多说，只看你愿不愿意开口，你有没有勇气去闯！说不要保险，那是理所当然的事嘛！那是自然反应！如果有人说："我要买保险，赶快给我买喔！"反而有问题，要考虑这个人是不是生病了，还是有什么问题。

一个生病的人，或是常常发生意外的人，保险公司还不想收他哩！所以从事保险要义无反顾，往前直走！就是如此而已！

【保险金言】不是我运气好，不是因缘巧合，是因为我努力跑，所以我的机会比别人好，运气也比别人好。

——陈亦纯

130. 吃饭要领——形象篇

身为营销人员，常有机会和客户一起就餐。尽管你雍容华贵、言语富丽，但一上餐桌往往泄了底，让人难以接受。你不能不知道餐桌上的文化，否则客户会看不起你，以没有家教为由将你列为拒绝往来户。

不管是在客户家中还是在餐厅里，到了用餐时间，眼看成交在即，不能草率撤退，你只能决定和客户一起用餐了。

如果是客户家中的便餐，你却之不恭，那么就不要扭扭捏捏推托不前。

别占上主位，赶紧帮忙摆碗筷菜饭，观察客户的用餐质量，惦量他的喜好及斤两。

要客气，但绝不要令人厌烦。被请客即便吃不饱也是被请，不可狼吞虎咽，不替后来者设想；味道就算不佳，也要称赞，礼多人不怪。

要是餐中有酒，须自己衡量状况，生意要紧。酒可催情，但也会败兴，需自己把握。

在餐厅用餐，要注意让对方先点菜，即使对方客气，你仍然要留意他的喜好。点餐不要太夸张，不要因为太豪华而对双方都产生压力。

付账时，通常你要先有动作，就算是对方要请客，你也不能无动于衷。

用餐中的礼节不能不注意。

要招呼用菜，若要夹菜莫用自己的筷子，用公筷或母匙别人较不会排斥与讨厌。

若人多菜不好夹，也可主动移动菜盘。有时并不需要等餐厅服务人员来做，你自己可以主动些。

汤端上桌时，若服务人员没有分配，你应赶紧将他人的汤碗拿来盛汤。

我曾经看到一位业务员和一桌客人吃饭时，自顾自地盛汤拿菜，连牙签也是只拿一根自己用，事后生意泡汤，他却浑然不觉。

其实，除了餐中的主动外，仪态更要注意。千万不要口含一嘴的饭菜还嘟哝讲话，一不小心饭还会喷出来。

最可怕的是，吃饭啧啧作响，四边侧目却无动于衷；或者骨头垃圾洒满桌面，也不代为清理，让人误以为小时候没父母教养。

还有吃得太快或太慢，别人都难以适应。

别在餐桌上泄了底，这是相当值得注意的事。

131. 马云的六动和比尔 · 盖茨四不——态度篇

你要成为保险界的明星吗？你要多听听成功人士的言论。

鬼才马云说：水不动就是死水，人不动就是废物！

1. 关系靠走动——有关系，但不去活动、走动，待有事情时，再去麻烦人家，已经是事倍功半，难以处理了。切记不可现实，也不可疏懒，对好客户，或是业务来源中心、新人来源中心，必须勤加培养梳理！

2. 团队靠活动——有团队，但不会经营或不肯好好带领、操练。当有战事（竞赛）兴起时，团队将是一盘散沙，无法克敌致胜了。带团队理论不难，因为每个人都有一片天，都要为自己负责，你只要做好方向的指挥和激励即可。

3. 客户靠感动——保险的成交不是靠口才的好坏、保费的高低、条件的比较，而是一个营销员的真诚、热情和善良。感动、感恩不是挂在嘴边的，要有让客户感受到的本事。

4. 资金靠流动——资金要活用，要赚更多的钱，要把已赚到的钱活用，转投资、做培训经费、犒赏有功同人、聚餐或做演讲会说明会。不要怕资金流动，要知道出去的资金会吸引更多的资金进来。

5. 生命靠运动——运动是让身体活络、精气神畅通的不二法门，要养成定时、定量、定项运动的好习惯。运作要顺就是动！要让同人知道领导人和团队是健康而充满生机的。

6. 成功靠行动——要有行动力，空有一身好本领，不愿联络客户，不愿登门拜访或者是不能当领头羊，尽是跟在别人的后面，以为做个老二不用承担风险，其实是常常丧失先机、贻误商机了。

比尔·盖茨认为人生有四不要！

1. 不要把烦恼带到床上，因为那是一个睡觉的地方。

2. 不要把怨恨带到明天，因为那是一个美好的日子。

3. 不要把忧郁传染给别人，因为那是不道德的行为。

4. 不要把不良的情绪挂在脸上，因为那是一种令人讨厌的表情。

要活在当下，展现生命最美好的一面，用活力和热情带动生命力和伟大的事业体。

【保险金言】营销员知晓财富流失的奥秘，可以更好地为客户服务，客户明白财富的真相，可以增加对我们工作的认同。——平安人寿最大团队总监庞国平

132. 花钱消灾——促成篇

客户说：“我今年够倒霉了，钱被抢，车被偷，小孩生病开刀，不能再买保险了。”

客户的遭遇确实叫人同情。但如果你同情他，改天他会更叫人同情；而你因为工作做不好，也会叫人同情。所以，要替他想出突破的方法，而不是束手无策。

我有位客户，去年初也一直在发生倒霉事情，后来找算命的排流年，发觉有血光，会破财。他赶快去捐血，拿了一些钱捐给慈善机构，结果到年底再也没有不顺的事情发生。

还有一位客户也不是很顺利，问神之后，说是会犯小人，妻离子散。他想了想，赶快参加一个关怀青少年的公益社团，一有空就到监狱育幼院去和那些小孩在一起；又怕妻离子散，干脆将考虑很久的要不要送儿子到国外读书的问题解决，带小孩到国外就学，离开太太一个月。后来真的什么事也没有发生。

也有一位客户说会亏钱，立刻买了相当额度的保险，到现在都没事了。

所以，如果你担心还会发生什么事，会花钱，会就医，我替你消灾，马上为你安排到医院检查身体，立刻缴一些钱参加保险，包准你大事化小小事化无！

【保险金言】你把保险好好地经营是做出好业绩，如果你扭曲了保险的真义那就是业障。

——大马徐彬

133. 名单开拓法——开拓篇

从搬家、新生人学、住宅大楼落成到新的社团成立，这些都会有大量的名单出现。

保险工作就是人情的工作，必须要有大量的人和情报。

你要怎么做呢?

1. 从事保险工作就是要有可行性名单，你要随时补充名单。名单需分类，预计行动目标。

2. 行动要迅速，以免名单失效。如搬家，对方刚搬妥，一个小花篮就送到，感受最为强烈，他就会成为你很好的准客户。

3. 主动要名单。你是住户委员会或学校家长会的委员，当然可以要一份完整的名单。

4. 将名单和同人分享。建议同人也去搜集名单。

5. 让口碑替你推销。如果你的贡献大、能力高，谁会在乎你推销保险，甚至学校的老师还要说："要向家长会委员 × × 买保险哦！因为他对学校很有贡献。"

但也要注意：

1. 思考要海阔天空，触类旁通。如到法院参加公证结婚，就思考这些名单可否拿到；饮料公司办抽奖，得奖名单可否拿到；参加毕业典礼，毕业生的名册如何运用。

2. 名单作为增员及同人展业用。名单帮同人展业，但名单也可做增员用。如有合适人选立刻想办法说服采用，再让他回到原据点去发挥。

3. 名单要有固定的数量。现在微信群组当道，自己随时要有百来个，也要鼓励同人养成这个习惯；群多了之后就可以大量行动，快速成交。

【保险金言】每个人的一生会有不停加买保险的契机，这些都是围绕着客户的财务状况改变而产生的。

——厦门台新金咨询顾问公司赖云基董事长

134. 过一阵子再说吧——异议处理篇

当保险营销员和客户接触时，常会听到客户说一些推托之词"过一阵子再说吧”“等我想买保险时再通知你”！

为什么要这么说呢？原因很复杂，钱不是很充裕或是一个原因，钱有其他用途、要做投资是一回事。但钱多得是的人有时也这么说，这到底是怎么一回事？其实根本是他自己不相信会有事，他不认为保险很重要，虽然天灾地变，虽然车祸火灾凶杀常造成很多人的死伤，但他可能心里在想我怎会那么倒霉，我不会碰到恶运的。

这是古人所说的：“不到黄河心不死，不见棺材不掉泪。”

像这种状况，你或许可以提几个故事来给他警惕。一部二战的电影里面就有保险的故事，内容相当残酷。

日军包围菲律宾柯雷吉多岛，岛上两万名美军命在旦夕，援军还赶不上，这批部队随时有被歼灭的危机。

此时美国的寿险业者立即联合起来，希望用寿险去帮助这些在火线上的同胞及他们的家人。寿险业者在国难及同胞危急时发挥保险救人于危的大爱精神，这些孤岛上的军人们只要在空投的投保单上签名，用电报传回兵籍号即可生效。

保险金额从美金一千到一万都有。保费从月俸里扣，条件可以说是再好不过了。

一个月后此岛被攻陷，两万人中一万人阵亡，一万人被俘。但事后统计，这两万人当中投保者不到三分之二，而且投保的人当中只有三分之一是投最高额一万元，其余仅是一千、三千、五千而已。

承保单位后来发了一封信给各保险公司，内容大致说：“想不到，即便身处险境，仍无法让人们主动买保险。残酷的战争取代不了专业的营销员……”

这就是人性。到了黄河还是不死心，没有面临死亡时就不相信自己会死。

所以有爱心的保险人必须知道，保险商品再好、保费再优惠、客户也不见得就会相信你的话立刻投保。

你不要去相信客户讲的什么——我没有空、没兴趣、已买了等，这些都是借口，讲的人不笨，相信的人是才是笨蛋。你要发挥锲而不舍的精神，你要用你的坚持去打动客户。

美国营销协会有一个统计，60%的生意是在业务人员拜访四趟以后才会成交的，但96%的业务人员都不愿拜访客户四趟以上，这个统计的意思是六成以上的生意是4%的好手所做的，剩下40%的生意由96人去分配。我再做一个分析，一个营业团队一百个人手，一个月做了一千万业绩。4个好手各占了150万的业绩，剩余96个人只分配到4.1万，相差36倍。这个统计数字几乎合乎于各行各业、各个营销团队，这也是我们所熟悉的二八定律。

所以不用去羡慕或嫉妒那些表现好的人，你自问你的基本功有没有落实，你想不想进入20%的优秀人士行列，或者更有企图心地达到前20%之内的20%，也就是特优的4人！

【**保险金言**】很多优秀的客户他们的保险观念都很棒，他们在教导我们如何做出真正有价值的保单。 ——台大保经吴联寿营运长

135. 不要语出粗鲁——形象篇

两位相隔数年又碰面的老友互相寒暄着，下面是他们的对话：

甲："从学校毕业后，我到美国留学去了！"

乙："那很好！"

甲："在美国遇到漂亮的金发美女！"

乙："那很好！"

甲："金发美女很有钱，她拿钱出来让我自行创业！"

乙："那很好！"

甲："你不要光讲很好，你从学校毕业后状况如何？"

乙："最大的收获就是改掉了讲三字经的毛病！"

甲："太好了，不过这不容易，你如果还想讲三字经时如何处理呢？"

乙："我就说'那很好！'"

这是个笑话，但这个笑话告诉我们要戒掉口头禅是多么难的事。

有位业务同人，他大概永远不知道为什么会丢掉一笔上百万元的保费。

纰漏就出在这位客户平常循规蹈矩，是位保守型的人士，对人客气，讲话轻声细语。

经人介绍过来后，这位业务同人信心十足，且几年的经验和成就，使他忘记了去体会对方的心态。

他还年轻，平日较为帅气率性，但有一口粗鲁的口头禅。

加上对方要买的态度很明确，他就忘了小心翼翼这回事。

"他妈的！上次有位客户体检，结果体检医院里人太多，一等就等了老半天，这次非事先约好不可！""哇塞！你的朋友都是这么有钱的，他们都要像你一样保高额

保险才可以啊！”

除了这几个开头加强语词外，又长又臭的自我夸耀和目中无人的意图，引发客户不悦，于是此人终于在另一家公司同人提出大致相同的计划时被判出局了。

在越来越开放和竞争的时空下，要脱颖而出已不见全得靠公司、产品、技巧和价格，销售人员的风度、质量和感觉也是相当重要的。

【保险金言】世界上只有一种病，叫作穷病。——《我不是药神》

136. 多感恩少埋怨——态度篇

一天，一位作家坐上了一辆出租车。司机穿着很体面，车里也非常干净。

刚刚坐稳，司机大哥就给了他一张卡片，上面写着：在友好的氛围中，将我的客人最快捷、最安全、最省钱地送达目的地。

看到这句话，作家高兴地和司机聊了起来。司机还说：“请问，你要喝点什么吗？”

作家诧异：“这辆车上难道还提供喝的吗？”

司机微笑着说：“对，我不但提供咖啡，还有各种饮料，而且还有不同的报纸。”作家说：“那我能要杯热咖啡吗？”司机从容地从旁边的保温杯里倒了一杯热咖啡给这个作家，再给他报纸的名称和各个电台的节目单的卡片。

简直太有意思了。作家问他为何这么贴心。

以下是司机的回答：其实刚开始的时候，我的车并没有如此服务。我像其他司机一样，爱抱怨，天气啊、微薄的收入、堵车、客人的态度！我每天都过得很糟糕。

有一天，我偶然在广播里听到一个故事，改变了我的观念。

那个广播节目请了一位成功学大师来介绍他的新书。那本书我到现在都记得名字，它叫《心诚则灵》。

书中阐述了一个观点——“停止在日常生活中的抱怨，会让任何人走向成功。”

他让我突然醒悟，我的糟糕情况其实都是自己的抱怨造成的。

思考之后，我决定停止抱怨，开始改变。结果是，当我改变态度后，我的命运和收入都改变了。

第一年，我微笑着对待所有的乘客，我的收入居然翻了一倍。

第二年，我发自内心地去关心所有乘客的喜怒哀乐，并对他们进行宽慰，我的收人又翻了一番。

第三年，也就是今年，我让我的出租车变成了全美国都少有的五星级出租车。

除了我的收入，上涨的还有我的人气，要坐我的车，都需要提前打电话预约。

而您，其实是我顺路搭载的一个乘客。

听到这个故事，你有想到什么吗？在我们的职场里，同人常因为在外面受到的委屈，回到公司后大肆埋怨。

要知道埋怨是负能量，佛家说，一次埋怨会折抵三善，就是你做的三件好事被抵销掉了。基督教也讲："喜乐的心乃是良药。"客户拒绝是常态，要当作是助力，让我们知道哪里有问题、哪里有过错。

【保险金言】我们要多感恩、多祝福，祝福客户、祝福主管，感谢主管、感谢客户，只有感恩才可以创造更多的福分，创造更美好的明天。——陈亦纯

137. 目标明确，高保单有机会——高端市场篇

你想成交高额保单吗？只要你自信心很强烈，你就是一个能成交高额保单的人。生意的大小，受想法所支配。如果你胆怯，如果你认为自己不是个能成交高额保单的人，如果你不相信客户会买，那你就真的做不到。

要高瞻远瞩，前景才会远大。试想，一张两亿的保单是多美好，你说服了客户，你让他节税、存款、避开风险、设立避险的水库，你让他富上加富，因为他成为富中富，所以他可以因为他的富有去提携人才，培养更多对社会有帮助的企业家，帮助更多的社会弱势族群。这些都是因为你帮他建构了一张高额保单，让他可以达成创业时的心愿。

有大目标，才能有激情，才能使你沸腾，成为大人物。你有目标，你有目标导向，有美妙的蓝图和愿景。想到目标的达成，你热血沸腾，你充满热情，你成了能量的发射体。

十万和一百万的差别只有一个零。不要害怕提出数字，多一个零，让客户多一份资产，他会感激你，他会因你而身价大增，因你更有力量，更有开阔的气魄和信心。想一想，他的朋友不过是几百万的身家，而他是亿万级的超级人士，他会有多激动。

好的价值观和理念，不是梦想，而是理想。知道这一生的使命，朝着责任勇往直前。你知道你的人生功课，你会完成它，甚至超越它，因为你是一个充满阳光的人。

有了这些力量，你意气风发，脸上充满了自信的光彩。你和顶级人士为伍，他们喜欢你，因为你带给他们能量、阳光、智慧、人脉、希望和创意。

最重要的是，你帮他们建构一张大保单，提前创造了他们生命的梦想。

【保险金言】对于一个愿意帮助他自己的人，我没有想出比购买保险更好的办法。

——美国前总统约翰逊

138. 顾问式开拓法——开拓篇

结合对客户有帮助的顾问群，提供一次买足、终身或特定时间的咨询服务，不但方便而且贴心，甚至价位比个别服务还低。

这些顾问可包括会计师、秘书、医师、律师、护士、赡养、殡仪馆服务等，将生、老、病、死都包括进去。

做法：

1. 客户无法对每个专业都了解，而且也没有办法集合到各种专业人士为他服务，如果你能结合这些顾问群，对客户是非常方便的事。

2. 客户的小孩要出生，你可以安排妇产科进行产检、接生，提供坐月子的方便。

3. 客户每年的报税及紧急就医情况，也都有快速且实际的安排。

4. 他有税务的困扰，想成立基金会或将财产预先进行分配，顾问群可以提供咨询，而且还可以建议他预立遗嘱。

5. 透过保险，赡养问题也帮他建立好了，让他不用担心退休后伶仃无依或麻烦到下一代。

6. 平常也都有固定的课程及活动让客户参与，让他以拥有这个顾问团为傲。而顾问通常以年费或计件计酬的方式取得报酬，但因整体配合，所以费用必较自行参加低得多。

7. 甚至人生最后的葬仪都已先规划好了，尊严、安心都替他设想到，客户会感激的。

如果你建构了完整的顾问群，你就可以给予客户完整性的规划，让他的医疗、赡养、税赋都得到实际的保障。

注意：

1. 以服务为主做出发点，而非在利益上打转，让客户满意最为重要，只有满意才能创造长期的商机。

2. 顾问的专业素养要够，不可无法达到客户的要求，或无法替客户争取到最佳的待遇。

3. 安排的医院、赡养院、检验院等机构必须有足够的水平，不可因陋就简或滥竽充数。

4. 顾问式开拓最大的功效，应在于长远的渠道及完整的商机，所以在筹划时需慎重。

【保险金言】我们从保险执行率高的家庭中，可不可以看到自己的影子与条件，进而深思，我们的人生可以做到更好的什么！——大马崇德基金会陈健发博士

139. 下午茶的约会——接触篇

现在流行的下午茶（Tea Time）提供给谈生意的人、有空闲的人、追求风雅的人一个好的场所与空间。

时间大概在三点到五点之间，费用并不是很高。最重要的是大家的心情会比较悠闲，比较有心情谈事情。

这也是可以成交的好机会。

切莫沦为风花雪月，言不及义。

女士们也不要被当作是来陪喝咖啡、谈感情的。

在约定的时候，要让对方知道你的意图，让他知道，大家是避开办公室的喧闹来这里规划保险的。

你既然已让对方知道你的目的，准备工作就要做好，免得他有非分之想，白白浪费时间。

见了面后别闲聊太久，资料要及时拿出来，你的敬业态度要让他看得到。

甚至在约定的时候，就把所需的时间讲出来，一个小时或三十分钟，见了面立刻感谢他给你这段时间。

谈的时候要专心。如果可行，双方的手机暂时关掉。

餐厅若有熟识的人更好，可以预约桌子，服务质量也较好些。

买单应该由你处理。若按照年轻一代的做法，各付各的也没什么关系，但有些人会不爽，所以你要拿捏好。

在访谈的过程中，尽量别喝太多水，以免在紧要关头往厕所跑，浪费了成交

契机。

记住，花了金钱和时间，效果不可没有！

【保险金言】当你有足够大额的保险单，你会发现家人和亲友不但尊敬你，还对你够亲近。

——华人讲师联盟2018会长刘邦宁

140. 信函及感谢卡——形象篇

美国汽车销售大王乔吉拉德一生当中共卖了13000部车。他有一个别人难以学习的诀窍，就是大量地写信和感谢卡，平均一个月可写12000张。

成功不是偶然，成功需要努力和付出，也需要坚持和毅力。

写信本应不难，但近年来受影像及快餐文化的刺激，年轻一代疏于练习，以致文不达意，提起笔来头就大。

其实也没有那么难的，任何事情都有它的诀窍。

假如确定要勤写卡片，先请卡片制作人量身定做专用的万用卡，你自己拟定几个固定的字句，如感谢用、生日用及激励用的文字。

卡片随手放置。交换一张名片或得到一个讯息，立刻将卡片拿来照固定的字句抄写下去，就付邮寄去。一张卡片花不了一分钟，这项工作的时间比去墙角抽根烟还少。

或者以微信传递。一按精美的文字或图像就发送出去，客人会觉得开心！

文句的设计要用一些心思。文如其人，字如其行，别让人小看你的程度。现在有很多现成的文案，除了引用外，你自己也可以设计个人风格的金句或警句。加上图案，让收到的人不忍心删除，让他无法轻易忘记你。如此，你的成效才会更卓越。

一些名言佳句可以令人记忆深刻：

1. 改变，你会创造历史；不改变，你会成为历史。

2. 21世纪不再是大吃小，而是快赢慢。

3. 21世纪是十倍速的时代，成功与失败都是以十倍速的速度在前进。

4. 我们无法驾驭改变，只有走在变革之前。

5. 宁可微笑生皱纹，莫因严肃而苍老。

6. 我们最可怕的敌人不在怀才不遇，而在我们的踌躇。认为自己是不可能的人，于是便成为那样的人。

7. 能以他人的快乐为自己的快乐，是最满足、最富有的人生。

8. 愿要大，志要坚，气要柔，心要细。

【保险金言】保险是意外时的应急钱，老年时的养老钱，离开人世时爱心的钱。

——香港保诚人寿吴玉芳

141. 有保没险——促成篇

相信吗？有了保险就等于有了护身符，连阎罗王也不太愿意找他。

美国在越战时有位推广军中保险的人，谈了老半天，也没有人在乎他。最后他说了一句话：“部队即将开拔到前线去，没参加保险的人将优先参战，因为成本较低。”

大家一听，立刻争先恐后地投保了。

1999年台湾“921”大地震，有保险的只占六成，保额平均120万元，是不是可以说，阎罗王比较喜欢找没有保险和保险额度低的人呢！

我们常看很多发生不幸事故的家庭，由善心人发起救济援助或善款众筹，状况凄凉。当然社会有心人甚多，解囊者众，可是通常不过几十万或百万左右而已，可他若自己平日买了保险，理赔动辄数百万，相差甚远！这其中的差别在于保险的互助力量是以千万人计，所以分担金额小。

我们请每个家庭中的重要人士明了这道理，有时当作无时计，免得出事时痛苦难当。

一位老先生中风住院七年，老伴早走，当日不听人劝，财产早早分给了三子，以致三人久已不到医院探望，他常为此长吁短叹。

一日，以前公司的会计小姐来看他，突然说道：“老伯您好像有张千万保险已缴费完毕，应该是终身保障。”

他立即询问保险公司，居然是有效契约。当年外商保险公司刚进来，推广缴费二十年保障终身的保险，在业务员的鼓吹下，他签下了千万额度，因为生意不错，所以每年也都按时缴费了，缴完后保险公司也没有人来找，以致他忘了这回事。

老先生很兴奋，会计告诉他这不是一千万现金，但可以凭现金价值去运用，并教给他一个方法，保证可以拾回亲情——将保单影印三份，寄给三子。

果然不出三天，三子全聚集到他的病床边，承欢膝下。老先生用保单贷款，拿出不菲的现金与他的子孙们享受充满亲情的最后岁月。

【保险金言】请不要轻易拒绝保险，因为你拒绝的不是营销员，而是你的守护神。

——襄阳中寿王楚楚

142. 高手如何经营高端市场——高端市场篇

费德文是保险界的奇迹，他创造了八亿五千万美元的保费记录。二十五年间，他平均每年都有二千二百万美元的保费，曾有一个年度实收一亿美元。

他是如何使自己成为一个伟大的保险工作者的呢?

他每天早上八点开始工作，持续十二个钟头后才结束。工作时间比别人长，而且有纪律地执行。他切实地遵守他的时刻表，包括运动，如果客户约定的时间是他的运动时间，他会要求更改时间。

工作结束后，他会阅读两小时的专业书籍，包括财经、时事、社会的热点知识和学问，他努力地充实和吸收。

他用小钱换大钱、同样时间做大事，他每天让助手们忙碌起来，助手帮他处理烦琐的小项工作和服务客户的事。他每周工作七天，通常在周日思考新点子，他并不会东南西北地到处找客户，他只是在公司方圆四十里、人口二十万的区域做好深耕开发的事项，他不浪费交通时间，他做到这区域内的民众要咨询或购买保险都会找他。从文献可以看出，费德文有六个助手，这已经是企业化经营了。

费德文的六位助手是这样分配的。

两人做建议书，建议书要做得仔细、精美，又个人化，加上诸如法令、税赋等知识，各种客户可能有兴趣的数据无不尽善尽美地搜集罗列，让客户一眼即可看得出他的用心及专业。

一位专门处理信件，当年没有计算机可做行政文书处理，这位助理会固定在费德文拜访前或拜访后寄出致意信和感谢信。日复一日，精诚所至，客户当然乐于和他打交道。

一位助手负责档案管理，客户的数据巨细靡遗地登录，举凡客户和家人的生日，缴费日、节日、纪念日，理赔纪录，或客户的特殊需要都持续地服务着。

一个特助，负责安排他的行程和约定事项。在没有手机的年代，电话的约定、追踪和必要的联系都是很重要的。

再加上一个会计师，能将他的财务做清晰的规化，诸如他的投资和税赋，有时也要协助客户处理财务困扰。

费德文说："你的价值，在于你怎么运用自己的才能。"他知道他的长处是和客户沟通，他只要分配好他的助手的工作，他就可以做出最有价值的事情。

这就是他的成功之道。

【保险金言】人寿保险不仅提供储蓄与保障，更是一种保证稳赚不赔的优良投资，也是一种可以灵活运用且享有免税优惠的财产，还是一种可以让小钱变大钱创造巨额现金财富的家庭经济保障。 ——太平人寿顾问梅汝彪

143. 请求介绍开拓法——开拓篇

客户的连锁反应是最佳的销售法，客户的赞赏是最佳的催化剂，客户的肯定带来跟从和追随。

一位客户可以延伸一辈子的保险生意，每位客户背后都有至少十二位可介绍的客户。

有一个企业界的说法：一个满意的客户可以扩散到十二倍的效益；一个不满意的客户成本要十二个满意的客户才能平衡；而吸引一个新客户的成本为维护一个老客户成本的六倍。

我们通常只会听到4%不满意客户的抱怨，其他96%听不到，因为他自动退出了，所以如何让客户满意是最重要的事。

做到事事让客户满意，接下来就可以请求介绍。

请求介绍是不简单，不过也非困难之事，全看如何应用。

请求介绍要练习，要从练习，到熟练。

1. 先做"尝试性请求介绍法"。一次只要客户介绍一人即可，提示此人是客户最重要的家人或朋友，且最急需保险保护。

2. 准备相关数据做最佳之应用。切勿只口头要客户介绍，否则客户是无法提出响应的。但若顺手提出客户的行业联系簿、学校同学录或社团手册，让客户觉得你既用心又很投人，他会受感动并且加以配合的。

3. 要有一套能打动客户内心的请求介绍话术，让客户明了你的经营理念和使命感。

4. 请求介绍，最好还能得到推荐信，当然推荐函事先要准备好，只要客户愿意签

上名即告完成。要客户介绍绝不要让他感到麻烦、复杂或者引起反感。

5. 得到介绍后，如客户能再亲手打电话或陪同拜访则更妙。

6. 请求介绍的最高境界是让客户变成我们的业务伙伴，干脆也自行下海，一起来传达保险的作用与意义。

7. 要向客户请示是否可以公开他的投保内容和资料，可否用他的资料向被介绍的人引荐。

8. 如介绍人已理赔过，请示他，可否向被介绍者告知。

向被介绍人推荐险种时，建议以介绍人的保障形式为主，以免被介绍者向介绍人询问时无法得到共鸣。

注意：

1. 得到介绍后，一定迅速回复经过，切忌消息渺茫，一去不回头。

2. 若被介绍者还在考虑或犹豫，也要告知介绍人，问如何是好，是否再助一臂之力。

3. 若已得到保单，立刻告知并做适当报答。

4. 最好的请求介绍点在于客户理赔时，其次是收费或平日拜访时。

5. 请求介绍要有信心，最忌缩头缩尾，对自己勇气不足，对商品又无法100%肯定。

6. 相当有效的“三人介绍法”可供参考。你要找到谁、认识谁或要找到何种层次的人士，经过三个人的连锁介绍，往往可以奏效。第一个人若不认识，请他介绍有谁认识，以此类推，到第三人即可完成任务。

【保险金言】一个满意的客户可以扩散到十二倍的效益；一个不满意的客户成本要十二个满意的客户才能平衡；而吸引一个新客户的成本为维护一个老客户成本的六倍。

——AIA前北京总经理徐水俊

144. 我相信我会达到我的目标并全力反馈社会——成长篇

既然已明白保险是这么容易被人接受和销售的产品，而且保险是这么对人类有益并提供实质的帮助。

也看到太多人从事保险工作获致非凡的成功和社会地位，那么我也可以为自己订下成功的愿景。

我要有多少的成就？我要用多久的时间去达到？我要如何去做？

我不可能输给别人的。“舜何人也，予何人也，有为者亦若是。”

但是，仅从事保险工作致富就能获得人生的实质价值吗？买了大房子傲视同侪；买了名车让人称羡；名贵衣物，出手大方，出国旅游购物不落人后；每次竞赛得到冠军，上台领奖得到赞佩。这就是我的人生目的吗？不应该只是如此吧！

人生应该有一些意义和境界！

这种境界可以是培养新人，回馈乡里；也可以是影响人心，激发无数本来涣散的心志；更可以是舍得财富的分享，济助孤寡老弱。

能舍才能得。铿吝自闭的人就像枯井般不再有活水出。

比尔·盖茨捐出千亿美金给世纪疾病艾滋病患者做治疗，他不但是科技大师，也将是大慈善家。

慈济功德会汇集了众善心人的捐款和力量，在世界各地发生灾难时第一时间赶到，出钱出力，影响深远。

企业家温士仁发愿帮助甘肃黄羊川的贫困民众，“千乡万才”是他的心愿，虽英年早逝，但黄羊川万人追悼会已给他最大的肯定。

我们也看到了，好多位保险界的成功者，在得到名声和财富后，建造希望小学，年年扶弱助贫，这都是我们的典范。

我们也该发下宏愿！世间财取自世间，也该回到世间，留下来的将是德行和感激。

保险人不该再被误解和怀疑，保险人应该受到尊重和欢迎。

一切就在我们的祈愿中达成！

【保险金言】世间财取自世间，也该回到世间，留下来的将是德行和感激。保险人不该再被误解和怀疑，保险人应该受到尊重和欢迎。 ——陈亦纯

145. 戒指与笔——形象篇

一位收入颇丰的资深业务主管，她一身的行头会让人吓坏。

右手除了拇指外，每根指头上都戴着闪闪发亮的钻石戒指，尤其是用来指示建议书的食指，那一颗硕大的蓝钻少说也要百万元。

加上手环、项链、耳环，还有一个镶钻手表，以及一张口就发亮的牙齿……

她曾自豪地说，她把一部奔驰500放在身上了。

另一位新秀也毫不相让，但没这么土，她是以气质取胜，所以香奈儿、LV等名牌全给挂上了身，一套衣服十几万，一双鞋子几万块，手提包、表和那一身配件也该价

值百万。

外行的人不敢询问价码，内行的人看了心中怦然而跳。

这些行头不全都是从客户那边赚来的吗？原来做保险的利润这么高！

尤其她们还会不加修饰地自夸自羡。那天又到百货公司刷了几十万，买了什么外套花了几万，出国回来才发现又花了多少钱等。

成功用外表来显示并不为过，但这么奢侈炫耀可就有些说不过去了。

为何不能内敛些，将这些费用花在学习或同人的成长投资上？或者做些公益回馈社会，是否更有意义？难道这样的装扮才能得到客户的认同，或是如此才可告诉大家她有多成功，可以吸引新人来投奔？我倒是担心她那一身光鲜引来歹徒的觊觎，也担心她的投资在外表，造成“金玉其外，败絮其中”的窘状。

因为已有多位追求物质享受以致引来周转不灵的实例。

还是实在些比较重要。从事保险工作应该以纯朴扎实为基，若有稍许收益也该赶紧储存，以未来赡养老人或家庭生活为重，未雨绸缪不正是保险人一直强调和倡导的重点吗？

如果要衬出气质和不凡格调，带支不错的笔就够了。戒指、名表只是增加负担，万一遗失就无趣了。衣着也是平实为要，整天在外奔跑，没必要太华丽名贵。

虽是名笔也不是用来炫耀的，尤其不要在客户面前摇转晃动，笔是用来签投保单的，这是最严肃的投资。

男士们的行头也是一样，少有人喜欢油头粉面。充实的涵养与素质，才是决战胜利的最大法宝。

【保险金言】保险就是你家的财神爷，有钱的时候帮你把钱守住，没有钱的时候，给你一大笔钱，急难的时候提供一笔超出你所储蓄的钱。

——海南平安保险胡华泰

146. 有效促成——促成篇

客户为什么不想买保险？

客户反对买保险的原因你有仔细探讨吗？

他不喜欢你介绍的这家保险公司，或者客户对这家公司的品牌、形象有着先天的反感。甚至他基本上就是不喜欢保险，他没有明白保险真正的理念和宗旨。

还有一个最严重的问题，他不欢你，和你没缘，一见就反感，这个问题最难办。

1. 人对了就对，客户买保险最大的原因是喜欢营销员。

2. 反对的原因很多，有些是习惯性，有些是理赔不顺，自认是保险的受害者。也可能是能力不足，财务有问题。更有人对保险有误解。有些人无权做主。也有人不知死活，也有人已购买，也有人知道该买但不知向谁买，还有的是旁人捣蛋。也有可能是当天的气氛不对。

3. 反对的本质。有反对才能了解客户反对的原因。要知道有反对才有成交的机会，如果连反对都没有，那才是最难办的事，但有些反对是反射动作，一开口就会反对的，不要太紧张，放松下来，机会多了去。

4. 处理原则。倾听，认同，有听没有懂，反问，加压，先成交再说，二择一，义正严词，请求介绍，下回分解。

总之，营销是生意，也是艺术，和客户的互动，基本上是你的临场表演，大家看着你，你不可失常，不可胆怯，可能只有一次机会，所以平常的练习相当的重要，可是练习归练习，只有勇敢的演出才是重点。

【保险金言】寿险推销，是满足及创造需要，实现并解决问题的过程。——叶云燕

147. 有效地等，而不是痴痴地等——接触篇

拜访客户时，刚好客户在忙，要你在会客室稍等或是客户出去尚未回来。

为了掌握机会，当然必须等待。可是等待的时间要懂得利用，有些原则必须注意。

有人端茶过来，你必须礼貌答谢，并适时问几句话：

“谢谢您，您贵姓？在公司服务了很久吧？”

“谢谢您，太麻烦您了，经理不会忙太久吧？”在等待时，千万不要做一些不可以做的事，如翻动房间的摆饰，挖鼻孔，或是不经通告拿起对方的电话就打。

也不要太松懈地斜躺在沙发上睡着了，万一客户回来，发现你在睡觉该如何是好。

最好将准备提供的数据，再拿出来慎重地阅读，模拟见面时的对话。

或者用手机联络下一位客户，或是与公司做事务上的联系。

或者与其他职员交谈。但对于在忙的千万别打扰，否则会被列入不受欢迎的人。

如果你已去过几次，和大家都已熟络，或许可以帮忙，如搬物品，代接电话，给后到的客人倒茶，招呼其他客人。勤快点，他们会喜欢你的。

要是可能会有一段时间的等待，先告退到别的客户那边也可以。

如果和客户的关系不是太融合，可以利用这时间做一下公关。

等待时若无人陪你闲聊，不要离开接待人所安置的地方，若是在客户的家中更不可到处走动，以免发生不测的状况，如东西掉了等麻烦事。

终于等到客户见你了，不管时间长短，绝不要露出不耐烦的神情，客户致歉说：“让你久等了！”

千万要说：“没多久，刚到而已”，而不是“我××点已经来了”。

客户心里自有一把尺，他会观察和衡量。对于一个有修养和风度的业务人员，一般人都会喜欢的！

【保险金言】对于我们喜欢的工作，我们会起身欢迎，并且愉快地走向他。

——莎士比亚

148. 联盟开拓法——开拓篇

联盟开拓法又称异业结盟，这是在现代商业行为中相当普遍的一种策略。若安排得宜，对消费者可以达到一次购足的功效，也可以得到因行业互惠带来的成本降低之价位优惠；而提供商品者又因渠道的通畅达到市场性的扩充，这也带来广告成本的下降、服务功能的提升及商品的快速售出。

至于消费者的利益更大，不但可以得到需要的商品，而且价位可以降低，质量更有保障，选择更方便，是一举多得的行为。

要如何做呢?

1. 结合理念相近的商品，对设定的准客户群进行商品包装和渠道规划。

2. 要有便利性、优惠性的功能，而且附加价值不能口惠实不惠，要将因联盟带来的成本降低反映到客户身上。

3. 可以做到的结盟应可包含银行、基金公司、医院、美容院、休闲俱乐部的产品，或是医师、会计师的咨询服务。

但要注意：

1. 联盟厂商的形象如何，不要因对方的形象连带着使保险公司受损。如保险的期间通常较长，保险未到期而对方公司已不存在，该如何向客户解释。

2. 注意联盟厂商不同的出货或管理规定。如有些银行对信用卡客户的审核相当严谨，不要因信用卡不能通过而影响到保单的成交，此注意点包括房贷、消费性贷款之项目。

3. 不要喧宾夺主。如配合基金销售，若将基金的利益加以扩大，则寿险的收益将不堪一击；同样的状况也会发生在直销的商品上。

4. 不要让营销员忘了本业。万一其他商品较保险好销，则营销员可能会心猿意马，忘了坚守本分和职责。

5. 以数量争取空间。联盟式销售，寿险额度做配合，金额不可能太大，因此业务需有大的数量方是正道。

149. 一日之计在于晨，一日之益在于省——行动篇

保险事业属于创造性工作，可以无限宽广，所以事在人为。能否成就事业，完全取决于营销人员的企图心和事业格局的大小。

所谓“家禽有食空间小，野鹤无粮天地宽”。不要目光如豆，将行动局限在别人的约束里，不知如何开疆辟地，日复一日永远在怨叹自己生不逢时。

让成功的契机一早就显现出来——

比别人早一点起床，坚持健身。现在有社团早上七点就开始聚会，能参加的当然是高纪律的人士。

够有心，在运动时用耳机听音频，增加技术或自我激励；散发传单在车子的雨刷下或家户的信箱内。

早上约客户共进早餐，如一周能安排二至三人，时间在七点到八点左右，既不影响晨会的参与，也比别人多了成交的机会。

没约客户早餐的日子要早一点到公司，最好比别人早一个小时到，趁宁静把一日的行程确定，物品准备齐全。对陆续进来的同人大声地招呼，提高别人的士气，也增加自己的朝气。

晨会完毕后无事即出门，循着安排的行程前进，不要找借口停留。

想想汽车工厂生产线上的工人是如何做的。如果是早上八点上班，八点一到所有工人都要在生产线的位置上待命；生产线一开动，每个人便都要聚精会神地尽自己的职责，上轮胎的上轮胎，装椅子的装椅子，不能借故离开也不可以放慢手脚；一切都要依流程和别人合作；而每天的工作量一点也不能有所短缺。在下班铃响后，退出岗位时还

要把所有的器具依序归位，并彻底整理干净，待小组做完工作检讨后才能回家。

保险人员若能善尽本分如同生产线上的工人，绝不会产能不出、收获不高。而且因为循序渐进，按图抄课，不会有所缺失，长期便可养成从容不迫和有计划的习性。

其实，保险公司所有的工作都是既定和长期规划的，业务同人只要跟着时序和标准前进，便可得到该有的荣耀与收获。

如果做不到好成绩或自己不满意，便是在某些关键点出了状况。要是单位有检讨会，便尽可能赶回来参加；要是没有团体检讨，个人也要在晚上做一番整理。

"为人谋不忠乎？与人谋不信乎？传不习乎？"古人有这三省的立身之道，现代人也该有此精神。

"替客户服务能不忠心耿耿吗？和朋友相处能不诚信吗？每天能不用心学习吗？"每天要进行这三项的反省。工作有无努力，承诺的事做得到吗，该学的知识及时学习了吗？为了长期经营，不能不努力反思，改进自我。

对此，我有以下建议：

1. 每天要做的事依序排好，照表推动。
2. 突发状况如非特殊或紧急，尽可能不要妨碍原有行程。
3. 客户或同人需要你处理的事立刻记下，不论做得了或做不了一定要有交待。
4. 养成每天将记录做整理并誊录的习惯。
5. 养成每天给自己半小时做反省及检讨的机会，这段时间最好是独处，不受干扰。
6. 养成每天写日记的习惯。

【保险金言】所有的人都有金钱方面的问题，但是大人物所面对的是大问题，这些问题当中有许多是可以透过人寿保险解决的。

——班费德文

150. 应有的说话技巧——形象篇

不是每个人都会说话的。或许你会讲，话都快说一辈子了，怎么还不会说话呢？

问题就在这里，你以为很会说话，其实有相当多的错误及问题你自己不知道。

人的脸上有两只眼睛、两个耳朵、一张嘴，所以应该是多看、多听、少说话。但因习以为常，每每口无遮拦侃侃而谈，以致坏了事还不自知。

注意我们有多少的说话改进空间。

一是当对方说话时，有无注视他的双眼，用心听他的话语。

二是说话的声音会不会太大或太小。太大嘈杂和干扰别人；太小让人家觉得你小气、格局不大。

三是说话不得体和不得时。客户问一句你说十句，让对方插不上嘴；客户只开一个话头，你就滔滔不绝；客户心情不好，你却讲个不停。

四是说话的速度太快或太慢。快的话对方还没听下去，或被你的口沫四溅所侵袭；太慢又让人无趣。

五是客户所关心的事情，你会不会附和及再确认。千万不要自以为是。

六是客户说话时，尽可能不要插话，用点头、微笑、认同的方式让对方尽兴为要。

七是不要说太多的术语、外国语言或不同的方言。

八是别说下流或低级的话，就是客户有此癖好，你也只能倾听而不要附和。

九是不要攻击。千万不要攻击同业、客户或社会人事。

十是注意客户的购买信号。

十一是注意第三者的插话。

十二是尽量讲正面的话、引导的话。

十三是语气要诚恳、热情与自然。

十四是切记不要花太多时间在语言上。

除此之外，讲话要注意条理分明，用词精确，不偏主题，引喻有据。

动作也要切实而有节制，不要让太多的肢体动作干扰视觉。

最重要的是，多听少说，多肯定少反驳。

为了长久的发展及经营，平时应多学习讲话的技巧，注意公众人物演讲的风采。

去背佳言名句，参加语言训练班，让专家去调整你的言语架构。

请别人指正你上台讲话的姿势，录下自己讲话的过程，放在手机里反复听，作为下次改正的依据。

【保险金言】多学多练，讲话技巧自然而然就能掌握。 ——台湾口才专家罗懿芬

151. 以他为荣——促成篇

什么时候吵醒客户而他不会生气?

只有一个原因，那就是他的英雄事迹被登在报纸或电视上。

在别人还没告诉他，他自己也还不知道的时候，你领先一步通知他，尤其是对于

平时难得上报纸的，他的兴奋你能预期。

如果你还能在通知之后发微信给他，再寄剪报给他，或者当天就已经把剪报拿到他面前，想想他会有多高兴！

兴奋的是居然有人这么留意他，能够如此注意他的成就。

你要告诉他，你以他为荣，以当他的朋友而骄傲；并且你还要让他知道，他的成就你要学习，还要把他的事迹传播给你认识的人。

当你们交谈甚欢时，你可以很自然地拿出一张高额保单的建议书给他看。

“这是一张一亿的保险，我认为您一定要保，因为名人才能保这样子的保险。”

“本来您的保险已经不错了，不过从媒体上知道您是这么伟大的人之后，立刻想到让您提高保额，否则以前的额度会有失您的身份的！”

【保险金言】如果我一天没有练钢琴，自己察觉到了；两天没练，音乐评论家注意到了；三天没练，听众便听出来了；所以我每天都得勤练。

——波兰名钢琴家帕德列夫斯基

152. 怎么和有钱的人做生意——接触篇

西方有句谚语：“要叫有钱的人拿钱出来，比叫骆驼穿过针眼还难！”但正因为难，我们才有机会；如果太简单了，哪里还轮得到我们去开发？首先记住，有钱人拥有的几个特性：

1. 他怕你要拿他的钱。
2. 他怕你不知道他有钱。
3. 他想多赚钱。
4. 他有很多有钱的朋友。
5. 他想结交的是对他有利的人。

对有钱的人，我们永远要抱着尊敬的态度，因为他最讨厌别人不尊敬他。当你取得他信任，他的抗拒力就会下降，那么你切入的机会就大增。

你要让他知道，你是帮他赚更多的钱、节省更多的钱，让他的钱不要无谓地被税务人员拿走。你也让他知道，“人两脚，钱四脚”，“你不理财，财也不理你”。你帮他规划，做妥善的安排，既对他有利，对他的家人也是好事一桩。

千万要相信，对有钱人销售保险比对小康之人卖保险会更容易，因为他本来就有钱嘛！你要将保险商品的特点放在他嘴边，挂在他耳边，让他觉得受用。

1. 既要用保险来显示身份，也要用保额来衬托身价。

2. 用钱赚钱，尤其是保险的钱可以赚最多的钱。

3. 利息可以买本金，用利息的钱绝对可以维护本金的完整。

4. 保险可以让税金降低，是合法又合理的措施。

5. 不用保险节税是不智之举，会用保险节税是有福气的人。

6. 保险还有很多附加价值，可以得到想不到的益处。

7. 将本来要给政府的税金，用来买保险，既可预存税金又可增加财产。

8. 人走时是带走赚钱的能力及价值，买了保险是将能力及所能创造的价值一次补足。

9. 人的遗憾是，钱要给下一代，让他们过比这一代更好的生活，但往往看到的是下一代为钱而争吵。

10. 人生的痛苦有两种：一种是人死了，钱还很多；另一种最悲哀的是钱用完了，人还没死。

【保险金言】如果我能证明我有一些产品、一些观念、一些生意，能帮你解决问题，使你的生意做得更好，你会有兴趣和我谈吗？ ——IBM超级推销员罗杰斯

153. 管区开拓法——开拓篇

有些寿险营销人员的行动力超强，南来北往，横冲直撞，一身是劲。

他带来的业绩应该不差，效果也蛮好。但若以长期效益去看，这样行动倒是有待商榷。

讲究经营就必须有战略、战术。项羽再猛，也敌不过刘邦团队的分工合作。

体力再好终会衰竭。时间对每一个人最公平，一天都有二十四小时。如何用有限的时间做有效的事？如何将体能做最佳的分配？

所谓管区开拓法，就是将行动力专注在一个特定区域上。幅员不大，可以让印象在此地留连、加深；而且因地域关系，可以与地区内的人鸡犬相闻，荣辱与共，更何况保险是靠服务、靠口碑。

快的服务、好的名声一旦传开，生意就可以源源不绝，长期带入。

中国人还是蛮讲人情味的，你在区域内多付出、多走动，终究会让人接受和欢迎。

而且区域经营法省时间与服务成本，对展业而言，这是最迅速、最实际的做法。

1. 定区域时不必大大。最好能在短期内让大家认识你，常常见到你，要找你时容易看得到。

2. 常借机让地区内的人看得到你。多露脸，善用庙宇的公务、红白事、公共建设、选举等机会。

3. 找机会多服务。地方人士最在乎宗教，如能在宗教上占一席之地为最妙，否则也应常参与。婚丧病老之事要付出，尤其是丧、病、老，在别人无助彷徨时你助一臂之力，不一定为回报，但众人看在眼里，感受是不一样的。

4. 提供附加价值。资源提供，如提供年节、登山、活动之礼物，所费不多但感觉不同，让区域内的人觉得你有参与、肯付出，他们日后就不会排斥你。如果公司能提供若干资源，你更应该大力引进来，如演讲、义诊、礼物等。

另外，如果区域内有不同族群，职业、收入和需要都不相同，无法提供同样的商品，但因常在此地区内活动，你可体会出这区域内的最重要的需求是什么，因地制宜，选择最恰当的商品。

1. 若能建立影响力，也可与此区域内的不同行业结合，提供对区域内民众的附加价值。

2. 多付出，让此区域内的民众感受到你的用心及热诚。

3. 不忘深耕，多参加区域事务，让区域内的人可以因为你的运作而投保、加保。

4. 围堵，不要让别家公司的业务员有进入的机会。这不是容易的事，但可因口碑而达到效果。

5. 不要贪多，要精耕，要进行细腻化的经营，留给大家好的印象。

【保险金言】业绩是勉强出来的。　——美国成长专家　查特·荷姆斯

154. 听讲的方法——行动篇

从事保险工作对自我最有收益的是听讲的机会多。只要能投入，不刻意去排斥和脱逃，将会有很多精彩课程或演讲充实我们的人生，带来无穷的帮助。

不过，听讲也是有要领的。大部分时候，我看到很多人不珍惜参与的课程，他们是在浪费宝贵的时间，简直是“入宝山空手回”。

记忆最深刻的是，我在1992年曾经到马来西亚古晋参加一个营业部的夜间课程。

不过三十人左右。大家不但聚精会神地听课、做笔记，还拼命提问题；最感动的

是，桌上居然有二十部左右的录音机在录音。事后他们跟我说，他们能听到外地讲师演讲的机会不多，而且都要开两三个小时的车才能赶到此地。

愈困难才会愈珍贵，唾手可得的机会，反而不被珍惜。

把握住每一次听讲的机会，虽然不一定有帮助，但有时演讲者的一两句话可能启发你的潜能，从而转变你人生的思维也说不定。

也不要光听不记。要靠记录来维持记忆。记忆是最不可靠的事情，根据统计，在演讲者讲二十分钟后，听众即已忘了30%，一小时后忘了50%以上，一天后只留下三分之一，一周后能记下几个笑话已算不错了。

有几个听讲的重点请大家记住：

1. 提前到场。提前进场不但是对讲师的尊重，也代表着尊重自己，气定神闲才能好好地吸收精华。早一点到可坐在前排，观察主讲者的肢体动作；早一点到也可上厕所疏解一番，免得听到一半时还要出去，影响众人情绪。

2. 关机。务必关掉手机，以免影响自己的心情，也打断演讲者的思绪。

3. 微笑。微笑代表你意会讲师的内涵，表示你能接受讲师的道理。拈花一笑正是默契之所在，讲师也是需要鼓励的。

4. 点头。点头代表你肯定讲师的论点，也表示你附合他的观点。

5. 做笔记。精华立即记下，每次的听讲都会有若干的收获，不见得立即用得上，但日积月累必带来成效。

6. 录音。听七次进入表意识，听二十一次才可进入潜意识。如果讲师不介意，大可录下来，反复听讲。不过为表尊重，录之前先要询问能否录音。

7. 问问题。千万不要因不好意思而不敢发问，勇敢发问才能突破迷津。

8. 鼓掌。讲到精彩处或有意的停顿，代表讲师希望有人给予赞同，此时应该立即鼓掌。

9. 不交头接耳。不可台上在讲、台下却窃窃私语，不但不尊重讲师，也干扰了其他学员。

10. 放空。听演讲一定要将心放空，空的杯子才可装最多的水；不要自以为是，结果什么都不是。

11. 归档。听讲完毕后，可做记录或将录音文件妥善整理归档。

12. 分享。聪明的听者若将得到的新知转化为自己的论点，适时分享给其他人共知，不但有权威，还会让大家赞叹。

【**保险金言**】培养人才的重点，不在技术，而是在观念与热忱。

——中国生产力中心石滋宜

155. 续访要注意的细节——形象篇

第一次拜访未果，第二次还是要前去，不过再上门时要有再上门的话题。

一是推定承诺。

“您不是说叫我过两天再来吗！”

“您不是说还要参考数据吗！”

“您决定五百万还是一千万呢？”

用上回客户的承诺或告知，作为你今天上门的原因。或许客户只是一时的推托，但记得上回话题的你，可是因为一诺千金而再上门的。

二是延续话题。

见了面，立刻展示一些数据。“林先生，这是您上次要我带的一些数据，我今天把它带来了！”

客户还在云里雾里，已忘了上回说了些什么。

你将东西摊开，延续上次的一些疑点，让注意力集中在眼前，使他忘了本来看到你就要拒绝的意图。

三是礼尚往来。

上回在客户这里喝了好茶，吃了好吃的小点心，让你念念不忘，今天你也带来名贵的茶、特殊的土产回请，这是去除客户心防的妙招。

或者，上回客户的小孩礼貌地叫你“阿姨”“叔叔”，你没忘了他们的可爱，带了公司的小赠品给他们。

四是提供商机。

找一些对他有用的数据或情报，甚至帮客户介绍生意或提供有利于他的生意的伙伴。对他而言，这是最重要的附加价值，他会乐于接受的。

五是将续访当作是来成交。

摆出为客户办手续的姿态，甚至连投保书都填好了，只差他签个名。客户有时会被你弄得很迷惑，就此签下也说不定。

六是让客户以你为荣。

千万不要恳求。雪中送炭世人无，锦上添花人人要。你要告诉他，自从上次离开他之后，你又成交了多少人，得到了多少订单。

甚至告诉他，你已在公司的比赛中拔得头筹，你要和他分享这份荣耀。

千万要注意这些细节，因为高手和泛泛之辈就是差那么一点！

156. 推崇备至——促成篇

赢了辩论，输了收入，是没有意义的。

只有多输，才是聪明的人该做的事。

“我认为还是您的看法正确，毕竟姜是老的辣，所以我回去想了又想，用您的意思做了两个方案，请您看看哪个合适！”

一般人总是喜欢有人尊重他、肯定他，也希望有人向他学习请教。

可是往往人们都自负得很，不但不愿去赞美别人，还多方消遣或贬低人家。

所以，能赞美别人的人，会成为一个受欢迎的人。英国哲学家罗兰说过一句名言：成功者的必备条件，就是碰到任何人就称赞。

保险人见多识广，所遇的人也多，状况也频繁，因此应该养成见面即推崇、开口即赞美的本事。

客户拒绝你后，心态会放松，一定认为他又打赢了场仗。谁知你去而复来，而且对他推崇有加，还能引用他上次的观点。此时客户该是措手不及，在一时的迷惘和感动下，立刻动了投保的念头也说不定！

【保险金言】成功者的必备条件，就是碰到任何人就称赞。

——英国哲学家罗兰

157. 对陌生者的介绍——接触篇

保险是人的工作，只要是人，都有可能变成我们的朋友、客户或业务员。

你要有足够让人接受或尊重的表现，最起码不要受到排斥。

一个适当的外表，是让人尊重的第一步，继之是让人不会太反感的言行和举止。

对方在忙、在烦，你是可以体会出来的，此时适当地关心，表明自己的身份；他若无心交谈，你可先留下名片，改天再约。

但也不尽然就立刻撤退，有时可以让对方换个心情，离开原来让他烦躁的环境。总之你要能试探，不要被他的态度所左右和欺骗了。

你做介绍时，可应用奇正互用之方法。

所谓正，就是正派、正式、正当，这在早期被台湾的外商用得最彻底，我个人就是应用这个方法走过来的。

先背下介绍词："先生，您好！我是××公司的业务代表，今天要向您介绍的是一项×年期、每天二十四小时，不分国内外只要发生事故我们就要负责理赔的保险。它每天只要几块钱，门诊可理赔××，住院每天赔××，不幸身故赔××，残疾赔××；若是事故原因特殊时，还可加倍。"

这样的介绍开门见山，对方要不要会立刻回答，再根据对方的语气态度作下一步处理。

对方若说买很多了，你要问他买的哪家，一年花多少钱，保额是多少。

对方若说不喜欢，你要问他原因何在，是不了解还是其他原因。

对方坚持不谈，不要太勉强，留个台阶下，再约见面机会。

若非正面介绍方式，换个方法也可以，比如可以以问卷调查先松懈对方的防御。

以理财规划让他得到一些概念。

以财务体检提醒他的所需。

以老年需要或家庭需要得到他的认同。

记得哦！第一次吃闭门羹时，对方说你下次再来，或是你自己跟他说下次还要再去，一定记得再去，客户喜欢信守承诺的人。

【**保险金言**】没有竞争对手的地方，也正是代表了当地的消费能力不高。

——天仁茗茶创办人李瑞河

158. 不明原因的拒绝——异议处理篇

你知道吗？很多客户明明要买保险，但就是拖拖拉拉或终究拒绝，原因不详，到底发生了什么事？

可能是因为营销员的无厘头和不恰当的言词，把好好的生意搞坏了，还拖延了客户买保险的时间，真是罪过！

一位营销员正和客户谈得融洽，客户的太太刚烫了头发回来，顺口问他说，你看我这个头会不会很丑，他瞄了一眼，自以为幽默地说："你的丑和头发无关！"当下气氛凝聚了。

一个大学女生如果晚上在酒店陪酒，一定被骂不知廉耻；但如果说"一位酒店小姐还到大学读书"，那么她会得到尊敬。

信徒若问师父"可以一边念佛一边抽烟吗？"当然不可以。不过若改个问法："我可不可以在抽烟时念佛"，当然得到赞许，说他有慧根。

如果说"我要和你睡觉"，一定会被说是流氓、下流；但如果说"我陪你起床"，那这意境可真高，这是徐志摩的诗句。

汽车销售员如果说："您开这部车一定很潇洒和气派！"房屋中介员若说："您住在这屋子里多有格调！"保险业务人如果说："您买了这个险，万一死了可以赔500万，生大病可以给付200万。"客户一定越听越不舒服，既然不舒服，找个理由就把你打发走了。

所以营销人员连怎么死的都搞不清楚。还有营销人员批评其他公司，也不管这客户和其他公司的关系如何，唯我独尊，别人的东西都不好，闭着眼睛说瞎话，客户怎么会喜欢他呢。

再来说另一种被客户排斥的典型。

营销员小莉出生于富豪之家，是标准的富二代，长得明艳动人，但业绩一直不怎么好，她的主管陪同去看看是出了什么问题，一陪同立刻看出原因了。为什么客户会用和太太商量、太太不买保险、太太说过一阵子再买等理由来拒绝小莉呢?

原来是因为她的低胸上衣。事业线微露让客户无法直视，她和客户坐得很近，香水味令人神魂颠倒。

她的称呼是"陈大哥啊！李董啊！"嗲里嗲气地令听者酥到骨子里面去。

她不知道她的穿着和对应客户的方式，已让正派的客户或客户的太太出于本能就排斥。

还有一身名牌、珠光宝气。加上十指彩绘，戒指项链，一身行头百万以上，怪不得生意谈不成。

她还会在非上班时间打电话，或用微信约客户吃饭、喝咖啡等。你想想，如果你是客户的太太，你会怎么想！

保险是一份神圣的工作，穿着务必追求得体，而你却穿得像交际花般，客户怎能接受你？我的好友，电子业的龙头苏先生告诉我，他说只要女士穿着不当，他便不跟她有生意往来。一般业务都尚且如此，保险更不用讲。他还说，他要他的业务员出门见客户，男的一定打领带，长袖衬衫，女的穿制服，不能浓妆艳抹，用语措辞，坐姿举止都有一定的规范。

由此可见，客户反对的不一定是保险，也可能是推销保险的人啊！

---

159. 参加晨会，活用晨会——行动篇

大部分的保险公司都会要求业务单位举办晨会。

晨会办得好的单位和晨会办不好的单位，成果一定有所不同。首先是表达能力的不同。天天有晨会的单位因为有大量表达的机会，所以用心参与的人可以达到口才无碍的程度。而且因为共识形成，团队意识比较强。再者，因为天天有不同的主题，容易产生扩大视野、容纳不同文化与知识的机会。

晨会是凝聚共识的好机会，但最重要的是，每天到公司准时参加晨会，能养成从公司出门作业的好习惯。好的习惯一旦养成，对产能的帮助是无庸置疑的，因为最起码新人天天有人照应。

晨会的功能，除了养成习惯和团队习性外，还可得到教育、交流、沟通、情报交换、技术获得等好处。

有心的主管更可以借由晨会宣扬公司理念及单位文化，因精神面的灌输，使无形的力量更坚强。日本DUSKIN是家销售清洁用品的公司，营业额高达五千亿日币。该公司最让人重视的理念就是除了能让公司及同人获利外，更能达到“散布喜悦精神”的目的。

该公司最有名的是祈祷式经营。每天早上九点准时做“早课”，朗诵《般若波罗蜜多心经》及公司经营信条等，时间约二十分钟；下班前还要做一次“晚课”，作为一天的检讨与反省。该项仪式已进行十多年，不管员工信仰如何，这种晨钟暮鼓式的启发，可以让员工紧紧团结在一起。

很多单位的主管埋怨同人懒散不认真，而且常常遗忘公司规定及无法按部就班地晋升。但在埋怨同人没有共识之前，先思考一下，单位内有无共同的荣耀、理念、文化与团聚的时间，大家的心有无紧紧结合在一起，大家有无真心地为社会贡献而努力。

我个人在业务单位的时间里，只要有晨会几乎天天都提前一小时到，这并没有影响我的推销工作。观察一些好手，都热爱晨会，甚至因为参加晨会而得到充电、打气的机会，提升了战力，因此大家不要再找不出席晨会的借口。

举办晨会也要用心经营：

1. 晨会需准时，有既定的活动内容和规划。

2. 人少也要开，而且还不能草草了事。

3. 晨会进行过程中不可以批评和惩罚，公开的表扬倒是不能少。

4. 晨会进行前一定要求关掉手机，不要因私人事务影响团体活动的进行。

5. 要鼓励同人有提早到、微笑、点头、做笔记及经讲师同意后录音的习惯。

6. 时间不冗长，平常半小时已足够，周会一小时，如果要延长时间一定要事先让同人知道。

7. 每一位同人都有轮流上台讲授、主持或主办的机会。

8. 绝不能内容枯燥，流于形式。

【保险金言】要把保险当事业经营，当志业无怨无悔，当圣业全心布施奉献。

——新光人寿逢甲通讯处总监林雪贞

160. 永远保持热情至上——形象篇

松下幸之助说过：不管做任何事情，最重要的是当事人必须热情洋溢，活力充沛。只要他具备热情，困难就会被解决，创意就会源源不绝。

热情是一切成就的来源，甚至热情会改变事实，带来幸运。

我自己就有一个例子。在我担任新人时，曾经营一家印刷厂的团体寿险，后来成交了，二十多位员工，保费还不少。

在任务达成后，老板跟我讲，他的亲妹妹在跟我同一公司不同营业部里担任销售工作。我很讶异地问，为何不向她投保呢?

他说出原因，因为这段时间内里我的表现是积极热情的，每次都带着不同的数据和话题；他有次忍不住说出亲人也在保险公司时，而我的回答是，保险向谁买都没关系，最重要是赶快投保，这是为了企业与员工着想。

他说，我的理念清楚单纯，态度真诚热情，使他觉得必须支持我，所以就再不提亲人也在做保险的事了。

企业界也有相当多用热情改变现实的实例。

义美公司当年想到在冬天卖棒冰，原因是想到在南极也可卖冰箱，何况中国台湾流行冬天吃火锅，也有必要降温。

华硕在做个人计算机推广时，目标是不懂计算机的人。

乌龙茶喝冷的更是突破，加上广告是热情洋溢的中年大婶，叫你不喝都难。

达美乐比萨的广告更是快乐，一个老外对着你大叫“打了没！打了没”，两三下就被吸引了。

餐厅里点菜的小姐若是热情且笑容可掬，客人必定多点一些菜；反之，若是冷冰冰的嘴脸，只是让人交代口腹而已。

往往见到有些人浑身是劲，正面又乐观，快速且热情，这些必定是未来行业中的翘楚、众人的领袖！

161. 主动增值——促成篇

有些事情不用让客户开口，你主动提出一些附加价值，客户会有什么感受呢？

酒店的柜台人员及餐厅的点菜服务员和卖场的导购人员主动提出让你惊艳的好处，你会感动和受用的吧？

“陈先生，您平常住的房间没有了，您是老客人，我给您豪华间，价格和平常的一样。”

“陈先生，这两盘小菜是老板送的，请您尝尝。”

你一定眼睛一亮，精神为之振奋。如果一旁有朋友，你的面子十足，定会爱死她了。

但你可能会忘了原来心里所设定的几个事项，如要向她要个折扣或询价。

人家既然主动给你好处了，你怎么好意思再开口？或者你还没开口，人家一句话“你是老客户才有这些优惠”，你大概就再无法要求了。

所以面对客户，当他在做最后的挣扎、面临要或不要的天人交战时，你先将特殊的优惠条件或附加价值主动提出，他会惊喜且顺势做决定。

这些特殊条件，如体检时多查几个项目、公司的联名卡、赠品、汇缴优惠等，都要主动提出，让客户觉得物超所值，让他认为你能替他打算！

162. 在飞机上的商机——接触篇

飞机上大可做生意，如果你愿意的话。

想要找到有能力的客户，你可以坐头等舱，经常坐头等舱的人，经济能力较好，或是公司里的高级主管，投资在这里，会带来不可思议的成果。

你要注意穿着和举止，要表现出一副成功的商业人士形象。

笑容可掬地和每一个你要招呼的人打招呼，你可以简要地自我介绍，陈述为何要和他认识。

他若不是很乐意，没关系，换张名片或加上微信，下次再找时间谈。

他或许不太拒绝。因为他可能认为在冗长的高空中，你没什么能耐做他的生意，聊聊也无妨。

你可以挨到他旁边好好地谈，通常会有空位让你发挥的。

尤其是欧美线，动辄十几个钟头，你的机会好得很。

头等舱谈完了，还有商务舱。

谈保险最好了，只要有人就有机会。一架飞机上一两百人，总有几个会对保险有兴趣的。

我的建议是：

1. 搭机前先睡个饱，免得上飞机后精神不济，浪费机会。

2. 名片多带，随身带个三五百张，遇到就发，若他对名片上的内容有兴趣，不妨多给几张。当然名片的设计要脱俗，要有吸引力。

3. 如果对方说他没有名片，赶紧问他可否加个微信，一般而言，他是不太会拒绝的。加上之后，立刻发个个人介绍过去，为避免太多微信朋友，要在他的名字里加上备注。

4. 别让人感觉被打搅了，因此接触时要注意态度。

5. 在头等舱上谈保险，你可能认为匪夷所思，但只要胆识够，有什么不可能呢？举一反三，在高铁上、在游艇上，都是大展身手的好机会呢！

【保险金言】不要强拉马喝水，要让马口渴。　　——推销名师廖孟秋

163. 创意来自多谈——行动篇

记得在1980年，传真机刚引进台湾。因观光客大量来台湾旅行，必须事先传寄名单和联络行程，旅行社必须引用传真机以方便业务推动。

面对如此先进的用品，我向某家旅行社请教用法。他说明之余，我莫不以此物的方便而兴奋，我动了念头。观光客都需要投保旅平险，如能获得公司同意，我把到旅

行社拿旅客名单换成用传真拿到，岂不迅速又方便？公司居然同意了。

我立刻用最快的速度和台北一百多家旅行社签约，遂开启了台湾保险业的另一个境界。

虽后来以传真机传递旅行险名单或公司员工名单已是常态，但当年我一马当先，所获得的商机和利润岂能以少数计！

一位同人在直销刚风行时，自行去获取大量名单，用传真和电话开拓业务，居然也大有斩获。

而重大疾病险、特别时段保障、会员保险等非传统营销的手法，莫不是因市场有需要进而风行。

所谓满地皆黄金，但因跟风难防，故而要持续创新方能常年挖掘。

市场变化莫测，故需提高警觉，以做市场领导品牌为要。

我有一朋友很得意地说，他因为拥有很多朋友群而且和大家打成一片，当大家在互相研究商机时，他往往产生有别于一般同业的灵感。

而且他行动快，又肯尝试，往往在人家认为太疯狂和急进时，他已经展开行动而且有了成果。

面对如此竞争的时代，我有几个看法：

1. 要多听，多让对方发表其得意的做法及创意。

2. 敢尝试，敢于去联想和发挥。

3. 要有接受灵感的兴趣与热诚。

4. 能多方搜集各项活动的情报。

5. 请勿武断摒斥新方法和创意，也勿全盘接受。

6. 平常有观察、学习、记录、思考的好习惯。

【保险金言】错误是生活中的一部分，绝不能避免，只要不错得太离谱，以后就不会重蹈覆辙。

——美国汽车大王艾科卡

164. 坐姿与方位该注意的细节——形象篇

如果你看到一位阿娜多姿、穿着名贵得体的女士，坐下椅子后双脚大开，隐约露出底裤，你会做何感想？

又看到绅士化的男士，坐下位子就跷起二郎腿，然后不安地抖动或摇晃，你的感觉又如何?

所谓“男抖贫、女抖贱”，客户未解内涵或产品，先看其肢体动作，怕早已失去交谈之意愿。

坐有坐相，站有站姿。虽是小道，却有大关系，从事业务不可不注意。

首先从对方请你入座开始。一定要先致谢，而且注意勿占主位，勿先入座。

一般而言，离门口较近的是客位，靠内边是主位；右边是上座，较左边是下座。如果你还有伙伴、同行，也要注意这些礼节。

椅子勿全坐满，坐八分不靠背。就是主人轻松自如，你也不要太随意放肆。

勿和客人面对面地交谈，这对双方都是压力；若位子只有互相面对一种选择，你也要稍做移位调整，斜对着对方，双方的感觉会较好。在座位的布局上有几个含义：

一是理性空间。凡是面对面皆是，功能是双方平行、理性、对立，这用在会议与谈判较多，但不适合业务沟通。

二是感性空间。斜边或侧边，属软性，能要求情感帮助，易沟通、可协调。

三是神秘空间。坐在上面或以高制低，让人不知真正的意图。

四是恐惧空间。来自背后和不明处，如上班时的主管位在后面，一双冷冷的眼睛正看着前端的部属是否努力。

除了普通的座位礼仪外，再来看看乘车时的座位礼仪。

以一般自用车而言，如果有司机，司机后排右边第一个位子是大位，是给主人或最尊贵的客人坐的；再者是相对的左侧，中间是第三位，司机旁是小位。

但若是主人自己开车，主客一定要坐在他的旁边，绝对不要坐到后面去，那会将主人当作是司机，是非常不礼貌的事；而若主客下车，另有其他后座客，后座客人应立即到前面补位以免失礼。

若业务同人自己开车，有同伴的话可坐前面，请客人坐后位，但若客人不愿的话则请到前面更为妥当。

参加宴会，座位也千万不可坐错。主客靠内墙落座，面对主客，这是传统坐法；没有贵客时，让主人坐大位是礼貌，千万不可唐突冒犯。

总之，座位不可弄混弄乱。坐错位，他人嘴里不讲，内心嘀咕，这生意大概也就难以成交了。

【保险金言】推销家不但对准客户的拒绝不在乎，越挫越勇，而且都具备强烈的荣誉感与企图心，时时保持勇夺第一的态度，因此身上经常散发出一种狂傲逼人的霸气。

——日本百科全书销售霸主尾上忠史

165. 请将激将——促成篇

请将不如激将。

“您是认为这额度太小吗？”

“您认为该怎么修改，才能合乎您的需要，您担心会缴不起保费吗？”

“您不担心未来退休时的养老金吗？”

“我觉得这个建议太小但不知道多少才能够合乎你的身份呢？”

“很多人移民了，但却是回到中国来治病，您觉得奇怪吗？”

激将话要适当，要精确，要让对方感觉是自己心甘情愿而非被逼。

没有人喜欢被看扁，被看出自己实力不足，尤其是在众人面前。

出国购物时，大家都跟着买了一大堆根本不用的东西。那不是买东西，而是在比面子，比气派。买保险也要有面子，你的朋友、同学、同事都买，而且是他们介绍过来的，你怎能不买呢，你怎么可以买那么少呢？

买不够和没买都是很没有面子的事，要适当地进行刺激，购买欲有时候是被激发出来的，不过要小心，别玩过头了！

166. 老年谁照顾——接触篇

台湾中部曾有一老者，因子女不孝，不愿照顾他，气得雇了部挖土机将送给儿子的房子给拆了。

尘土飞扬中，无奈的老者被照了照片登上了新闻。

这只是浮上台面的事例而已，还有太多看不到的事情、人间的悲剧。而有很多的悲剧，原本是大可不必发生的。

人是很奇怪的动物。

对下一代可百般呵护、百般给予，小孩生病给予最好、最周全的照顾；而毕生经营所得到的财产，又会无怨无悔地传承下去。

但对上一代就不是如此了。动辄以有代沟、无法共处、生活习惯不同为由提出分居。生病时给予医疗费算是尽了责任，期望要晨昏定省哪有可能。加以子女数较少，为了生计及事业之努力，关系无法善加维护已是合理的解释。

所以已过中年的人，应该有自觉，为自己的晚年做充分的规划。

规划不只是为了自己的生计，也是为了家人的负担，更是为了自己的尊严和生活的目的。

将财产做合理的分配，也给子女创业基金。虽然有人说“子女不如我，给财产有何用；子女胜过我，给财产又如何”，但传承总是人性、人情的温馨。

不过最好不要将财产全部给予子女。虽然不孝的子女不会太多，但给了财产不顾父母的例子毕竟不少；况且给太多的财产，让他少了奋斗的动力总是不智的。

用保险给自己一个安全的准备，是聪明的办法。

不过是将原来要给子女的钱，先挪来买保险，这笔钱还是会给子女的，而且还会加码。

千万要提醒：

老年无财产最是无奈和孤独。失去健康的身体已失去一部分的尊严；如果再失去谋生的能力与维持富裕的财力，尊严更是荡然无存。

没有足够的养老金是无法让人安心的。人老的时候，带走的是赚钱的能力和价值，这部分可以用保险来维持，同时还可以留给下一代无限的感念，何乐而不为?

【保险金言】21 世纪的观念要包含“自省观”，自己要能反省、省察。

——健康饮推广家姜淑惠

167. 让客户买够格的保单——异议处理篇

话说我在当保险公司的业务副总时，有一次到台湾南部的高雄营业单位做交流。大家围着我聊得兴高采烈时，一位资历尚浅的营销员拿出一份建议书要我看看。

我接过来一看，随手就甩了出去，大家吓了一跳，尤其是这位营销员更是吓得花容失色。

我说：“你不要紧张，我是说，你这建议书上的人，是高雄的名人、大企业家，我在台北都知道他的威名，财力更不用提了，你怎么能给他一个这么小的建议，一年才二十万，根本是在开玩笑，简直错得离谱。”

“那我该设计多少呢？”她还是很紧张地问我。“我怎么知道要给他多少的额度？”

“这样好了，他是这么有名的人，你去告诉他，要买就买一张台湾最大的保单！”“可是金额要多少呢？”“先不用告诉他买多大，先看他能不能买！要买高额保单，问他有没有两个条件，一个是财力，财力他没问题；二是身体状况，能通过再说。”

谈完后我回到台北。大概三个月后，营销人员陈小姐打来了电话，语气中充满兴奋。

“副总！向您报告好消息！”“什么好消息呢？”“就是上次您告诉我怎么处理的大CASE，我已成交了！二十年缴费，一年缴六百多万。”哇！真的是好消息，难怪她这么兴奋，我听了都大为高兴，但我还是要好好地了解她是怎么处理的！

“我向他建议买台湾最大的保单，他不反对，只是体检有一些问题，处理两个月才解决。”

“倒是收费那天出了一点小状况！”“什么状况呢？”“核保都没问题了，我和这个名人一起坐他的车回他公司收保费，你知道吗，在车上他居然问我，听说买保险都有折扣，他买这么高的额度，可以打多少折扣呢？”“你怎么回答的呢？”我赶紧问他。

“虽然一开始我因为没有想到他会问这个问题而愣了一下，但很快我就以最该回答的方式回答了他。”

“我说折扣违法，而且帮他申请了这么高额度的保险，应该要收他的服务费才是，怎么还可提折扣？”

“客户接受了这个观点，不再提折扣，但想了想又提了另一个问题。”“什么问题？”我紧张地问。

“他啊！居然问我帮他投保的是哪一家公司呢！”这真的是很好笑。但从这样的实例而看，客户会买保险，不是因为保险本身，不是因为保险费率高低，也不在乎投的是哪家保险公司，他是因为业务人员才购买保险的。所以业务人员本身的专业度、行业素养、应对进退与热忱，关系着你是不是能在保险业里驰骋万里。

营销人员要对自己有信心！对保险有信心！对产品有信心！更重要的是，你要对客户有信心！你敬重他，你的出发点是为他好，你用保险帮助他，你用保险让他的事业更扩大，更能发展得强壮、扎实！他就可以变成你的客户，而你就是他的安全守护神、他长期信任的财务顾问。

【保险金言】卖保险是光荣的，收到保费是高尚的，营销员要过的第一关是自己的心灵而不是客户那一关。

——台大保经副总经理黄文长

168. 为自己的行为负责——行动篇

太多人为失败找理由，把失败的原因推给别人，包括公司、主管、商品、时机、环境，就是不肯检讨自己。

先从早上检讨起。早上几点起床？是七点、八点还是八点半？醒过来是不是还要和棉被搏斗一番，眼看时间来不及了，才匆匆忙忙出门，陷入人海车流中？老是和晨会的铃声争那一两分钟，早餐的食物还在手中，等到忙乱过后已食不知味。为何不能有计划地把时间调整好呢？

成功的第一步是要学习成功者的典范。保险界的前辈们都有很好的示范。梅第每天五点半起床，费德文也是五点半起床，原一平则五点就开始起床祈祷拜佛。要想成为成功者，第一步就是学成功者的样子。

要为自己的行为负责，别怨天尤人。

说是调剂身心，晚上到KTV唱歌、喝喝小酒、打打麻将，看似理所当然，其实不然。只要每天多用两小时，一年就多了七百个小时，如果一位客户需要七小时才能成交，那岂不是多了一百位客户？如果一位客户平均给你两万元的利益，岂不是年薪就多了两百万元？而且，趁早奠定下庞大的客户基础，你就能提早进入团队运作的阶段。

著名的激励大师Tom Hopkins说出人们要出人头地的秘诀，只不过是一句话："你一定要做最有生产力的事情，在每一分每一秒里。"

检讨一下，你浪费了多少时间在非生产的时间里？你浪费多少日子在无谓的岁月中？

人生有四样东西一去不回头：一是生命，二是时间，三是机会，四是说出去的话。

佛经有云："是日已过，命亦随减，如少水鱼，斯有何乐；当勤精进，慎勿放逸。"

聪明的人投机取巧、不务正业，虽先有小成，但已埋下失败之因；平实的人正因按部就班、实事求是，日久见人心，必有水到渠成之时。

据统计，台湾地区到2025年时将是四个人奉养一个老年人，而大陆因之前实施独生子女政策，照顾老年人的负担会更重。

设想一下你老年无钱、无依、无工作、无地位的困境。

所有的一切都是自己的责任，不要去推托，快快思考如何避免吧！

有几点可供思考：

1. 会影响工作的嗜好或兴趣尽量少些，如喝酒、打麻将、唱KTV。

2. 每天将自己的体能和精神放在最高点上，每天都要有强烈的企图心，赶快把事业做好。

3. 趁年轻和体力好时多跑、多想、多做，否则，今日不努力工作，明天只好努力找工作。

4. 所有的活动和行程都要提前到。准时已是迟到，何况迟到？喜欢迟到的人，是不负责任的人，是对不起自己和别人的人。

5. 别用借口为自己的失败找理由。任何公司都有成功者，任何时机都有人会做得很好，任何商品都会被人卖出。卖东西的是人，但不是垂头丧气、没志气的人。

6. 不要混在不成才的人群中。失败的人最容易聚在一起，批评公司、评批同人、批评主管，泡茶找碴，喝咖啡谈是非，到后来一事无成，只好饮恨离职。

【保险金言】人们要出人头地的秘诀，只不过一句话：“你一定要做最有生产力的事情，在每一分每一秒里。

——激励大师Tom Hopkins

169. 二八定律的必然——态度篇

1897年，意大利经济学者帕累托偶然注意到19世纪英国人的财富和收益模式。在调查取样中，他发现大部分的财富流向了少数人手里。同时，他还从早期的资料中发现，在其他国家，这种微妙关系一再出现，而且在数学上呈现出一种稳定的关系。于是，帕累托从大量具体的事实中发现：社会上20%的人占有80%的社会财富，即财富在人口中的分配是不平衡的。

同时，人们还发现生活中存在许多不平衡的现象。因此，二八定律成了这种不平等关系的简称。

即20%的人，可以有80%的收获和绩效，而80%的人只配做20%的成绩。

哈佛大学曾经做过调查，在大学时代，有3%的人有宏伟的梦想和长远的计划，17%的人，有短时间的计划和目标。而80%的人没梦想没目标。45年之后，经过再次的调查，发现那些3%有宏大梦想的人，大部分都已成为富人，17%有短期目标的人，成为了中产阶级，而80%没有目标的人成为社会的底层。

为什么3%的人可以成为领导人，让其他的人追随呢？因为97%的人做的都是赚钱、工作、消费的事情，无限轮回。

但社会精英为达到梦想，依着目标，不断做规划，不断地修正脚步。

在保险界里面，我们也看到，差不多就是那3%的人是成功中的精英，二八定律是非常明显的。那么这些精英是怎么出现的呢?

他们有格局、有眼光，去学一般营销员不愿学或学不来的专业知识。他们和社会的高层人士来往，帮他们做财务规划，高资产户不会接受一般的营销员，他们信任这些有经验有实力者，他们已经把这些精英当作是专家、学者。他们信任他，委托他做他们的财务规划顾问。

所谓定位决定地位，他们的布局、他们的战略、他们的行动，决定他们的高产值和高产能。

没有奇迹，只有积累。

当一般人在想客户在哪里的时候，他们已经在为口袋里的名单作分析、作研究、制定了行动前的策略。

成功绝对不是偶然，如果有也不过是侥幸，是一时的。要给自己专业能力加上的无穷的热力，才会让客户相信你，你确实有价值，你有跟别人不一样的作为！

【保险金言】保险销售是一个千变万化的过程，里面可能有一万道难题，你打算怎么学？与其被动学习每道题的算法，还不如时刻掌握主动，找到破解问题的公式，一举成功！这里的公式指的就是销售思维模式！

——全国政协委员容永祺

170. 格局放大——促成篇

下面是一位林姓主任向我诉说的他曾亲身经历的“不幸”遭遇。

他向客户介绍的好友收了一张五万元年缴的保费，不料保单送达时，这位新客户拿出了一张别家公司的保单给他看。

正是同天下午，别家公司的营销员陌生拜访这位客户，客户跟他说，你晚来一步，我早上才和某某公司某某人签约。

此营销员甚是机灵，向他恭贺，并称赞他是有概念有责任感的企业家。

接着询问保障内容、保费，他告知之后，此人立刻告他，以他的身份怎么可以保这么不符合身份的保险。一张不合身份的保险，等于是降低了生活水平；正如一个有艺术气质的人住在没有品位的房子里一般难过。

人在被称赞后往往失去理智，客户经他的提醒和来回协商，大为顿悟，同意加保五十余万，当场成交，而且三天左右保单就送达了。

幸好没说要将原来的这张五万元保单给撤销。

林主任等于开启了这位客户的保险观念，路帮别人铺好了，可自己只捡了门口的小石头，眼睁睁地看着别人进去搬宝石，你说呕人不呕人。

不过还有更气人的。有营销员认为，他的保户一年已缴了近百万的保费，已经很高了，应该不会再买了。

不料以后三年当中，在别家公司营销员劝说下，客户年年加保。

可见客户的潜力不是我们所能想象的，如果自己老是认为“不可能”“差不多了”“他买够了”，格局不放开，多年支持的客户可能就一去不回头了。

如果客户实力够，他会有很多的钱用来买保险。

一他要投资回收，二他要给家人一定的赠与，三他要保障合乎身价，四他投资目标更改，五因为他认为保险最安全可靠，可能还不只这些原因，他有很多很多买保险的理由。

就看谁和他投缘了！

【保险金言】家庭的温情，最终或许都会毁在缺钱上。不想让家庭破碎，赶紧把保险布局完备。

——中国平安深圳分公司谭小红

171. 保护有钱人的钱——异议处理篇

很多大企业的负责人或是富豪们常常会说，我这么有钱，又有财务人员帮我守住钱，干吗买保险。

说得倒也没错，不过企业经营谁能保证可以一直平安无事呢？

台湾南部的一位名人在他最颠峰的时候买了一张高额保单，一年缴台币六百多万，二十年期缴费。他的资产有好几十个亿，名字前头有好几十个耀人的头衔，当时买保险纯粹就是捧捧场，了一个人情债而已，根本没有把这张高额保单放在心上，加上保费都是会计直接拨付的，所以他根本忘了这回事。

但是投保过后大概五六年吧，有天他上了报纸上的头条新闻，因为大环境的急转直下，他投资失利，整个企业垮了，公司被围堵。他也从人间蒸发了，最后听说是跑到东南亚去避风头。可是过了没多久，他竟然又回到台湾来面对现实，而且准备东山再起。他为何可以再回来？可以东山再起呢？他投资失利，钱都没了，是凭什么做到的？这个内幕其实我很清楚。

原来，他跑到东南亚后，先是向一些朋友调头寸，但对他的帮助不大，他十分发愁，也不知该如何是好，突然有一天，他想到他曾经买了一张保单，五六年过去了，如果解约应该还有不少钱可以领吧！

于是他打电话回台湾找到了当时承办的陈小姐，刚巧陈小姐知道他遭遇此事后，十分关心他，但到处找不到人，正愁得不知道到哪里去找他。

两人通上了电话，一问到他的保单，才知道现金价值竟有将近两千万。哇！这真是一个天大的好消息，他不但不用再避居异乡，而且要东山再起也有希望了，他马上收拾行装回台湾面对一切。没想到无心栽柳柳成荫，一张保单让他起死回生，想想当年这笔钱算什么呢，谁知现在却可以靠它继起雄心壮志！人生真是妙不可言，当时一个正确的观念和决定，为今日留下了一条活路，而自己恰是最大的受益者。

香港首富李嘉诚曾这么说过："保险是企业存亡时的最后一根稻草！"这句话说得一点都不错。为个人、为企业，不可不做最好的规划和最坏的打算，尤其是最坏状况发生时的保命钱，怎么能不准备呢？

一般人会用来缴保费的，通常是不影响经营的钱，甚至是税后盈余或本来要作为银行存款或其他的花费的，所以比较不会去在乎它。但这些本来不起眼的钱，累积一段时间后，却往往会变成重要的资金来源，完全可以把它当作类似灭火器、消防栓的功效，平时并不会感觉到它的存在，紧急情况发生时就会产生大作用！

买保险的原因千百种，不买保险的原因也千奇百怪，但可以确定的是，有的人用保险保护他和家庭的安全，有的人用保险保护他的尊严，甚至有的人用保险保护他的企业的永续经营。但不管如何，都应赶紧投保为要，不要在利率或投资报酬率上打转。浪费了投保的时机，很可能就浪费了经营的安全或家庭的幸福，有智慧的人不能不注意。

【保险金言】如果你不想浪费你的钱，不想让亲人反目，那么一定要买保险。

——台湾身障发明家刘大谭

172. 一天一件是否可能——行动篇

目前保险从业人员平均月产能是三件多，但这是将大部分没产能或兼职低产能的人都算进去的结果，而杰出的从业人员可以做到一天一件。

要杰出，一定速度要快，访谈数要多，接触的方法要出其不意并有效。

有人利用DM或E-mail接触，也有人利用电话或微信联络；有人应用影响力中心协助推广，更有人用广播和电视来拓展。

以有些公司的电话开拓部门来看，一个电话营销人员每天要打100个电话，最少完成50个有效电话数，每个月平均达成一百件保单数。如以一件一万元来算，一个月即有一百万的保费收入。当然，电话营销需要靠公司强大的宣传攻势以及名单的准确性、信息的有效性来配合，但不管如何，电话营销已经突破一个人每月只能有个位数保单成交率的瓶颈。

台湾保德信的陈玉婷每周成交三件，已持续了超过1200周，她的热情和专注，已成为台湾保险界的典范。

可以和陈玉婷相媲美的是日本保德信的齐贺资和，他从1992年开始，也始终保持着在别人看来不可思议的纪录。

根据MDRT 2000年的统计，MDRT会员平均一年有139件，而顶级会员更达到281件之多，扣除假日，刚好是一天一个保单。真的是日行一善，人生多有价值。

所以，只要方法得宜，心态正确，一天一件应不是问题。

我再列几个方法，让大家参考：

1. 每天早上先发微信，向当天过生日的客户恭喜致意，他会非常兴奋的。每天再与五个已投保的客户电话联系，询问有无需要服务的事项，借由关心和服务顺便提供新的保险信息给他。

2. 客户的管理要信息化，将客户的所有数据信息化，如生日、保单到期日、小孩毕业日、结婚纪念日，还有年龄跳阶日，如有些医疗险会随年龄段调整保费，都进行信息化，到时提醒自己。

3. 客户的服务要固定化。提供客户报税服务，最好每年不间断提供。每年给客户提供一个固定的健康检查机会，掌握客户的身体状况，也使客户获得实质性的保障。

4. 给客户边际服务。如给客户提供餐厅、医院、旅行、衣饰、休闲、银行等信息和优惠机会，这可以和自己的保户联合进行，互惠并互享。借由大量的接触与客户的温馨感觉，客户的保险习惯形成可以变得自然而有秩序。大量的保单绝不是虚幻的想象，一天一件也不是很困难的事。

5. 客户转介绍是最好的客源。客户认同你、支持你、信任你，他就会成为你的影响力中心，他会把最好的亲友推荐给你，最重要的是，你是不是客户值得信任的人！

【保险金言】请不要说你不需要保险，因为当你需要时，已经来不及了。

——富邦杨美娟

173. 最受尊敬的人——态度篇

在保险业工作超过60年，将近百岁的梅第爷爷，说他年轻的时候，每个月成交两张保单，苦口婆心地去劝人买保险，现在每个月参加两个葬礼，给受益人几百万的美金。

这是他的亲戚朋友都做不到事情，他成了众人最尊敬的人。他说，因为这份光荣，所以他愿意在保险界里终身经营。

现在是一个快速发展的时代，交通工具越来越快，但是一旦发生事故就会变得非常的悲壮和恐怖。

2018年6月，发生了一个匪夷所思的意外事故。

在30000公尺高的高空上，美国西南航空公司的飞机，因为一个机翼上的转动器爆炸，打破窗户，刚好打到靠窗的乘客。因为吸力，该乘客还被外面的空气给吸了出去，其他乘客赶快把她拉回来，可是她回来之后已经身故了。这真的应了我们常讲的“天有不测风云”那句话。

你不要以为说，以后我坐飞机就不要坐在靠窗的位置，你不要以为你不坐在靠窗的位置就没事了。我一个朋友就是坐在走道上，当有人打开上面的行李箱时，行李掉下来打到了他的脖子，经过几次的手术之后他的脖子还是歪的。

“人有旦夕祸福”，这是我们常讲的一句话，没有哪里是绝对安全的，所以才有人说，意外跟明天谁先到没有人有把握。

各位保险伙伴，因为我们知道保险的重要，所以我们从事保险工作，但还是有很多人不明了保险的重要性，我们要学习梅第爷爷一样苦口婆心地劝导客户，上天的使命我们要去遵守，我们要抱着终身奉献终身经营的态度，这才有可能受到尊重与重视！

【保险金言】我年轻的时候，每个月成交两张保单，苦口婆心地去劝人买保险，现在每个月参加两个葬礼，给受益人几百万的美元。这是他的亲戚朋友都做不到事情，我是众人最尊敬的人。

——美国保险之父梅第

174. 严厉的爱——促成篇

日本著名演员兼导演北野武，在他年轻的时候就到东京去打拼。

开始时并不顺利，常青黄不接。但要命的是，住乡下的母亲偏偏要求他每个月都要寄钱回去，稍微一慢就电话催促，甚至破口大骂。

母亲过世，虽然不情愿还是要回去。在灵前想到并没有好好地奉养，愧疚之下痛哭一场。

在要回东京之时，大哥给他一个小包包。打开一看，居然是以他的名义开的存折，金额高达数千万日元。还有一封母亲的信："武儿，在兄弟之间，就你最让我担心。你不善读书又乱花钱，对朋友慷慨，当你要去东京时，我怕你变成一个穷光蛋，所以每个月我都要你寄钱回来，不但刺激你赚钱，还能帮你储蓄。你的钱我一毛都没用，你现在拿去好好地利用吧！"

看完了信，北野武哭倒在地，久久不能站起。

父母的爱，无微不至又长远设想，这不是儿女所能想象的。

不过，如果母亲将这些钱存在保险公司而不是银行，不但有保险利益又不担心老年赡养的着落，一样的成本会创造更多的价值，并且能彰显母亲的爱意，不是更好吗?

【保险金言】保险是什么，保险是爱，爱越多越好。保险是钱，钱留得越多越安心。

—平安贵州卢桂英

175. 您是为何进入保险界的——Q&A篇

济南的朱先生问：陈老师，您是为何进入保险界的，而且可以一做就做四十多年?

我是这么回答的。

一切都是上天最好的指引，每个人来到这个世界，这一生都有他的使命，也就是天命。

每个人都有他与生俱来的擅长、特长，不要浪费你的资产，赶快找到你的天命。

我是在要当兵的那一年受伤不必当兵了，但也没办法做粗重的工作了，应该说是神明的指引，我看到了报纸广告，到保险公司去面谈。

一位面谈官不认为我可以做，另一位说，好歹是看报纸找上门来的，就让他吃五个盒饭吧！5天后他自然会离开。

而我却是乐在其中，每天可以穿得干干净净，依照主管的指导，和客户谈责任、谈保障、谈避险。

我从小就有宗教缘，不管是基督教、天主教、道教、佛教，我都不排斥，我还到处去找宗教的书籍来看，不但是经书，还包括圣哲的书，好比特里萨修女、史怀哲这些灵魂高尚的人的书，这些言论都是劝人为善、离苦得乐，这和保险的宗旨是很接近的，因此我将宗教和保险给结合了。

我认为保险是一种信仰，我在传达正确的观念，传教人员都很辛苦的，甚至还冒着生命的危险，所以我认为保险营销很轻松，没有辛苦、困难、挫折的感觉。

我乐在工作，而且我很敬业，我不迟到，不缺席，不敷衍，也不埋怨不批评。对主管的话只是听从，大家的建议我听，或许因为这种敬天爱人、乐观热情的个性，让我就一路走了过来。

当年我进入保险业时，投保率只有百分之三，大家都说保险骗人，客户忌讳谈死忙受伤，甚至会拿扫把赶人，可是事实上并不是这么糟，大部分人还是会听你讲，顶多说考虑考虑，但最重要的是你的态度要诚恳，要积极，客户才会欣赏你。

【保险金言】现在投保率逐渐提高，但意外疾病的事故也随之高涨。不过幸好民众的素质在提升，普遍对保险有所认知，所以现在传播保险观念比较以前是幸福太多了，要好好把握！

——陈亦纯

176. 再有钱还是要买医疗险——异议处理篇

这是一个高资产人士的真实故事，可以让很多富豪人士引以为戒。

林先生经营贸易公司，公司业务兴隆，收入良好，资产和存款都很多，唯一遗憾的应该是中年膝下无子。但因为没有负担，所以他生活悠然，日子很惬意。他们夫妻很恩爱，常出国游玩，名表名包买起来毫不手软，一个一万多美元的琉璃杯不假思索地就买下。优渥的日子、逍遥的品位，让他的朋友们都很羡慕。

当然有朋友劝他们买保险，但他说一个月赚一百多万元，银行里随时有台币三千万的存款，房子价值五千万以上没贷款，公司的股份价值也有数千万，何必买保险呢！说得好像也有道理，所以几个保险业务员碰了一鼻子灰之后，再也没有人跟他谈保险了！

有一次家族聚会，他应该和太太参加的，但是他突然缺席了，因为一早鼠蹊部剧痛，赶紧到医院检查，医师一查，说是有肿瘤，要赶紧治疗，从此进入治疗过程。

为了不耽误公司的经营，他不听劝阻，把公司的股份让给其他的合伙人，进账两千万。

四处访名医，没有了固定收入，支出却如流水般迅速。才一年多，五千多万的现金只剩下两百万，而治疗还没有看到成效，太太惊慌地问，怎么办是好?

价值五千万的房子先是抵押出三千万出来，后来看光缴利息也不是办法，只好忍痛卖了，但被杀价，只得到四千万。经过两年的治疗，钱用得差不多了，人还是无法救回来。

这实在是太让人遗憾了，如果他能在状况良好时把保险给办好，日后的状况就不是这样了！当时若将收入的一小部分买保险，如五千万的终身险加防癌险，一年了不起五六十万的保费，不过是他半个月的收入而已，对他的生活并没大的妨碍。再说防癌险、重大疾病险、医疗险，这些费用对他而言都是微不足道的，他看不上眼的，甚至认为万一生病，他的钱自己付都很足够，干吗买保险。

他以为一切都可以掌握，认为他的状况都很好的，结果当一个要命的状况发生时，事业没了！命没了！钱没了！什么都没了！

因为没有防患于未然，让损失达到上亿，让自己原有的财富都消失了，这实在太不明智了。但这不是只有他们夫妻才会这样做，多少企业家在风光时，往往看不起保险，不屑于买保险，把钱花掉或四处投资，投资不是坏事，但缺少保险的投资，往往隐藏了危机，一个连锁的伤害，就可能造成溃不成军的痛苦，此时再想到保险，必然是心痛矣！

这个案例提醒大家，人们所讲的月有阴晴远缺，人有旦夕祸福，人无千日好，花无百日红！太多例子告诉我们，景气会把好好的企业弄垮，流行的变化会把原来体质不错的公司弄得突然进退失据，质量的疏失让百年老店一蹶不振，一个病痛使本来幸福的家庭落入痛苦的深渊。人不可太大意，防患灾难的准备不能没有，保险不可不周全，从事保险工作的伙伴不能不用心！

【保险金言】保险是现金，是救命钱，支付保一对就拿得到。

——保险奇人郑智茂

177. 一年该看几本书，听几场演讲——行动篇

美国独立战争时，有人警告英国政府："美国每周从欧洲运过去的书多于我们，那么多的人都在看书，而且连严肃的书都不断读下去，知识就是力量，这地方不得了。"

我认为，现代人不应该与时代脱节，为求跟上时代脚步，吸收知识是最实际的做法。

台积电董事长张忠谋的阅读记录，让我不禁汗颜，这也为他的成就找到了另一佐证。

张先生说，他每天阅读五个小时，已连续十几年了，杂志一个月看三百本，书评和专业书是必看的，创办台积电即以"创造知识、分享知识、储存知识"为理念。

比尔·盖茨每天工作到十二点才吃晚餐，再看一个半小时的书才肯休息。

几乎大部分的科技人都是如此。因为知识变化太快了，稍有不慎就落后于人，所以吸收知识便成了战战兢兢之事。

身为保险人，我们是否也想杰出呢？

每天见各种不同职业的人，与不同层次、背景、家世、宗教、兴趣的人来往，如果不能契合他们的想法，如何让他们接受你？

吸收知识最快的途径来自听讲。

增加知识的另一个好方法是听演讲。亲听精辟的演说，除了内容以外，讲师的举手投足、在现场与听众的共鸣，对内心的启发最大。

若时间不足，可以在车中听音频或视频。上下班及拜访客户途中，一段又一段的名人精品正是增加知识、创造内力的最好滋养品。

最悲哀的是既不看书又不参加演讲会的不知自我进修之人。浑浑噩噩地过日子，只知埋怨和批评，不了解外间学问的进步，也不让自己成长，真是让有识者扼腕，但偏偏大部分的保险人都是如此。

【保险金言】增加知识的另一个好方法是听演讲。亲听精辟的演说，除了内容以外，讲师的举手投足、在现场与听众的共鸣，对内心的启发最大。

——陈亦纯

178. 陈明利的冠军之路——态度篇

陈明利是新加坡保险的代言人，在新加坡，不管是出租车司机、店员，谈到保险，大家总是提到她。

她的冠军之路是让人惊奇的。

她曾是中国台湾的一位电影和电视明星，但在红遍天的时候急流勇退，远嫁到新加坡，后来从事保险工作。她做了MDRT34年，1984年期起，TOT30年，年年都是冠军。为什么她年年可以得第一？

1996年，她母亲过世，她忙着跑医院跟处理后事，到了第四季度，她距离目标还差一大截。主管说：妈妈虽然不在了，但是她一定希望你成绩好。

为了让天上的妈妈安心，她还是拼到了第一名。

1997年原来困扰她的债务结清了，房子也买了，她想何必再打拼。

但是一想到从事保险工作的初衷，想到保险是要救人的，是要保障人的一生的，这是重要的事，所以必须努力去推广。当年的8月发生金融风暴，很多人以为生意不好做，但是她以世事无常去让人了解保险的重要性为突破口做推广，又拿到了第一名。

1998年先生说不要让孩子长大后说因为你照顾他而没有办法得到第一名，他会很遗憾的，所以那一年她还是第一名。

1999年，她发愿要盖希望小学，因此又冲到第一名。

2000年是千禧年，21世纪的第一个年度，所以更要第一名。

2001年发生了9·11事件，她认为生死无常，所以又得到第一名。

2002年、2003年发生Sars风暴，她更是要得第一名去救人。

2008年雷曼兄弟的事件，她用保险是最安全的维护去让保户安心，所以她又是第一。

她一直可以找到第一名的动机。要不要第一名，要不要得到好成就，不在环境，不在别人，不在公司，不在商品，更不在客户。

所有的一切都源至自己的内心。你有自信心吗？你许下过大愿吗？你的态度够坚定吗？你的初心是什么？不是利益，不是名位，而是源自于对民众，对比你弱势的人们的大爱。

一个红遍一时的影星可以洗尽铅华，拿到34次MDRT，平凡人的我们，没有理由不做出一番大成就。

【保险金言】你从事保险工作的初衷是什么，保险是要救人的，是要保障人的一生的，这是重要的事，必须努力去推广。 ——新加坡保险天后陈明利

179. 倾听为要——促成篇

乔吉拉德是吉尼斯纪录里最伟大的汽车销售员，曾有一年当中售1425辆的辉煌纪录。

但他曾提出一次惨痛的失败教训，给营销界的伙伴参考。

一位企业名人向乔买车，一切顺利，眼看就要成交，但对方突然说不买了。

乔向该名人请教为何变卦，他说："在我要签字时，顺口说儿子将进密歇根大学就读。我以他为荣，但你却无动于衷。既然你不关心我讲的话，我当然也不用向你买车。"

营销员的通病即在此，自己侃侃而谈，却不在意别人的反应及感受，也不去留意对方的话中之意及弦外之音。

有人说，男人的毛病是右耳听进话，左耳就出去；女人的毛病是左右耳都听进话，却从嘴巴出去。这两者都不足取。

有位同人曾完成一张团体保险，共十几个人，年缴保费八十几万，我问他是如何做到的。

他说，该公司的承办人看起来沉默寡言，但相当固执己见，所以我干脆每次说明时就问对方问题，尽量让对方开口。

而每次对方也讲得相当痛快，大概很少保险人愿意听这号小人物夸夸其谈，在几次会谈后，这位承办人向他说："你实在太会讲话了，我决定团体保险向你们公司投保。"天知道他讲了什么，他只不过是倾听、点头微笑而已，但最要紧的是生意到手了，这才是重点。

高明的业务人员通常这样做：

不只会讲，还会听；不只会讲，还会问；

不只会讲，还会笑；不只会讲，还会看；

不只会讲，还会点头；不只会讲，还会感恩；

不只会讲，还会收钱；不只会讲，还会让人介绍；

不只会讲，还会让客户继续购买；

不只会讲，还会成为客户的好友；

不只会讲，还会让公司上下都支持！

你是什么样的营销员呢？

【保险金言】人生有很多遗憾，下雨天没有带伞，急需时没有朋友，生病了没有保险。

——河南郑州阳光人寿阮光明

180. 您为何能写这么多本书——Q&A篇

香港的Anne问我说：陈老师，您为何能写这么多本书，还会继续出版吗？

Anne你好，我已经写了文字书二十多本、有声书十多本，写得很顺手，可说欲罢不能，还会继续用图书和大家结缘。

我为什么有这么多的作品呢？

1. 建立好习惯

营业单位通常都有早会，这是很好的进修和成长功课，通常会邀请有战功的人士来分享经验、启示、战法，如果能抱着谦虚的心情，不要总认为这我听过了，而是随手记录，并做好整理、归档，这将会变成自己最重要的资产之一。

2. 掌握机会

有一句话是这么说的，当学生准备好，老师就会出现。

保销杂志的曾总在1990年找我，当时中国台湾省的保险实务书籍都是国外翻译的，问我可不可以写一本处理客户异议的专书，我说没问题，他问我要多久，我说三个月足够了，其实一个多月就完工了，因为有大量的纪录让我挥洒。书一出版轰动一时，记得有加印特别多，版税数百万，当然内容是不错，但最重要的是我处在一个绝佳的机会点。

新书出版给我带来很大的回馈，包括现在的中国大陆地区和台湾以及东南亚资深保险人，他们都很客气地说是看我的书长大的。

因为出书，我接受各地的邀约去分享，认识了很多老朋友，走了很多地方，收获特别大。所以我建议各位，如果你已经有若干成就，出书是相当不错的分享。

3. 与时俱进

时代在飞速前进，你也必须要跟着进步。

平常如果你肯吸收，你愿意和有智慧的人交流，而且你很有做好记录的习惯，就像我说的，当机会来的时候，你就会有所发挥。

我看到大陆这几年的音频、视频是这么的发达。

我从去年就开始将我的作品做整理，2018年初有两家音频视频公司找我，要我来录制，我说没问题，短短几个月，我已经录成了300多篇。

他们都觉得很不可思议，其实不是不可思议，而是我平常都在累积当中。

我也用视频结合全球华人保险英雄，来做协助身障人士的义行，我也将这些视频音频再文字化，以帮助更多的人。总之，因为你的投入，你的人生会很精彩！

【保险金言】天底下没有奇迹，就是累积；也没有神功神通，都是基本功。

——陈亦纯

181. 我有好多朋友在保险公司，我如果要买的话，会找他们的——异议处理篇

“我有好多朋友在保险公司，我如果要买的话，会找他们的。”

客户用这个理由来阻挡你的时候，你不用担心，这个问题其实很好解决。他会这么说，你要听懂他的话中之意——一是他对保险并不反对；二是他还没买；三是他还没找朋友买保险。

既然他还没买，还没找朋友买，那他在等什么？他可能在想要怎么买、向谁买。他在等一个保险专家，在找一个他可以信赖的保险人。

很多人都会说他有朋友在保险公司，说实在的，现在中国大陆从事保险工作的伙伴，根据统计已超出八百万人，中国台湾有30万人；马来西亚有十万人，所以一个人若是没有认识任何在保险公司工作的朋友，还真是不容易的。

面对客户这样说，你要怎样处理呢？以下是一些建议。

您有很多朋友在保险公司，那您是要向甲买还是向乙买呢？跟谁买都不公平，得罪朋友也不太好吧。而且告诉朋友自己的财务状况好像也不是很妙吧！朋友归朋友，可以有通财之义，但最好还是不要把财务秘密都泄露吧！

大部分的企业人士在作财富规划时，通常选择独立客观的专业人士探讨财务问题，这比较客观和和安全。买实体资产，好比车子、房子，找朋友是对的，看得到，摸得到，很实际，一翻两瞪眼，彼此没负担。但是买保险可就不同了！牵涉到钱和家庭隐私，也关系着长远的财物价值和种种配置问题，这不是单纯用人情关系就可以随意处理的！

还有我要问你一个重要的问题，既然他是你的好朋友，那是他没有找您，还是您不愿找他呢？或者是他认为您是他的朋友，所以他在等您开口向他买保险，以免欠您一个人情债？如果是这种情况，那您这位朋友实在太对不起您了，因为他既然在保险公司服务，应该深知保险的重要性，尤其您是他的好友，他应该义无返顾地优先为您处理保险事宜才对，岂可到今天还没有动静。他是专职吗，如果他只是兼职，您会相信他吗？您以后需要服务时，方便找他吗？

请把我当作您的朋友。今天我和您见了面之后，您成功的企业、成就令我钦佩，我希望您会是我以后的良师益友，但不知道您是否也愿意把我当作您的朋友，如果您能接受我是您的朋友的话，那么在投保之前您大概就不会在意认识的先后吧！

【保险金言】不要再逃避保险，因为你不知道下一步的路安全与否。

——江苏盐城太平洋人寿安郁馨

182. 需具备怎样的知识——行动篇

有一句俏皮话是这样说的：“没有知识也要有常识，没有常识也要看电视，不看电视看杂志，不看杂志逛夜市，不逛夜市问博士。”

新世纪是知识的时代，是心灵力量开拓的世界。

心的力量无边无际，心的力量要靠知识来创造，知识则由心灵去传递。

那么保险人需要有什么样的知识呢？

1. 专业知识

专业上的知识一定要充足、明确，有计划性和时间性。由于目前的时空因素变化快，稍不留神法律法规就会修改，不可不谨慎。因为这是工作所需，是生存命脉。

2. 人文常识

除了柴米油盐酱醋茶外，琴棋书画诗酒花都要多少涉猎。见人讲人话，见鬼讲鬼话，语言无味、话不投机之人是难以被接受的。

相反，对各项知识都懂的人，一定是个有趣的人、好相处的人，也是可信任的人。

3. 社会百态

所谓戏台上有什么角色，戏台下就有什么样的人。

对于社会上的各种热点和新闻，不可以盲然无知和鄙视。

社会信息的来源俯手皆是，报纸、电视、手机，还有八卦杂志和网络信息。

4. 科技

不见得要全盘懂和通，但最起码要有概念和功能认知。

简单的工具、计算机、视讯工具等要学会使用，平常多留意报纸上的报道，甚至去上课接受使用训练。绝不要做个科技文盲，脱离时代轨道。

5. 人文信仰

21世纪是人文思想的时代，因科技兴盛引来压力放大，不得不寻求宗教信仰探索内在奥妙。如能具备宗教素养，在客户迷惘时提供客观引导与方向，就能让客户心生感激进而接近。

6. 表达能力

纵有满腹经纶，学富五车，如果没有表达能力，则还是要懊恼悲叹的。

表达能力需训练，可多参与群体聚会。借由公众场合的表现让自己的内在得到普遍的赞同，也借由不停的培训让自己的学识得到发表的机会，当然也会因为良好的表达能力得到大众肯定，带来业务的机会。

【保险金言】有保险的女人，就是夫妻离了，至少保住了属于自己的那一份财产。

——厦门国寿廖怀东

183. 人脉影响钱脉——态度篇

比尔·盖茨的第一个大生意是IBM给的，因为他母亲是IBM董事。

巴菲特告诉你他8岁就可以去参观纽约证券交易所，原因是他有个国会议员的父亲。

华为创始人任正非的岳父曾任四川省副省长。

马化腾的父亲是盐田港上市公司董事，腾讯的第一笔投资来自李泽楷。

成功虽大部分的因素来自自己的努力，但拥有充沛的人脉，成功的速度必然加快。

人脉就是钱脉，关系就是财富！

卡耐基说："专业知识在一个人成功中的作用只占15%，而其余的85%则取决于人际关系。"

有些人看来是无所事事，每天和人鬼混，但往往有大生意进来。

你会说，我干吗整天和人应酬、喝酒吃饭泡茶，但事实上，有时候在餐桌、咖啡桌，决定了生意的有无。

石油大王洛克菲勒说："我愿意付出比天底下得到其他本领更大的代价，来获取与人相处的本领。"

从事保险工作，获得成交是最重要的事。

你要通过人脉、血脉去经营，客户身边一定有上下游、同学、同乡、家人、亲戚。

若是可以取得这些人脉，你就可以成为网络中间人，进行交换、联谊、交叉。

可是不要忘了，虽然有人脉，还是要有能力，比尔·盖茨虽然第一单生意来自妈妈的关系，但如果他的能力不够，人家还是不愿意买单的。

所以你有了人脉，但还要有经营的实力。

这都是善循环!

【**保险金言**】知道客户的真正需求，贴心服务客户，对客户真诚。让客户信任你，这才是销售成功的关键。——MDRT中国台湾分会发起人林天赐

184. 见树不见林——促成篇

这是美国开国元勋富兰克林的销售技巧。他销售房子时，对方对于屋前的树林有意见，认为遮蔽了视野；他不辩解，只是一再告诉对方，屋后的另外几棵小树有多么美丽。

他把对方的重要问题引开，不把对方的问题当问题，反而把自己所认为的长处特意提出，这不就是我们所要的处理问题的方法吗?

对方有时会就他的看法提出质疑，这些问题有些是对的，但通常是不对的。如果针对他的问题强加讨论或解释，反而会让问题扩散和复杂化。

所以有时候并不需要直接回答客户的问题。

他的问题有时是不对的，有时是不重要的，有时是随兴而起的。

你在不正确的问题上尽力辩解，是不必要的，对不重要的事情去努力应对，是在浪费时间，而客户随兴想起的问题，有时候并不需要我们正式回答。

我们要以最重要的观点来引导他，以最急迫的时机与步骤去处理。

有一个天线宝宝的回答术。

是的！你讲得没错！你看是100万还是200万?

对的！对的！你讲得没错！请问你是自己先买，还是全家买?

同一事件讲了三次客户就接受。客户的反对有时候只不过是下意识的拒绝，不要

太当真！

【保险金言】保险就是你家的财神爷，有钱的时候帮你把钱守住，没有钱的时候，给你一大笔钱，急难的时候给你一笔超出你所储蓄的钱。 ——郑州国寿崔筱霞

185. 宁可微笑生皱纹，莫因严肃而苍老——Q&A篇

一个业务人员必须常常加以检讨，我的外表是否讨好，我的面容是否显现出愉悦且让人接受的神情。

日本的推销之神原一平是位对保险完全投入之人，他光是研究笑容，就分辨出三十八种不同的呈现方式。或许这是日本人太过细腻的缘故，但这告诉我们一个准则，哪怕是笑也要专业与敬业。

一个老是愁眉苦脸的人，往往身处高压力之下，对于事情钻牛角尖，让他难以伸展手脚。

笑口常开之人，处事较为圆融，对事情的包容性也较为宽阔。松下幸之助也说过，热情的人容易成功。

以科学观念而言，笑口常开可以拉动颜面神经，进而触动左脑活动，左脑活动会分泌脑内吗啡，使内心充满活力，举止更热情有劲。笑口常开的人，代表他爽朗、幽默、有斗志。他会去影响整个职场的气氛，如果他是主管，他的部属会因他的乐观进取而生气蓬勃；如果他是部属，他的团队会因为他的乐观豁达而热情洋溢。他的人际关系会很好，因为别人不用防备他。

那么如何才能做到笑口常开？

其次笑容与修养都是可以训练的，每天想办法让自己笑，主动对别人开口笑，甚至坚持讲笑话，持之以恒，自然会养成乐观习惯。笑是福相，笑容可以迎宾，可以和气生财，笑容是职场的祥和之气，笑容带着无限生机。

男人可以长得丑，但不能不好口；女人可以长得丑，但不能没笑容，因为笑也是妇德之一。何况一笑遮百丑，长得再不怎么样的人因为笑，脸部线条柔和，呈现出来的气质就较美，较讨人喜爱。

有一个分析说，笑的时候牵动的骨骼是6根，而绷着脸反而牵动14根骨骼，何必就难去易呢？林肯说：人过了40岁，要为自己的面貌负责。一个脾气不好、口气不好的人，纵使心地再好，也不能称之为好人。

上等人是有本事、没脾气，笑容可掬；中等人是有本事、有脾气，阴晴难定；下等人是没本事、有脾气，望而生厌。

要把业务做好，先练就一副好面孔。

但也要切记，笑是一种心理的反射，绝不是虚伪的装饰。不要当个笑面虎，让人心生提防；也不要笑而猥琐，讲些不入流、难登大雅之堂的言语。

笑容要给人信心，实在而亲切，笑容是修养、修炼的结果。

所以保险营销员一定要记得保持笑容。

【保险金言】我常以“宁可微笑生皱纹，莫因严肃而苍老”期许众人，无非是要大家展现出祥和欢乐之貌，用展业之机影响这世上之苦闷，以阳光打开人情险恶之阴霾。

——陈亦纯

186. 我有信仰，上天会保佑我——异议处理篇

有两位妇人在聊天，互相夸耀自己的先生。一位说：“我先生很厉害，他到庙里求保佑，希望神明让他彩票中奖，真的给他中了300万，我好崇拜他！”另一位太太说：“我先生更厉害，他买了一张3000万的保险，才缴第一次就死了，我领了3000万，到现在我还在拜他！”

这到底是神明厉害还是保险厉害呢？每当有人对我说，他是虔诚的教徒，上帝或佛祖会庇佑他，不需要保险时，我会用惊讶的语气告诉他：“你有没有搞错，现在不但信徒用保险做供养，宗教团体也为神职人员买保险，甚至很多经济条件良好的神职人员自己都买了很多的保险呢！”

信神拜佛求平安，但要个人或家庭生意顺利人员平安，要加上保险才更安全。神佛给生命奋斗的力量，但因为业力和因果，很多事情是上天无法改变的。

现在已经有很多信徒将所买的保险受益人填给所属的宗教，在归天之日，留下遗爱，不留遗憾。这种观念在欧美国家已经非常普遍，在华人地区也已经开始萌芽。

开明的宗教领导人，知道四两拨千斤之道理，也知道凡夫俗子终有离去之一天，为免神职人员因病痛难以处理，用医疗险加以照顾，再用寿险把生命的价值以保险金做保证。

许多善男信女，他们可以为装饰庙宇佛寺一掷千金，对教育或社会建设却吝于捐赠；或为了迎神祭典，花费终年辛勤工作所得而不觉心疼。如果宗教领导人能用现代

化的保险金捐赠，则信徒欣然投保，同样的钱，却增加了十倍或百倍以上的价值，完全可以做到一部分留给家人，一部分赠给宗教。

宗教使人们的心灵有所寄托，让精神为之宁静，对未来充满喜悦信心，处事谦和慈祥。若想常保无忧无虑，除靠修持之外，保险是解决烦恼的妙法。

不要太依赖上天，若是每个人都依赖上天，上天势必分身乏术。人人常自我期许回馈社会，社会自然更加和谐，而保险就是最快的回馈方法。

我的一位好友曾遇到过有趣的事情。他向管理神庙的会长介绍保险，会长说：“神明会保佑我，我不用买保险啦！”

这朋友很机灵，立刻说：“既然神明会给您指示，那我们来看看神明要不要您买保险！”

会长问：“你要怎么问神明？”“当然用卜卦啦！”

我这朋友拿出一百万保额的建议书放在神案，拿起香虔心祝祷，再拿起两个卦往地上一掷，两个都是正面：“哇！神明不给您买一百万啊！”

话还没讲完，立刻从公事袋里再拿出两百万的建议书，再卜一卦，这次换两个卦都反面，意思是神明还没同意他买两百万。

“好！我们来看三百万！”“我朋友要拿出三百万的建议书，会长立刻制止了：“好了好了！不要再问了，我就买两百万好了！”

问神求卜保心安，但老天也要神职人员买保险才会保平安！

【保险金言】一个业务员不能正常出勤，不用指望他有好业绩，反而会有风险、障碍。

——盘石保经吴荣旋副总经理

187. 握手该注意的细节——形象篇

有首打油诗这么说“握着小美的手，心情好像十八九；握着小蜜的手，心里燃起一把火；握着小姨的手，当时怎会拉错手；握着老婆的手，好像左手拉右手，一点感觉都没有”。

虽然是打油诗，但也说明握手是大学问，也是一门艺术。

对政治人物而言，握手是争取人心直接而有利的武器。一天可以握上千百人的手，不管对方是士农工商、贩夫走卒，也不论对方的手有多脏，伸过去就握，让对方受到感动和震撼。

手能传达信息，是热情、冷漠、喜悦，还是应付，一握即知。

也要从对方的手去了解对方的出身、职业、个性和接受度。

所谓“男人手如绵，身边有闲钱；女人手如姜，金银满宝箱”。

男人的手既厚且软，代表命好钱财多，很多上市公司的老板的手掌都有此特质，是很好的准客户。

女人的手刚劲有力，代表会持家，有金钱观念，也是不错的潜在客户。

如果每天和数十人握手，日积月累，对人的揣摩和了解定有所成。

握手要直接，不要迟疑，现场有女性也要一视同人。

握手要有力，但勿太用力，传达出你的自信和专业。

握手时要双眼注视对方，面带微笑且连声致意。

【保险金言】在社会转型的今天，任何能用金钱买到的物品都不是奢侈品，真正的奢侈品是人们心中的安全感！而保险就是经营奢侈品的行业。　　——作家于丹

188. 创意就是创造生意——态度篇

在一座山上的一家旅馆，虽然环境优美，但生意一直不是很好，老板无计可施，只好等着关门了事。

一天，老板的一位朋友指着旅馆后面一块空旷的荒地，给他出了个主意。

次日，旅馆贴出了一张广告：“亲爱的顾客，您好！本旅馆山后有一块空地，专门用于旅客种植纪念树之用，如果您有兴趣，不妨种下10棵树，本店为您拍照留念，树上可留下木牌，刻上您的大名和种植日期，相信当您再度光临本店的时候，小树已枝繁叶茂了。本店只收取树苗费100美元。”

广告打出后，立即吸引了不少人前来，生意日渐兴隆。没过多久，后山树木葱郁，旅客漫步林中，十分惬意。旅店老板既享受了优美的环境，又赚取了利益，更加惬意。

可见，只要有创意就能化腐朽为神奇。

所谓创意，就是创造最大的生意，创意来自多赢，来自对大家都有益处！你希望在今年成为MDRT，或者想成为单位的大赢家，那就要想出与众不同的创意并实施，用创意创造生意，达成目标！

189. 服务至上——促成篇

有一位地区名人，很多保险人找过他谈保险都有没成功，但某天居然被一位同人成交了不算少的保单。

众人要他分享他是如何做到的。

“我认为每个人都有弱点，只要找得到就可以突破。但我和王先生交谈中始终找不到弱点让我打进去，正在懊恼时，突然听他谈起在乡下的母亲身体不舒服，他要回去带她看医生。我灵机一动，因为已经知道他是哪个地方的人，所以告辞后很快查出了他母亲住在何处，就请一位我认识且跟我关系甚好的名医去为这位名人的母亲诊疗。在诊疗时，这位王先生回家了，看到这状况甚为感动。于是后来主动找我道谢，并买了保险。”

在和客户协谈中，往往会听到一些客户家中或公司的事情，可能事情不大但是个困扰。

保险人触角广，认识的人多，应该立即记下，能立刻处理就立刻处理；不能立刻处理的，回到公司后寻求支持或再想办法解决。

把客户当作朋友和家人来看待，客户的问题就是我们的问题，不必居功，也不要忽视，服务优先，业务当然源源不绝。

【保险金言】任何一个有责任心的人，都有三怕：一怕走早了，家人没钱；二怕走晚了，自己没钱；三怕住院了，四处借钱！——河南南阳泰康人寿蒋晓珊

190. 销售重要还是经营团队重要——Q&A篇

大连的邓文博先生问道，刚晋升主任，要经营业务又要发展团队，压力大得很，该怎么办?

我告诉他，不要有压力，要把它当作是成长的动力，而且是在保险界长治久安的重要因素。因为你要做得久，就要有团队，要借力使力。借力使力的第一步，就是要依赖你的力道和经验做好团队建设。在营销员阶段，你若有新伙伴进来，你的主管和经理们都会来协助你，当你晋升后，比如你刚晋升了主任，你就要请主管协助，把你的团队和主管的大团队一起运作，你要观察主管的运作方法，好方法跟着做，如果你有好想法也可以和主管讨论或自行尝试着去做。

你要知道发展团队的真正意义。

一个人一天如果有4个钟头和客户谈就了不起了，但是一个人一个月能够做多少业绩呢？一千万还是一亿呢？

但是如果你有10个人、100个人，你对社会的贡献就大到不行了。

一个人开出租车怎么开都是一个人，但是运营出租车行就不一样了，对社会的贡献也真的不一样。

你要跟所有见面的朋友或客户分享保险的真正价值，你要告诉他们，你所做的是非常有意义和利人利己的事业。

发展团队是教学相长，你可以从新人的成长当中看到自己的身影，你一定有调整的空间，请团队的伙伴一起来研修，在边学边走的状况下，只要有心，持续做该做的事，团队一定可以逐日成长。

你也要知道，团队一扩大，被动式收入就会跟着扩大，你的助人时间和生产时间与获利时间也就不再设限。

你一个人销售是百万千万的话，百个人一起销售就是数十亿万。

但你会说，自己卖保单容易，要伙伴卖保单不容易。

你要回想一下，你进入保险界的初始容易吗？还不是一路摸索一路学习，才有你认为保单好卖的局面。

发展团队也是一样，开始必有挫折和无奈，但熬得过去，不放弃，机会就是你的。

讲到机会，很多现在在保险界里的大腕和高手，并不是主管千辛万苦去增员和调教的。那些高手刚好有一个意念、一个选择，他看好保险的大机会，他要进入保险界，刚好有一家公司的理念吸引了他，刚好跟他分析保险事业的主管形象和内涵让他觉得契合，因此他就进来了，他有客源或者他有不可一世的奇能，因此他一飞冲天。这不是主管的训练能力，而是机缘巧合，得到了高手。

这种例子我看太多了，只要你多谈多说多引借，只要你的形象不差，战功也还可以，你就有机会碰到大老鹰，这跟谈Case一样，比例上一定有一次成交的客户，也有给你碰到的大保单。

此处还要建议你随时做好准备。机会虽然有，但你准备好承接了吗？

当营销员准备好了的时候，客户自然会出现。

你如果要把保险业当终身事业，你就必须企业化，绝对不是一个人在那边敲敲打打就行，你要整个军团奋勇发展。

所以你要规划，你要有策略，你要有企图心和行动。

你也要舍得投资，你要有助手，让助手帮助你运营。

不一定要当到经理才找助手，有心的人从一人公司就开始找助手。

协助找客户、安排体检、售前售后的服务、打电话或发电子邮件，找准增员对象，筛选、训练、办说明会，这些都是优秀的助手帮你操作的，所以一定要找到一个好的助手。

做好了这些准备，你的团队经营才能走上正轨。

【保险金言】律师代表当事人出庭，如果没有准备好，即使当事人是无辜的，也会打输这场官司。营销员若事先未做好准备，结果也差不了多少吧！　　——卡尔巴哈

篇四 冬育

191. 名单活用法——开拓篇

搜集可用之名单，运用快速而有效率的行动取得认同和效果，是展业最重要的策略。

名单来源包括：

1. 学校名单，如大中小学、幼儿园、语文班、才艺班等。

2. 社团名单，如青商会、同乡会、慈善会等。

3. 小区名单，如小区住户名单。小区名单可以通过活动中心、有线电视或报纸订阅部门取得。

4. 行业名单，如工会、商会、联谊会、行业协会的名单。此外要从名单中去看出数量、社会影响力、动员能力和接触之难易。

5. 客户名单，如邮购公司的名单、百货公司的名单、信用卡及银行的名单。

6. 其他名单，球队、出国旅游团、义工、宗教团体、登山社、游泳社、政党等。

此外还要学会交换名单。即和不同行业的人士交换所获得的名单，如汽车公司、产险公司及计算机公司的业务员等。

取得名单后如何运用呢？下面有几个建议。

1. DM：用DM进行单一险种的开发，或用问卷取得资料等。

2. 电话：电话联络，讲出熟识的名字，是谁介绍或谁已投保，则效果会不错。

3. 云端平台：如微信联系，对方强迫收到，但看不看主动权在他。但也要注意不要拼命推销，否则会让客户厌烦。

4. E-mail：也会有效果，但已经不是主流。

5. 说明会：安排小众聚会，透过说明会加强沟通和询问。

6. 联合销售：与几个不同的商品同时销售，透过计划性配搭，让客户得到较佳的待遇。

7. 直接拜访：研读名单后分析可行对象，做好事先功课，直接拜访，做个别化的销售。

但要注意：

1. 要有投资观念。因为可能需要购买名单，且有了名单后尚有费用的问题，不论是DM、 微信或电话，总是牵涉到人力、金钱和时间，这些都需要资金的投人，要做好资金预算。

2. 成本观念。一定要考虑到投资报酬率、回收率和成功率的问题，别只做保险义工。成功使人尊重，失败者的言论无参考价值。

3. 名单来源需注意。名单要有时效，否则名单都已变动，再去应用就会闹笑话。有些团体有私密性，不喜欢名单外泄，使用时要小心。

4. 要有持久作战的观念。不一定马上就有收获，但也不会没有收获，既然有心做名单开拓，那就要坚持。

5. 名单可重复使用。一次没成功不见得都不会被接受，不同的时机、不同的险种、不同的心情和日子可能会有不同的效果。

6. 要有企业化经营观念。不一定一个人低着头猛干，可和同人一起发挥。营销方式也不要一成不变，要常改变战术、器材和方法，给人从新鲜感。

7. 大数据观念。通过大数据分析名单、统计、回收率、费用、拜访时间、成交金额、时间和缴款习惯等，找出共性，做好客户开发。

【保险金言】2018年，我们要加大力度，提高财政对基本医保的补助资金，一半用于大病保险，至少要使2000万人以上能够享受大病保险。　——国家总理李克强

192. 买什么旅行平安险——异议处理篇

现在经济起飞了，国人出国旅游和经商的机会也多了，加上让人骇人听闻的飞机坠毁的事故，理论上，出国时再买个旅行平安险是应该做的事，但是我发觉，虽然机场保险公司柜台的营销员在拼命鼓吹着，但现场购买的人始终非常有限。我先举个我的亲身经历。

多年前的一个周日下午，台北松山机场的旅游保险柜台值班的职员打来电话，口气急促，说是一架从台北飞往马祖的小飞机在下降时撞山坠毁，机上一名乘客上机前买了一张保费仅有几百元的旅行险，可保额高达四百万。

为了不侵犯当事人的权益和隐私权，我要她别再向其他人提及此事，并立即赶往

机场。机场大厦内一团混乱，有几个记者风闻罹难者当中有人买了旅行保险，跑到柜台前来询问。

我绝口不提，但发现这有违新闻人员“知”的权利，想想也算是替保险公司做广告，权衡之下，我要柜台找来海报纸，写明这班机中确实有人在临上机时买了一张保单，基于当事人及受益人的权益，恕不能提供姓名。后来当事人的父亲和几位朋友赶来了，我摒除其他人，单独告诉他投保之事，要他守住自己的权益，不要声张，免得惹来金钱借贷困扰。且告诉他他只要把必要资料备妥，理赔绝不会有问题。看他稍感安慰之神情，我也甚感欣慰。

为何要如此慎重地处理？因为我处理过客户被公交车辗过而截肢的事故，父亲尚在住院，儿子却一直来要申请理赔金去做生意。

我也碰到过先生身故的理赔金三百万才送达受益人太太的手中，婆婆就来拿走一百万，小叔也要来借一百万，我赶紧劝告她赶紧再买一张保单存下来，否则人财两空，不是亲人不能信，而是自保比什么都重要！不是亲人不可信，而是宁可小心为要，对自己好一点比什么都重要，将高额的保险揣在身上，既有安全感，又可满足家人的亲情，为何不多投保呢？

现在保险公司竞争激烈，很多保单内对客户有利的条件都出现了，好比说，发生在公共交通工具上的一般事故理赔三到五倍，搭乘飞机发生事故可能理赔八到十倍，而保费只不过比正常保费多一点点。

但还是有客户会说，飞机什么时候才会出一次事故，干吗要加费。或者我一辈子都不会出国，我都不搭飞机，何必加费。

这样说都没有错，但是魔鬼都在细节里，很多稀奇古怪的现象往往最易受忽略，在大家都认为不可能的状况下发生了。

谁相信搭地铁时会被长刀刺进身体里，旁边的人说，当受难者看到大刀刺进身体时，还睁大眼睛一脸不能置信的表情。

曾经因为临时换班幸免于难的空姐，居然又搭上第二次被飞弹打下的飞机。

很多人从没有搭过飞机，但第一次搭飞机就出事了。

有人保险保了很多年都没事，说不用保，一停保立刻受伤。

车子保很多年都没事，一不缴保费车子马上被偷走。

不管这样的事情发生的概率有多低，可一旦发生，就会带来灭顶之灾，你说我们还可以常挂无事牌吗？

【保险金言】从贫穷到富裕很难很难，但从富裕到贫穷也许就是那么一瞬间。

——上海中信银行丁霞光

193. 运用整体经营观念——行动篇

做生意必须注意边际效应和整体效果，否则就会让其他公司的业务员乘虚而入，得不偿失。

做生意也务求滴水不漏，增加防御的态度，不然，可能经营几年的生意还是会跑掉。

销售保单可以用几点来达到整体经营的效果：

1. 吸引注意与好奇。你的公司有何不凡，产品有什么特性，可以为对方创造什么价值，你可否在最短时间内做出最佳说明。

2. 创造需求。没有人知道自己真正的保险需求在哪里，大部分的人都是临渴掘井，事到临头才买保险，如在机场买旅行险；或在事故发生后亡羊补牢，如出事后才想投保意外险。

为何不能设身处地提出对方真正的要害，从而也给对方最好的防患呢?

3. 最大价值。亦即是否有附加价值的出现，如买保险就提供房屋低息贷款，或给予基金购买优惠、团体购买优惠，或者提供会计师税赋咨询及医师身体检查等。

4. 方便使用。客户不一定对保险有全盘了解，所谓隔行如隔山，所以倒不如简化使用办法或统一制式商品，再透过简易的缴费系统、详实有效的说明和便捷的承保来说服客户。

5. 服务迅速。服务才是生意最大的价值，没有服务就没有生意，生意不好服务一定差。那么如何落实服务？不是喊一些花拳绣腿、表面功夫的口号，而是要让你为客户细致设想的价值观直达人心。

【保险金言】可以坚定并且让我勇猛地向前走的原因，是我送出一张死亡理赔金时，客户的太太和妈妈流出的眼泪。

——河南驻马店太平人寿魏伟

194. 发心为善，客户都知道——态度篇

《了凡四训》是自古以来相当受瞩目的一本改命造命的奇书，书中详细地将命在

已不在天注定的原理进行了说明。

作者袁了凡先生，名黄字坤仪，江苏吴江人，生于1533年死于1606年，享年73岁，明万历十四年考上进士，万历十六年任宝坻县知县。

了凡先生博学好闻，通古今各派学术，举凡天文、地理、堪舆、星算，无不精通。当时在宝坻县当知县时的所作所为，均以黎民福祉为先，清廉自持，并将不多之薪俸尽情施舍济贫。

了凡先生居家常持诵经咒，习禅，参佛，虽公务繁忙，但未尝中断修行。夫人贤慧，协助布施并每日记载善行数量，虽不识字，但以鹅毛管蘸红墨累计，若见善行数量减慢时便皱眉叹息。

夫人在冬季为子制厚衣时，差人买棉絮，了凡先生问道："丝较轻并暖和，且家中自有，为何还要买棉花呢？"夫人答道："丝较值钱，我将之换棉，可多做几件帮助穷人。"

了凡听后欢喜地道："你能将疼惜儿子的心情放大到他人身上，我再也不担心我儿无福分了！"子袁俨日后果然亦中进士，任广东高要县知县。

他平日勤诵准提神咒，并劝人持此咒养命修命。

为何要介绍《了凡四训》这本书？

有几个重点！

1.要改造命运真的不难。从事保险工作，每天劝人买保险，存的是善念，讲的是好话，做的是善行，不论客户有没有立即购买，总是在客户心中种下善因缘。

成功不必在我，假设没有跟我买，向别人买也是功德一件。

2.得为何要持咒。不要认为持咒无效，当你每天念念不忘，要做MDRT，要成为经理，要成交，每天念念不忘要成长，要帮助别人，你要不断挂在嘴边，和同人分享你的愿望，向客户告知你的愿望，则愿望终能实现。

大家会支持你，会协助你，如果你不敢提出你的愿望，谁能够帮助你呢？

你制定好目标，请别人来督促你，你因为目标而努力去达成。

从事保险工作，你可以成为大家心目中的重要人士，你不但改变了自己的命运，也改变了别人的命运，这有什么不好呢！

195. 模糊目的——促成篇

不要让客户看到你时，直觉就认为你是在卖保险和找他谈保险。

有相当多的法宝可以应用，虽然看起来与主题无关，但最后仍会拉回到目的地。过程尽管偏差，但主客都没有压力，结果也达到了，大家皆大欢喜。

在见面时，先拿出一本谈因果的小书，告诉他这是你助印的善书，里面谈的是一个本不信佛法的善良医师的往生灵异经过。谈完后，再拿出一张复制的卡片——果菜汁健身法。告诉他，你已用了一段时间了，感觉非常棒；最大的困扰是已经中年了，居然一根白头发也没有，真是气死人。

谈着谈着，再拿出一张“保险真谛”卡出来，里面是我这么多年对保险的真谛，你逐句解释，对方听得兴致勃勃和感动。

我们不是卖保险，是帮人们买保险。

保险费用莫嫌贵，不买出事最是贵。

没有买错的保险，只有不肯买的错。

今天不付保险费，改天家人付百倍。

有钱助他更有钱，没钱使他变有钱。

恩爱夫妻有依靠，父慈子孝最奥妙。

担心保险公司倒，难道不怕己先倒。

问神求卜保心安，参加保险保安康。

节税投资兼保障，长期规划最可靠。

悲天悯人使命到，爱人如己境界高。

介绍完毕，顺手一推，这些都是送给他的。

对方客气地接下，双方气氛最为高昂。顺势再问，上次所谈保险的投保书填好没有。

对方可能还会再抗拒，但往往已难以彻底拒绝，他对你这个人已不会反对，心底在盘算用多少保费应付你。

生意的过程就在轻松的应付中完成了！

没有人会喜欢一个见面就拼命谈生意的人，那要怎么谈呢？很简单，谈创意、谈公益、谈情义即可！

【保险金言】不论哪一位股东不幸身故，个人的股份皆能够顺利继承及安排，确保生存一方能够继续有效管理公司并维持营运，保险可以在这行动中付出最大效能。

——保险特许规划师吴燕芳

196. 社团开拓法——开拓篇

有的是为了回馈社会，有的是结合志同道合的伙伴，也有的是因为地缘出身的互助和需要，在多元化的社会中，各种社团如雨后春笋般出现。

寿险的销售要讲求快速和数量，而质量与继续率更不能少。

如果能提供给社团较优惠或有附加价值的保险，提供者也对等得到社团所回报的数量和速度，这是两全齐美的益处。

做法：

1. 社团经营保险有时最为直接和有效，尤其规定社团的成员行业不能重复，更是对加入者有利。

2. 寻找观念相近、年龄相当的社员，较有利于发展。

3. 加入后需用心贡献，提供给社团成员最佳的服务。

4. 可运用资源提供的方式，如提供演讲、义诊、报税等服务。

5. 直接提供保险观念和产品。

6. 或直接从总部或总会下手，从上游直接核算人数及可能参加的人数，然后与公司研发部门研究开发适合的保险产品。

7. 靠社刊或相关平台等，从名单中逐个进行，逐步推展。

请注意：

1. 不可急躁、贪图近利。

2. 在团体中要有表现，要建立形象，要懂得付出并对团队有贡献。

3. 坚壁清野，别再让他家公司业务员进来。

4. 推荐客户加入该会。让有心进入小众团体的客户参与，你作为介绍人，他会感谢你，而你也得到一个内应。

5. 建立品牌后再影响到其他同质的社团。建立口碑后，想办法推展到别的社团里。

6. 射人先射马。先抓住领导人再说。

【保险金言】我吃的和用的都不多，我将我的保险金1500万预先捐给学校和医院。

——台湾大善人菜贩陈树菊

197. 不要复检或加费——异议处理篇

有些客户很不喜欢做身体检查，或因为经过核保后被判为次标准体要加费而哇哇叫。

在环境污染、压力大、运动量少、慢性病多的状况下，根据估计，约十个体检的准客户中至少就有两个需要复检，尤其是高保额更要再三评估，有时还要加费。有些人可以接受，但大部分的客户就要好好沟通了。如何沟通呢？我的建议如下：

他有没有做过精密的检验，如果有，报告拿来再评估。如果没有，告诉他，有一些小现象，公司要帮他做确认，愿意再免费送他更精确的体检。

他有没有熟识的医院，可否依他最方便的时间地点再检验。如果客户没时间体检，委婉地告诉他，你会再和公司协调，如果要加费可否接受。

万一复检后需要以加费承保，你又该如何做呢？

“加费我不要，为什么同样的保险，我要比别人贵？”一般人知道要追加费率时，都会立刻有如此反应。

建议你可以这样好言相劝：如果您的货物外销，里面有一批瓷器，是不是会特别包装，而且同意以较高的运费运送？通常他回答：当然要这么做。

接着你再分析：“对于您的身体状况，保险公司为何以较高费用来承保，原因是你就像那瓷器，我们需要比别人多付出一分关照，所以我们只是反映成本，也要您自己为现在的身体状况付出代价，血压高（假设）或许不是您的错，但总是要您自己去降低它，加费就是提醒您这一点。”

客户可能会说：“当初要是我不体检，也不讲我有高血压，用免体检的方式去投保呢？”

这时你要善尽说明：“若是您没有讲出来，万一在两年内因血压高而导致的疾病出了意外，可能会得不到理赔或削减保额，就像瓷器如果不特别保护，万一受损，得不到赔偿或不能全额赔偿是一样的道理，这已经让保险公司无法确实估计被保险人的身体状况，危害到保险公平的原则，所以损失必须由自己承担。”

如果客户坚持不加费呢？其实在保额上稍做降低即可。

或者先承保，几年后血压如果降低，且持续维持正常标准，可以再复检，若体检后一切正常就可恢复为标准保费。

业务人员面对客户的体验结果不要心慌意乱，要正面相对，客户往往对自己的身体状况心中有数，所以要坦诚相待，根据问题找出相应的解决的方法，才是长久之计。

曾经有复检还是要加费后，客户担心未来要加保更麻烦，所以在知道加费并非很多后，把保额一下子拉高好几倍的例子，这不是因祸得福，而是以实际的状况去面对所产生的最好结果。

所以，出现问题不可怕，可怕的是你缺乏处理的能力。

【保险金言】保险是后路，在春风得意时留条路，才能在四面楚歌时有条活路。

——马云

198. 一定要记得客户名字——形象篇

有一个佛教故事，说一位佛陀的门徒，一天狂喜地跳跃着：“佛陀知我名！佛陀知我名！”

原来是在讲经时，佛陀叫出了他的名字。

没有人不喜欢被叫名字的，名字虽是符号，但它却是开启灵魂的魔钥匙。

要记下每一个人的名字并不容易，但若能用心经营，则效果会大不一样。

有一位出租车司机，他能记下两千多个电话号码，因为他觉得他没什么专长，不过只要用心，应该可以有比别人厉害之处，所以他就去背电话号码。

终于以能背下两千多个电话号码而震惊乡里。

有心就会有效果。你要如何发挥好的影响力?

拿到名片时，详细阅读并念出姓名，名片拿在手中或放在桌上眼睛看到的位置。要不停地称呼对方的姓氏和职称，一来加重你对他的肯定，二来让你记住他的名字。

在名片背面记下此人的特征或他所讲的话。

联想他的模样有无相似的人。

做系统的记录，你会将对方名字记下来的。

每天将取得的名片整理好，有必要归档和记录的立刻处理。

如果能立刻给一张感谢卡或用微信致谢都很妙。

一方面你自己会加深印象，另一方面他也会记得你。

【保险金言】一天不捐钱，代表你太闲。　——台北富邦人寿陈立祥

199. 总会有方法的——态度篇

有一位黑人小孩，1963年出生于纽约布鲁克林贫民区。他从小就在贫穷与歧视中度过，对于未来，他看不到什么希望。

13岁那年，父亲突然递给他一件旧衣服问："这件衣服能值多少钱？""大概一美元。"他回答。

"你能将它卖到两美元吗？"父亲用探询的目光看着他。

他点了点头："我可以试一试，但是不一定能卖掉。"

他很小心地把衣服洗净，用刷子把衣服刷平，铺在一块平板上阴干。第二天，他带着这件衣服来到一个人流密集的地铁站，经过六个多小时的叫卖，他终于卖出了这件衣服。

他紧紧攥着两美元，一路奔回了家。过了十多天，父亲突然又递给他一件旧衣服："你想想，这件衣服怎样才能卖到20美元？"

"怎么可能？这么一件旧衣服怎么能卖到20美元，它至多值两美元。"

父亲启发他："好好想想，总会有办法的。"

他请自己学画画的表哥在衣服上画了唐老鸭与米老鼠，然后在一个贵族子弟学校门口叫卖。不一会儿，一个管家为他的小少爷买下了这件衣服，那个十来岁的孩子十分喜爱衣服上的图案，一高兴，又给了他5美元的小费。25美元，这无疑是一笔巨款！相当于他父亲一个月的工资。

回到家后，父亲又递给他一件旧衣服："你能把它卖到200美元吗？"

这一回，他没有犹疑，而是冷静地接过了衣服，开始了思索。两个月后，《霹雳娇娃》的女主角拉佛西来到纽约做宣传。记者招待会结束后，他猛地推开身边的保安，扑到了拉佛西身边，举着旧衣服请她签名。拉佛西先是一愣，但是马上就笑了，没有人会拒绝一个纯真的孩子。

拉佛西流畅地签完名。他笑着说："拉佛西女士，我能把这件衣服卖掉吗？"

"当然，这是你的衣服，怎么处理完全是你的自由！"

他哈的一声欢呼起来："拉佛西小姐亲笔签名的运动衫，售价200美元！"经过现场竞价，他最终以1200美元的高价卖掉了这件运动衫。

回到家里，一大家子人陷入了狂欢。父亲感动得泪水横流："我的孩子，你真的很棒……"

这个晚上，父亲与他相拥而眠。父亲问："孩子，从卖这三件衣服中，你有明白什么吗？"

"我明白了。您是在启发我，"他感动地说，"只要开动脑筋，办法总是会有的。"

父亲点了点头，又摇了摇头："你说得不错，但这不是我的初衷。我只是想告诉你，一件只值一美元的旧衣服，都有办法高贵起来，何况我们这些活着的人呢？我们有什么理由对生活丧失信心呢？我们只不过黑一点、穷一点，可这又有什么关系？""是的，连一件旧衣服都有办法高贵，我还有什么理由妄自菲薄呢！"

20年后，他的名字传遍了世界上的每一个角落。他的名字是——迈克·乔丹。

看到这个故事，你作何感想？一个黑人小孩因为被激励，可以产生这么大的变化，我们怎么可以说我们不行呢？

我们来看看现在中国的保险巨星，教父级的人物。他们的出身也都很平凡，有些甚至来自贫困的地方，甚至没什么学历，没有背景，没有外表，但是经过努力，他们蜕变了，他们成功了！成功一定有方法，失败也有原因，你愿意成为哪种人？

【保险金言】保险事业是你最可以用来服务人群，造福人群的功德事业。

——香港保险捐赠协会创办人黄锦城

200. 否定己见——促成篇

有些人顽固得很，是所谓的"打赌不会赢，争辩未曾输"的类型。

他的特点就是坚持己见，是非不管，毫不退让。

他的成就感在于别人都要听他的，别人都要对他的论点俯首称臣。

如果你和他观点不同，即使你的观点是对的，他也不肯改变观念。

此时，最好的方法如下。

一是同意他的看法；

二是让他提出他的建议；

三是所有正确决定都是他作出的。

你不妨对他说：我本来以为我的想法是对的，但听了您这么说，我才知道您讲的才是正确的。

你这么一说，他的锐气会突然消失。既然你都承认不对了，他还有什么好攻击的。

接着你再请教他的英明看法和正确的处理之道。

他已赢了面子，还有什么好说的。

在“乘虚而入”的状况下，就换你发挥了。

【保险金言】只有有纪律地参加早会、培训会、各种成长的活动，你才能翻转人生，你才可以步步高升！

——福州平安人寿柳亦菲

201. 说明会开拓法——开拓篇

通过专题演讲、团体聚会进行说明的方式日益得到认同并创造出好的绩效，并可以创造附加价值：如新进同人易训练，可以从参与、试讲到主讲，变得成熟；人员互相依靠，新人留存率高。

接触到的公司或团体已同意我们过去办说明会，这已经克服了无法入门的困扰，要好好把握。

1. 在对方提供的晨会、月会、中午休息或主管同意的上班时间集合员工进行。但最好不要选下班时间，因为下班后的时间效果最难掌握，因大家急着要回家。

2. 事先要和联络人做好沟通，能得到高层的支持为最佳。

3. 说明时需把握时间进度，绝不拖延；内容要充实，引人入胜。

4. 要有桩脚附合。里应外合可达到群众跟从的效果。

5. 配套工作要做好。如有什么附加价值，如何填单，都要有专人指导。

6. 回答问题要小心。事前对尖锐问题做好演练和模拟回答。

7. 工作人员的任务分配要仔细。哪些人主讲，哪些人说明，哪些人守门口，都要事先做好评估。

8. 场地控制要良好。场地选择须注意：独立性，不受干扰；封闭性，不能随意进出；方便性，容易布置且私下可再沟通。

9. 说明书要简洁明快。不要让参加的人看得一头雾水，产生不必要的困扰。建议提供的商品为简易型的保险较佳。因为内容简单易懂，而且短期可回收。

10. 成交率要高。一击即中，不但能立即成交，成交人数也不可太少，这需要再三演练和丰富的经验。

11. 以服务带动销售。利用送保单、理赔、收费等情况想法让客户加保。

要注意：

1. 联络时勿哄骗。要讲清楚为何举办说明会，是何公司，目的为何。

2. 联络时要有面对面的事先协调。取得重要人士的认同与支持，不但可以避免现场有心人的非议，还可因已取得认同而放大效果。

3. 产品勿夸大。勿夸大，但要让对方留下印象；不乱扯，但要让对方易受感动。

4. 多举实例。多举其他公司或其他部门成交的例子，也可举一些理赔案例。

【保险金言】从事保险工作，难免会受到客户或别家公司营销员低劣的攻击，但是我们要高尚地回应！

——青岛国寿余娟娟

202. 有折扣我就买——异议处理篇

“哪有一毛钱都不少的事，上次我买××公司的保险，他们的营销员少收我一成保费，你能不能比照办理？你若可以我就买。”这是一个讨厌的问题，是营销员最不愿面对的问题，但确实有不少的营销员在用折扣招揽业务。

你怎么解决这个问题呢？首先你要站得住脚，不亢不卑，不要动摇。或者先开个玩笑：“少收一成？这样吧，我少收您两成，但您的保险每个月少保一天如何？”

“这怎么可以！你在开玩笑！买保险就是不想再自担风险，万一在那天刚好出事，我的保险费岂不都白缴了？”对方恼怒地说。

“没错，我是和您开玩笑的，哪里有一个月少保一天的，我的意思是您绝不愿意因小而失大吧！就像您的业务员在外面销售产品时，您一定会告诉他必须遵照公司规定的价格，如果他私下打折给客户，市场行情必然被他破坏。您想想看，这种业务员对公司连最基本的忠诚度都不够，还能顾及对客户的承诺吗？您还敢让他继续代表公司形象吗？”

接下来就可以求助于理解了。政府的法令规定得很清楚，不能用折价错价取得不当业务，轻者罚款，重者取消证照。您有必要害业务员没工作吗？营销要费用，不但要接受训练、再教育，还要积极地服务客户，这都是要成本的。况且即使折价一成，这点钱也只不过占您二十年总保费的0.5%，对您只是九牛一毛，但对我们而言却是服务成本里的大部分。很多资深的同人，他们不但自备计算机，还自聘助理与服务人员，就我所认识的几位资深业务经理，他们一个月花在这些配备为客户服务上的费用少说也在十万元以上，要是每个业务员都折价给客户，他们还能维持高质量的服务水平吗?

曾经有营销人员因为退佣，赔了夫人又折兵的实例。

某王姓区域经理接到一个电话，说是有买大额保险，怕别人知道，约在咖啡厅的角落。

此人说他刚得到一大笔钱，想要藏在保单里较安全，也不会被人知道，金额蛮大的，约有千万元，先趸缴，从明年起部分领回做十年缴，如此不但可储存这笔钱，又有长期获利的空间。王经理建议他第一年分两单，一张一百万直接开始做十年期，其他才趸缴，明年就可部分提领缴费，此人想想后同意了，但提出条件，因为他是自己找来的，所以保费需要退佣。他说待王经理拿到佣金后再给他就可以，王经理一听大喜过望，就同意了!

谁知保单出来，佣金退给此人没多久之后，此人把保单拿到政府主管机关去申诉，说是营销人员说明不实，而且有几个地方是营销人员代为签名，这单子当然就自始无效，全额退费了。

可怜的王经理不但遭受公司的惩处，还哑巴吞黄莲有苦难言，白白损失了一大笔退佣费用。

所以营销人员应该知道坚守正确原则的重要性了吧!

【保险金言】女性保险从业人员不止占了半片天，她们不只是美丽而已，她们是强大的女性!

——台湾现代百大影响人士沈芯菱

203. 晚一步和条件差人一等——形象篇

所谓墨菲定律，是指当事人想要和你谈保险时，却偏偏一大堆营销员蜂拥而上。

而当对方做商品比较时，你却无法在价格或条件上提出强而有力的优势。

懊恼是无济于事的，只有打胜仗才能受肯定。

说来也奇怪，有时在竞争上，明明条件不是最强的，却能脱颖而出；反而是准备用低价竞争的，却得不到好处。

销售其实是相当主观的事，能拔得头筹往往是一些令人难以相信的原因，而其中最重要的因素是销售员。

有次一位小姐卖出了年缴六百多万的保险，她说，她不过是想卖给他一张台湾最大的保单。而别人想用折扣阻拦她时，反而是客户为她不以折扣竞价做支持。

客户决定购买时的讯号往往是——

某某公司的产品看来不错。

某某人的服务与形象不差。

某某人看来很可靠，我相信他。

某某人做很久了，向他买不会有错。

这些因素都与产品本身的实用性及价格无关。

保险是需要与使用者面对面沟通的工作。

越是需要面对面沟通，销售者的人格因素就越重要。

人格因素取决于形象、态度、魅力。

商品没有脚，它不会自己走到客户面前；就算已经到了客户面前，如DM或视频影片，但不加说明和促进，商品本身是无法有生命力的。

因此，在销售的时间点已慢了一步或条件差了别人一些的人，千万不要因过于紧张而丧失自信。

卖东西的是人，你尽可诚恳地尽力使用你的个人魅力再去争取。

对方可能会因为你的个人魅力，而改变他原先的想法。

所以当你在那儿埋怨公司的产品和价格时，你已经是在消耗自己的生命力了。

【保险金言】你要努力变得加倍优秀，才能取得别人一半的成就。

——美国黑人社群古老格言

204. 博取百家长，始得龙凤飞——态度篇

柳公权小时候聪明过人，写得一手好字，他以为自己写得已经很好了。

但有一天，有人对他说：“你的字写得并不好，有人没有手，用脚写写得都比你好得多呢！不信，你到城里看看去吧。”

第二天，他去找个这个用脚写字的人。一看，一个残疾老先生赤着双脚，坐在地上，左脚压纸，右脚夹笔，正在挥洒自如地写对联，笔下的字迹似群马奔腾、龙飞凤舞，博得围观的人们阵阵喝彩。

小公权扑通一声跪在老人面前，说：“我愿意拜您为师，请您告诉我写字的秘诀……”

老人慌忙用脚拉起小公权说：“我生来没手，靠脚混生活，怎能为人师表呢？”

小公权苦苦哀求，老人才在地上铺了一张纸，用右脚写了几个字送给他："写尽八缸水，砚染涝池黑；博取百家长，始得龙凤飞。"

柳公权把老人的话牢记在心，从此发奋练字。手上磨起了厚厚的茧子，衣肘补了一层又一层。经过苦练，柳公权终于成为著名的书法家。

原来想要出人头地，不想下苦功磨炼是不可能的！

这个故事提醒我们，如果天资高，但是不加紧练习，天赋也有可能变成平庸。

反之，如果一个天资平常的人，能够下苦功，愿意坚持学习，终有脱胎换骨、脱颖而出的机会与可能。

从事保险工作，我们看到很多的成功人士，他们并非是光彩夺目之人，但他们能天天参加早会，天天拜访客户，有问题找解决方法，问主管、问高手、问客户；然后灵活应用，调整自己的技术和实例；为了求得最好最新的技能，参加各项大会，参加各种的研习营，还去买各个高手的视频、音频努力地学习，才终于取得了成功。

这就是博取百家长，始得龙凤飞的实践。

【保险金言】我们与客户结缘，时间在不知不觉当中流逝，回顾这些年，哪些事情是我们为客户最该做的事情？

——南山人寿黎顺发经理

205. 以慢制快——促成篇

当对方的话语霹雳啪啦地扫射过来，如果你也以高分贝的方式回应过去，后果不言自明，定是混乱而已。

回想一下吧，电影情节中如果有人打电话给110或119，说话的人慌张错乱，语无伦次，接电话的人定会用异常冷静的态度相对，先要他别紧张，慢慢讲，是怎么一回事、在哪里。对方一听，这么沉着镇定，当然会冷静下来，慢慢地将实际状况讲出来。

我们应该有这种专业素养。

对方会指责这保险不对，那公司不好，业务态度差等。

没关系，先全盘接受，不要反驳。别上了对方的当，他只是想找人分享他的快感而已。

当你慢了下来，冷静地听他的言下之意，他也会慢慢地平复高亢的情绪，而这正是我们用更客观的态度去回应的时候。

最好你都能保持微笑，他会觉得你是站在他那一边的。在他缓和时，换我们和他好好地沟通了。

2003年，受美国“9 · 11”事件的影响，欧美的航空界莫不亏损累累，苦不堪言，但有一家爱尔兰瑞安航空公司，居然在当年赚到二亿三千万美元。他们是怎么做到的呢？

用反向操作的手法。

他们的飞机全部统一形式，保养容易，零件也较低廉。

飞机的起始点不在大都市，而是在大都市旁边的二级机场，这样成本也比较低。

不提供座位号和人工售票点，全部采用网络购票方式，随到随坐，没有餐点食物，空中小姐和驾驶员还要负责清洁工作。

因为简单，所以起飞班次增加；因为便宜（比长途火车的价格还低），所以吸引了大量的乘客。别家航空公司找不到客人，他们却人满为患赚大钱。

可见，以慢制快，反向操作，通常会化腐朽为神奇。

【保险金言】买保险是一辈子的事，要看长远的价值，时间一定要拉长，负担才不会那么重，经过时间的累积后，就会变成一笔大钱，这是让小钱滚存大财富的关键。

——郑州东吴人寿邵巧英

206. 加保开拓法——开拓篇

在缴保费时或签保单时，客户可能会跟你讲他负担实在太重付不起，保险已太多了；但是一转身，他却又向别的保险公司买了一大笔的保险。

因为那位向他招揽的人是他的亲戚；也可能是向他招揽的人说的理念刚好触动了他对保险真正的需求。

所以客户永远有加保的机会，你永远不知道他什么时候需要加保，所以你要常找机会联系他，询问加保意向。

关于个人的加保时机有：收费期、生日、乔迁之日、生子之日，或是生病或发生意外之时。

关于环境的加保时机有：新产品问世、旧商品停售、发生重大灾害、他的亲友邻居发生重大事故、媒体炒作、别家公司在招揽等。

当机会出现时，你要用合乎时机的商品通知客户加保，如发生大灾害用外险，空气阴霾用重疾险，新商品上市当然用新商品，旧商品要下市就赶紧促销旧商品。

通知客户的方式，可以用微信将消息传播出去，若在群组传递时，请和你交情好的客户实时讲好话，或说该怎么投保，你什么时候可以过去等。

平常和客户的关系要搞好，保持长期互动。变成客户忠诚的朋友和忠实的伙伴，让他们的家人接受你。

你本身灵敏度要够高。机灵、敏锐，能判断，在机会发生时立马行动。

平常该露脸的时候不要不出现，没事也要找机会，有事时更要加快处理。

不要被客户的言语骗了，你永远不知道客户的极限，所以他说“没钱”“太多了”的时候不要轻易相信。

【保险金言】学习能量来自于所读的10%，所听的20%，所看的30%，所听和所看的50%，所讲的70%，所讲和所实践的90%。

——哈佛教育学院

207. 向资深的营销人员买比较可靠——异议处理篇

新人小英哭丧着脸回公司，主管问她是什么原因。他说一个医疗险明明谈好了，但今天要去签约时，客户不肯了，问了半天才知道，原来是客户嫌她年资太浅，才一年不到，签了保险之后万一她不做了，又要找别人服务，还不如自己找一位熟识的资深人员买呢。

小英说，比学识，比专业，她都不会输，但比年资她就不知要怎么办了。我支起耳朵听他的主管怎么化解她的困扰。

“小英啊！你不会这样跟他说吗？你受过最新、最严格的专职训练，拥有最能证明多项知识的证照，加上你有资深人员比不上的科技化能力，你能用计算机做最周全的服务，还可以随时提升客户的需求和新知。如果还是不能取信于他，你可以这么说，资深人员的客户众多，对他的服务必然只能做到千万分之一，而你资浅，客户还不是很多，对他的服务可以分配到百分之一，周到多了。而且他是个企业家，也会知道培养新秀、扶植新人的重要性。保险向新人购买，不是更能促进保险业的成长吗？保险业能成长，国家经济也就更繁荣。再说由于他的鼓励，你可以得到好的成就，你就更能在保险业深耕下去，有一天也可以成为资深人员，为何不挺你呢？”

不是我们见人说人话、见鬼说鬼话，而是你要能讲出让客户听了满意的话。客户说你资浅，如果你没办法说出一套你的特长、优势，那你就真的太浅了。

每个人都有他的长处与短处，有些能改进，如谈吐、学识、经验和能力，而有些是难改变的，如外表、身高、性别，要学会扬长避短，利用你的长处去打动客户，另外，也要努力弥补弱势，在营业单位的会议中、在进修会里、在保险大会里，个个成功者都是你的老师。只要你有心，你就会得到更多的养分，获取你成长的能量！

再顺便提一下反向的问题，如果你是资深业务主管，客户说“你太老油条了，要服务的客户又多，我还是找个比较资浅的人，也算是帮年轻人创业”时，你该怎么回答呢？

新人有新人的问题，好比没定性，能不能做很久不知道，老人是经过激烈的市场磨炼后才留存下来的，所以服务没问题。加上你有助手在帮忙服务，更是没问题，而且你有广大的人脉，对客户的互补和生意的延伸会有适当的帮助，这是额外的价值。

业务人员要能针对不同的情况、不同的对象有适当圆满的解释，这要靠自己长时间的投入和用心学习才能脱颖而出的要领。

【保险金言】排除不良的情绪，你用自己的观点去看待别人，就会得到合理的看法。

——卡内基学会

208. 参加宴会要注意的细节——形象篇

有人说宴会中最活跃的都是保险人，这话倒也说得没错。

在宴会中可以认识新的朋友，得到新的资源，听到新的传闻。

但是，这要靠你自己主动才有可能。

你要主动和大家认识，让大家没有隔阂，让气氛变得热络与美好，要让别桌的人以为你们已经认识很久了。

唯有热情才能换来热情，唯有主动才能得到效用，如此才能得到人际关系的资源，才可听到没听到过的新知密闻。

在婚宴上要受欢迎，需掌握几个要领：

一是主动招呼。不要大家都僵在那儿不知所措，问问他们与新人的关系或者在哪里高就等都可以当开场白，不过问话要有技巧，人家不愿说的就不要太勉强。

二是接菜、分菜。有时要等服务员将菜放在满满的桌上实在太不容易，你可以主动将不吃的菜盘拿起来，将新的菜放在空隙中，顺便帮大家分分汤或用公筷夹菜、劝菜等，大家会为你的热情感动的。

三是倒饮料。大家稍一停顿，你就可再倒饮料，有些喝酒的宾客就倒酒，没喝酒的就倒饮料，不要勉强。

四是讲笑话。笑话是化解沉闷和冷默的最有效的媒介。如果无法记住很多笑话，平日可用手机记录下几个笑话，趁空闲或上洗手间时补充一下，在众人相对无言时讲个笑话。如果是和时事有关或调侃政治人物的，通常都可博得大家会心一笑。不过笑话不要太低级或太过于无趣、敏感。

五是唱歌。目前一些餐厅都有附设的卡啦OK，通常在菜上三巡时会邀宾客上台献唱；一开始大家都会推让一番，如果你有备而来，不妨先上台展示自己的才华；要是平日有一两首不用看歌词的歌，表演起来会更潇洒，会让大家更喜欢你。

六是适当提保险。不要怕公开你的保险人身份，大家会聊几句保险经，没关系，谈就谈吧！若是批评，不要太反驳，要是赞同，也不要太高兴，你的表现要得体，要谦虚，大家才不会看你如蛇蝎，一下子全桌跑光光了。

这几条措拖若能采用，包准可结交许多朋友，得到新客源，但要用得恰到好处，必须常磨炼。

至于参加喜宴要穿什么服装，这倒是要费费心，就怕你穿便服结果大家盛装，你穿盛装人家又是便装，真是伤脑筋。为了避免困扰，穿正式的工作服，如西装或套装最保险，最不会出状况！

【保险金言】我们每分每秒都在与客户和家人沟通，把自己调整成最佳状况，你才有办法去影响别人。——许昌太平郝晓宝

209. 教育改变命运——态度篇

教育改变命运，教育可以让一个民族生存，让一个国家安全。

犹太人在美国占诺贝尔得奖的三分之一，但是人口只占美国的2.2%。

在美国的科技界、金融界、演艺界、政治界，可以说是全盘控制。

他们是怎么做到的？在1981年东欧的犹太人到美国避难时，又穷又没有社会地位，他们知道只有教育才能翻身，所以他们对下一代给予最好的教育。当时他们当医生律师的人数不过十个人左右，但现在超过一千个人。

他们的高教育，影响力所向无敌。在中东建国的时候，只有三百万人，面对联军的一亿人口，打了五次全部都赢了。这就是最明显的教育的力量改变民族的生存。

回头来看看，你想要在保险界有高绩效，受到尊重，要怎么做呢?

如果你只是泛泛之辈，你的知识也很平常，那你就只能做一般的保单。

为什么有人可以做高资产户，可以给客户全方位有价值的规划？

因为他们懂得配合律师、会计师、医师，还会为客户提供公司经营跟防患之道，他们给予客户的不只是保障，还有许多增值服务。

他们帮客户创富、保富、传富，为客户作全球性资产配置，让客户省心省力，所以他们才能得到高资产客户的认可。

所以我们要强化技能和知识，我们要去学习高规格的训练，去学习超出一般营销员的技能，我们要把学习心当投资，把收入的一部分投入到学习中，如此我们才有成功成长的机会！

【**保险金言**】路归路、桥归桥，保险和存款是两回事，不要混淆了，否则会让自己蒙受损失。

——华人讲师联盟张淡生创会长

210. 创意开拓法——开拓篇

有人问牧师，可以在祈祷时抽烟吗？答案是“不可以”。

问话的人想了一下再问道：“那我可不可以在抽烟时祈祷？”

牧师很困难地回答：“可以！”

1890年的美国妇女报刊载着：“这世界上所有该发明的都已发明了。”时至今日，面对日新月异的AI时代，有谁能确定下一步这世界会如何？

保险人面对这样的剧变，唯一能做的就是跟上去，放空自己，配合时代，超越时代。我们要以今日之我超越明白之我，再以明日之我胜过今日之我。

保险是可以海阔天空、千变万化的，只要不犯法、不侵害别人，我们可以改变观念，用很多的创意去获取客户。

建议做法：

1. 多参加让自己成长的学习课程。如演讲会、讨论课程等。

2. 多认识有心上进之人。无友不如己，所来往的朋友要有积极、热心、奋勇之人，和他们交往才可让自己热血沸腾，脚步迈开。

3. 多看专业杂志和工商性的报纸。让新知和成功的做法，帮助我们去思考和推动。

4. 放大格局，去向成功者挑战。找出胜利的人，去思考他们的经营方法。让自己思考，也让自己勇于做一些看来是“不可能的任务”。

5. 多尝试，多做。宁可做错，不要不做。

6. 要有达成大保单的梦想。去给自己达成亿元保单的雄心壮志。

7. 不气馁。不可一遇挫折就丧志。

8. 要智慧而不是玩权术。不要和人钩心斗角，不要为成功不择手段。

9. 敢投资。用经营的观念去执行自己一生的美梦。

10. 要人和。人和是一切成功的源头，想办法创造大单位和成功的团队。

11. 要有耐心。泰山不是一天造起来的，历史也非一天可写成。

【保险金言】业绩驱动的方程式。业绩=人力×生产力。又分为活动率×人均件数×件均保费。——广州培训师燕南飞

211. 晚餐的约会——接触篇

一天工作完毕，一身疲惫，又想到回家的途中将是一路堵车，回到家里还要考虑到哪里吃晚餐，实在伤脑筋。

如果这时候保险人适时邀请准客户在公司附近的餐厅共进晚餐，虽然这顿饭不太好吃，虽然客户明白你的目的，但保险本来就要买，听听又何妨?

要是你知道有那么一家气氛不错、手艺也不差的餐厅，老板会对你的客人殷勤招呼，你的面子会带来生意的达成。

若有俱乐部的会员证，事先订好位子，服务员会热诚接待，停车也不是问题。宾主皆欢，情谊增长，生意好谈。

若是没有参加俱乐部，但要给准客户留下好的印象并避免他抢着付账，你可以先去熟悉的餐厅和负责的经理先沟通。招牌菜先预定，位子也留下来，先付了钱，用信卡预刷或请他到公司收款，尽可能不在客户面前付账。

吃完晚餐后，服务员送客，你拉着客户说：“走吧！”昂首即往门口走。你的客人惊愕到底是何时结了账，但省了客套，多了达成业绩的机会，何乐而不为呢？也不一定请客户吃饭，有时候对急着要回家或有回家吃饭习惯的客户，干脆一起到他家去，在对方家中吃便饭的感觉最好，最能达到宾主尽欢的机会。

我的建议是：

1. 晚餐地点要找好，停车要好停，免得让客户心浮气燥，坏了情绪。

2. 餐厅别太吵，而且不会赶客人，可以好好利用一整段时间谈话。

3. 餐厅最好有特色。

4. 能现场签约最好，但不要太勉强，也可第二天再送投保单。

5. 女性同人千万别让对方感觉有机可乘，对方如饭后邀约喝咖啡，应拿捏得宜。

6. 如到对方家中吃便餐，切记带点礼物去，蛋糕、几道菜或者是给小孩的礼物都可以。

【**保险金言**】我最尊敬保险界的朋友，因为在我们经营的真善美社会福利基金会，我们收留了三百多位老幼憨儿、一千多位弱势民众，大部分的经费都来自保险营销员的帮助。

——真善美社会福利基金会董事长谢秀琴

212. 借用厕所该注意的细节——形象篇

人吃五谷杂粮，无法避免吃喝拉撒，但必要的控制还是要做到的。

到客户的办公室或家中谈事情，必须心神合一，注意力集中，别让接手机或内急的事情干扰工作进展。

到客户家中，最好要有伴，如果没有伴，可打个电话回公司，问个事情或交代什么事，其实是让客户知道你的行踪有人知道。

趁还没进入状况前，先上个洗手间，以便从容应战。

几个原则一定要记住。

女士们上了厕所回来，原先的茶水就不要再碰，防人之心不可无。

借了厕所一定要保持厕所干净。

洗了手，洗手台顺手擦干净。

手一定要擦干，别用半干半湿的手和客人握手，对方会觉得怪不舒服的。

男生用厕所马桶盖一定要掀起来。

女性别用蹲姿，免得弄脏了一地。

记得十余年前一位同事曾跟我讲了一个真实的笑话。

她和另一同事到客户家中，同事借了厕所，半天没出来，后来勉强出来了，却说马桶盖给她弄破了。

你说这事情如何是好，该有多尴尬！

从厕所可以看出一个民族的公德心和习性，也可以从一个家庭的厕所看出主人的个性与态度。

较细心的，还可由厕所去揣摩客人可以花多少钱买保险及买何险种。

有位同事说，当他和客户进入胶着状态难以定案时，他会借口进厕所，让客户和家人或朋友商量，自己也顺便整理一下思绪，让双方都有一些空间来思考。

我曾经在一家公司的厕所内看到一张厕所文摘，它是这么写的：

“抽烟的人有三个现象——

一是狗儿怕。因为咳嗽会蹲下身，狗儿会以为那人要捡石头丢它。

二是小偷怕。因为半夜咳嗽，让小偷以为这户人家还没睡觉，不敢进去偷东西。

三是永远年轻。因为抽烟的人很多都活不老，长保年轻形象。”

虽是戏谑，但看完顺手抄下之后，出来就与客户谈此文之精彩感觉。双方一笑之间，生意就顺利推动了。

【保险金言】用心就有用力的地方。　　——台湾统一超商前董事长徐重仁

213. 让七得一 ——促成篇

客户从反对、考虑、质疑到接受，会有一连串的问题要处理。

问题有时是理性的，有时是非理性的。没关系，只要不妨碍生意的成交，你该让步时就让步，只要让步不影响实质权益即可。

“要先看条款！”

“没问题！”

“很多保险业务员讲得很好听，但实际上做不到。”

“我也相信。”

“保险公司理赔时故意刁难。”

“我也听说过。”

“可不可以申请奖学金，赠品可不可以先拿？”

“没问题。”

“让我再考虑几天。”

“没问题。”

“我要和别家公司产品比较看看。”

“没问题。”

诸如此类的问题，可以让步就让步，可以接受就接受。

但涉及法规及权益就不可以了。

如体检有问题要投保，不可以。

要打折扣，不可以。

让他这么多步，最重要的是，我们要得到一步，那就是成交！

【保险金言】所有服务客户的保险契机，都源自业务人员如何诠释保险的意义与功能。

——JIM

214. 恩情长存——促成篇

一位年轻的妈妈为她的女儿买了一张两年还本的保单，她说出了买这张保单的原因——当年她的母亲，以她的名义买了一张还本保单，不过当时只有五年还本型。

她的母亲说："不知道你未来嫁的是怎样的人，以后的日子好不好过，但我先帮你存一张长年的生活安定保证书，不但终身受益，每五年还有一笔小钱可以用。"

如今母亲已过世，她也嫁人了，幸福美满，不必担心生活压力，而且每五年保险公司会转来一笔钱。

一笔钱代表了一位母亲的慈爱与关心，在领到还本金时，她心中总是洋溢着温暖和幸福。

如今她也感同身受地为下一代储存相同的保险，她同样要他们记住上一代的恩泽，一代接一代地传承下去。

我们在介绍保险功能时，何不加深一些人文气息，用感性温馨的例子来倡导人性之美呢？

【保险金言】现在有很多的AI工具帮助我们更聚焦在行动力上，问题是你有没有真正热情地去学习这些工具的用法并了解过去和评估未来！　——中国人寿吴稼羚

215. 旅行团开拓法——开拓篇

利用参与旅行的最亲密日子，建立和善的关系与友谊。

应在这段虽不长但绝对休戚与共、欢乐结合的时光，了解对方的家庭状况与财务信息，还有他的嗜好个性，进而拓展业务。

有什么样的行动可施行呢？

1. 参加旅行团。找出最合适自己展业的团，一方面解闷，另一方面还可做生意，一举两得，何乐而不为。参加什么样的团，就会认识什么等级的朋友。如豪华顶级团，一次出团花个好几十万，不是企业长就是土豪，平常你见不到的，这十几天朝夕相处，欢乐与共，回来生意够你忙的。

2. 自组旅行团。找出自己的朋友或请朋友互相介绍，再和旅行社接洽成团。这样层次相近，年龄相仿，效果更好。

3. 邀请保户旅行。干脆请保户出国，让他享受回馈及感恩之旅；他的朋友或家人要参加的话，酌收费用。反正没有白吃的午餐，回来就可再加保，不会吃亏的。

4. 领队及导游身份。去考导游执照做旅行社的特约领队，一段时间觉得没客户了就带队出去，回来又是准客户一堆了。

你要注意几个事项：

1. 付出最大的热忱与善意，提供热情的服务。人生地不熟、语言不通，会给团员带来若干不便，你要及时伸出援手并提醒注意事项。

2. 具备旅游知识。可让人有兴趣，无聊时讲笑话，也有解闷效果。

3. 体贴、细心。出游时记得熟读当地资料，要做足功课，也要多带药物、零食和本地食品，一到目的地就先换当地零钱以备不时之需。

4. 增员领队及导游。领队与导游常带团出游，这些人是销售高手，主要考虑增员。

5. 立刻联络。记得旅途中多照相，照好后分享到群里。回国后再挑出特定人士和特定景点的照片放大加框，亲自送上门，让对方无法忘记你。

这样，你还会有没客户、不知如何开发、不知道大腕客户在哪里的困扰吗?

【保险金言】把每位客户每个家庭的保障当作大事看，你才会展现应该有的真正实力！

——新华人寿郑州李翔

216. 泡茶与聊天——接触篇

国人好喝茶，不管是工夫茶、老人茶，还是广东人的饮茶、四川人的摆龙门阵，都是增加感情、拉近彼此距离的好方法。

但喝茶要有技术，不是能喝就好了。会喝茶的客人，让主人有面子，让主人觉得受用。

以台湾的泡茶而言，小小的杯子，但一直冲茶、倒茶。你可以在主人倒茶时就喝完，主人会觉得你够意思；不过喝时一定要赞美，要对茶的口感提出肯定。

但有些人不耐多喝，就像喝咖啡一样，会造成醉茶。如果你事先知道主人有此习惯，去之前可先吃些东西，让胃饱暖就好多了。

喝茶会将人气吸引。此时大家无话不谈，天南地北，不相识的人可能会批评保险，但不足为碍，大家不妨敞开来讨论个清楚。

喝茶是好机会。一次可将几个人全拉拢来探听虚实，所以别大小眼和急着想一次就成交。当然也别言不及义，浪费太多时间反而没效果。生意总是要做的，始终记住成交才是我们的目的。

我的建议是：

1. 喝茶中大摆龙门阵，不要太严肃，一些愉快的话题，可以趁机讲出来博得好感，但不要喧宾夺主，个人讲个没完。保险人最忌讳话多，开口就停不下，你讲得痛快，但别人对你反感，生意没了，时间也浪费了。

2. 客户有喝茶习惯，去的时候找些好茶来分享，甚至主动泡茶招呼。

3. 虽然场面温馨轻松，但切忌口无遮拦，讲出些不应该讲的话，如政治、宗教、男女关系或批评同业的话。

4. 利用喝茶的机会打听出有效的情报。谁的房屋多、现金够，谁做股票赚了或赔了几百万，谁经常出国，将这些情报记下来。碰到合适机会，顺势推动或延伸到保险，就会收到好效果。

【保险金言】保单的成交，70%来自于信赖，20%来自于需求，10%来自于商品。

——保单记录维持者吕启彪

217. 电话礼貌该注意的细节——形象篇

同样是使用电话，有些人的效果特别好，有些人就差多了。

电话一接通，效果立刻分出高下。

“副总啊，我是小美啦！方便讲几句吗？你今天的声音好好听哦，一定是有什么好消息吧！”

有些营销员电话打过来后，非常有礼貌，而且用兴奋热情的言词向你致意招呼，搞得你不热情回应都不行。

而若是他一察觉你压低声音或语调不对，也会立刻关心地说：“副总，你在开会吗？还是处理重要的事？我待会儿再打给您好了！”

不给人压力，也会留下再联络的机会。

最怕有些人电话一来，不管三七二十一先和你说要谈三分钟，结果一扯就是一个小时，搞得你万念俱灰、心如槁木，不知如何是好。

电话虽只闻其声而不见其人，但电话中可传递的信息可多了。

你的肢体语言，也可透过电话线传到对方的眼帘里，因此不要以为对方看不到就可以随便了，打电话过程中一定要注意。

打电话，首要考虑对方的时间是否方便。

我有一朋友，老是在晚上十一点多打来电话谈些不是很重要的事。我威胁他说，如果再这么晚打来，我会在早上五点打电话叫醒他。每个人的生活习惯不同，他是夜猫子我不是，他应该知道才是的。

星期一的早上不方便打电话，因为大部分的人都在开会，忙着准备一周的工作。

要上班的那段时间也不适合打电话，这会妨碍出门。

用餐的时候也不宜打电话，这会让人觉得扫兴。

称呼一定要正确，不要张冠李戴，也不要鱼目混珠。

打的时候要专心。最好有清单，到底要谈什么，言简意赅，对方一听就懂。

打电话一定要礼貌周到，让他不太好拒绝。

态度要从容。把对方当作就在面前，最好摆个镜子，容貌映在镜子里，看看自己是否有笑容，表情是否愉悦，肢体是否真诚。

打视频电话的时候，更是要小心谨慎，把最好的体态表现出来！

还有，最好不要比对方早挂！对方一句话还没讲完，你就急呼呼地挂掉电话，这会立刻扣分，生意会飞掉。

很多电话营销员就是很没家教，你接了电话，一听是卖什么的，你客气地说：抱歉，这产品我不需要。

话还没讲完，对方连谢谢都没说，电话立即挂断，于是这家公司马上成为你的拒绝往来户。

大部分时候不是生意难做，是营销员不会做人、不会做事！

【保险金言】客户的理赔，都是在教导我们，看清楚我们的价值、我们的重要性。

——培训师倪跃宣

218. 太太小费——促成篇

张先生在计算一年保费要付多少钱时，嘟嘟嚷嚷不肯干脆，我灵机一动给他说了这句话。

“保险哪里需要付钱呢，只凭小费就绰绰有余了！”

他眼睛一睁，意思是说：你说什么？

“张董，您去应酬时，小妹拿手巾来，不是要给小费吗？端茶、上点心也不能不给小费吧！上厕所小弟转水龙头，也是希望你给他小费；泊车小费更是给得让人弯腰鞠躬才有面子。”

“那不一样啦，应酬是为了生意，人在江湖，身不由己！”

“张董，身不由己也罢，做生意也好，各取所需。”

“您回到家，太太帮您倒茶，煮饭烧菜放洗澡水，您是很高兴啦，甚至觉得理所当然。”

可是太太可不是那么高兴，她也是忙了一天，回到家里还要再辛苦下去，而且不能表现出不高兴的样子。

“您就算一算吧，把太太每天服侍您的过程发放小费100元就好了，一年大约4000元，您以她为受益人买一张寿险，有事的话百万元的赔偿金一次给付，没事的话，老年有一笔钱可供她用，您花小钱，她高兴，大家皆大欢喜，这不是很好吗？”

219. 滴水之恩——促成篇

受人滴水之恩，当涌泉以报。

客户泡好茶在招待你，续访时带个半斤或四两茶叶过去，顺便和他聊个茶经。注意别带太大盒，好东西总是罕有的。

客户请你到他家吃便饭，改天要在你熟识的餐厅回请。客户随手送你小东西，可能是他公司的产品，你欣然接受，不过记得尽快回送过去。

因为回送小东西也是促销时机。

客户如果说他胃不好，记在心里，好好当一回事，去找最纯正的苦茶油，给他送过去，还告诉他怎么用，清早空腹一小茶汤匙，对胃病很有效。你的有心会让他很受用。

在餐厅吃饭也可以谈保险。但在回送东西或回请吃饭前，先写张卡片，用寄的最好，不然就微信传送。用几句话表达你的谢意，也让他有所感受。这年头愿写卡片的人不多了，你可以凸显形象。

送东西是大艺术，不必太耗费，但要与众不精致且有纪念性，不容易买得到，可保存且有意义。

餐厅不用太豪华，但要安静，别让对方受到太多干扰，使他分心。

始终谨记，我们是在做生意，就是在回报时，也希望能做一点生意回来！

【保险金言】我对自己许下承诺，今天将会是大有收获的、充满正面积极的，能够马到成功，这样的生命，才是最有价值的。——NLP训练咨询机构

220. 太太说保险不能买——异议处理篇

一位在台湾南部工作的营销员告诉我，有一次他帮老友办了一张保单，保费三万多块台币，收了之后，回到公司，也报了账并完成了核保手续！

但朋友的太太跟朋友吵到不行，太太说："如果你买这个保险，我就跟你离婚。"实在没办法，他的朋友只好打电话跟我同事讲："没办法啦！买保险买到要闹离婚，太不值得了，你把保费退给我好了！"

营销员也只好遵从了，总不能因保险而让他们离婚吧！过了几天，公司把保费退回来了，他要把支票送去给那个朋友，才走到朋友家的路口，突然间听到有哀乐声。

他想："这条巷子里有人家在办丧事吗？"等走到朋友家门前，才发现这位朋友就在前几天，外出谈生意时被撞身故了！

我那个同事，口袋里面装着朋友三万块钱的支票，不知道该怎么办！这样的场景太让他无法接受了！

到了出殡那一天，他包了1000元现金当作奠仪，再把退回来的保费三万元支票，放在一起还给他太太，心里如千刀万剐一样痛苦。他本来可以帮助他朋友的家人三百万，结果只能用1000元代表他的心意。

与这则实例刚好成对比反差的是另一个实例，台北的业务主管陪着营销人员去拜访他的朋友，她是一位女士，正在打麻将。看着他们来，女士先是显露出一副鄙夷的嘴脸，问道："多少钱啦？"主管说："一年才两千元。"客户没讲什么，但钱却是丢给他们的。

主管当下觉得受到了侮辱，很想一甩头就一走了之，但他知道，他这一走，营销员大概也做不下去了，只好忍辱捡起钱把这张癌症险给办好。

谁知道一年不到，这个客户打电话给他，问道乳腺癌可不可以赔，他二话不说，立刻和营销员去帮她办理赔，这一办，居然前后赔了八十多万。又过半年左右，这个客户的状况很不好，打电话向他请教最后的理赔金该怎么办，言辞恳切，而且充满道歉悔恨之意。

她说："实在不知如何感谢及道歉。"想当初，她是那么的骄傲和侮辱人，但如今人家却是在尽力协助她，如果当时人家拂袖而走，现在这么多的医疗费哪里来，更何况还有一百多万的身故理赔金等着她。

她越想，越觉得对不起这位主管。虽然这位主管一直安慰他，养病为要，以前的事情就不要想了，但这个客户还是无法释怀。没多久，这个客户走了，临走前，写了一封信给这位主管，用了所有的感激及道歉的文字，可说是"满纸悔恨言，一把辛酸泪"。

宁可谈保险时让客户趾高气扬，在理赔时他会千万谢的。我们只能把无理的客户当作三岁的小孩看。三岁的小孩是很无知的，我们要耐心地、慈祥地、一再地规劝和教导，不可不管他、骂他、打他。

如果视客户为亲人，我们就该尽心尽力地协助他！这是我们的责任，也是使命，是生命中最该做的事！

【保险金言】不论是在哪一个阶段与客户接触相识，永远要记得，他给你的信任和托付。

——平安人寿深圳曹凤

221. 我相信选择保险事业是最聪明的抉择——行动篇

只要有人类一天，只要妇产科不关门，只要有商业行为一日，选择人寿保险这个行业就是最聪明、最有智慧的抉择。

不像卖车子，有功能、大小、颜色、价钱、品牌的多样选择。

不像房子，有方位、风水、地点、质量、缴款条件等的困扰。

也不像科技产品，快速折旧，价格变化大，一直要投入重资研发。

其他的销售业，总是受物品的大小、功能、价位、配送、维修等困扰。

大部分的物品，都是一次卖断，酬佣一次拿完，而且不太可能在续用时还是同一品牌，找同一业务员，这尤其以汽车最为明显。

保险可就不同了。

它没有大小、颜色、款式的形式限制。它的价格、用途、功能可以因不同的时间、地点、人物而做调整。

而且，因人的隐私不愿太曝光，所以会一再接受同一业务员的服务；并且因职位调整、收入增加、子女长大、需求变化等因素而加保或再买。

服务津贴通常也依使用者的年限而延长。因为保险工作是劳动力密集型的顾问式工作，所以需要有大批的创业伙伴。如果跟着公司的制度走，增员是必要的工作，团队也必然要扩大，当然收益也会跟着稳定提高。

增员成功，收益增加。不要忽略组织对自己所带来的收益。想一想，一个人一生当中可以和几个人谈保险？可以卖几张保单？影响多少人？为什么不能复制十个、百个、千个和我们一样有共识、胆识的伙伴，为社会做贡献，为人群创福利呢？

能走保险这条路是有前瞻性的眼光；能做好是了不起的行为；可以结合一群志同道合的伙伴一起创佳绩，更是伟大的功德。

我绝对相信选择保险事业是最聪明的抉择。

【保险金言】每一位保险人，都扮演着举足轻重的角色，客户若是有幸遇到专业的保险人，会受益一生，享受没有遗憾的生命。——美国保险大师诺门诺曼

222. 小礼节须注意的细节——形象篇

从肢体动作可以立刻看出一个人的出身与教养。

中国人生性内敛，无法像西方人般可以很快和陌生人打成一片。

所以一个会主动和别人打招呼致意的人，就能成为别人眼光注意的人。

让别人注意你，正是需要拓展人际市场的保险人之首要。

随时有笑容，眼神愉快而自信。

经常点头，伴着“谢谢”“对不起”“您先请”“您好”等致意词。

进门莫抢先，留意旁边的人。尤其是女性与老人，门打开后，以手势请他们先进去，你走进后更需要注意后面是否有人，若是有人，要把门拉着，以免打到别人。

不关心别人是现代人的通病，千万要小心，进了电梯，里面若有人，应该向他点头致意，若你先进，后面人进来，应该问道：请问到几楼，顺手帮他按开关，而且在

他说“谢谢”时，立刻回答“不客气”。

进入不熟的公司，看到陌生的人们也要点头致意，可以问道：

“您好，请问贵姓？”

“我是××公司的，我姓×，我找××先生。”

主动有礼，讲话清楚，态度从容，不亢不卑，沉稳实在，进退有据。

当被安排进入会客室时，对引导的人一定要给予最大的谢意和好感。如果有公司的小礼物，如铅笔等，立刻送上并说：“您好，这是我们公司的一点小礼物，请笑纳。”通常对方会受宠若惊的。

对不明职位的人，一定给予尊荣的称呼。

“逢人减岁，逢物加价”。但也不可太夸张，让人恶心。

如与对方尚未来往数次之前，千万不可滥用“×兄”之类的称呼。

依名片上的头衔称呼，笑容可掬，伸手不打笑脸人，有理走遍天下，礼貌是保险人最该学习的第一课。

【保险金言】保险人和客户之间的信任度是否足够牢靠，这关系到服务的机会不会只有一次，他一辈子可能会加买到十张以上。——美国保险大师班费德文

223. 用多方面知识争取客户——接触篇

记得一次公司奖励旅游，我和得奖人员到威尼斯，当地的导游舌灿莲花地介绍了两个钟头。原本调皮且自主意识极高的业务同人，都乖乖地跟在她旁边，用心听她说明，因为这是一场难得的精彩飨宴。

另一次到苏州，当地派出来的地陪年纪虽小但知识渊博，可以引经据典，她精彩介绍，让同行者都舍不得去购物或落单，可见其受欢迎程度。

我也思考，如果保险业务员都有如此的表现，哪还有客户不能接受的道理。

但能言之有理、生动活泼又使对方全神贯注的业务员毕竟太少了。

曾看到业务人员向客户介绍时，言语乏味，生涩苦闷，心想这哪能争取到好保单呢！

1986年盖洛普曾做了一个调查，针对一千名在各行业成功的美国人，询问他们对“成功需具备的条件”的看法。答案为：

一是明白事理，二是广博知识，三是多方面能力，四是好的生活习惯，五是毅力。

五项里面有3项为知识和能力，显示一般人对有内涵的人，还是比较容易接受的，

不过学识的形成也不是一蹴而就的，尤其下列四点为要。

1. 养成吸收的习惯。

2. 养成多听少说的习惯。

3. 养成多注意、多留意的习惯。客户衣着、陈设、谈吐，如无法一次就明了，不妨记下来，回去找资料或请教别人；第二次上门时再借机表达尚未太迟。如看到客户家中有名画，先问是谁的手迹，回去研究；第二次再将所得到的资料提出，包准对方会很兴奋的。

4. 不懂要问。不要怕不懂而不敢问，怕的是不懂装懂，易使人看轻。人都好为人师，你问他答，他不但不嫌弃，还自得其乐呢！

【保险金言】如果人民需要有一个好的老年，除了国家的照顾外，自己参加保险也是必要的。

——美国前总统克林顿

224. 解约比缴的钱少，太划不来——异议处理篇

保险既然长期回收金会比银行高，而且发生事故时理赔金比所缴的钱多了好几十倍或百千倍，难道没有什么要注意的？有，还没满期或到平衡点时，解约金会比所缴金额少。其实这很合理吧？否则谁要把钱放银行，放保险公司多好啊！

可是很多营销员很怕客户询问解约金，客户一问，不是讲得结结巴巴，就是胡说八道一通。自己没信心，客户哪能对你有信心。

一次，客户张先生看着现金价值表，对我直摇头："买保险真是划不来，期满也没领多少，中途若是不保了，退回的钱还会被打折扣，这种保险怎么可以买？"

我没有直接回答他这个问题，转而问他开的是什么车，他告诉我开的是VOLVO。以车观人，他是保守稳健型的，我的回答必须要确实坚定。

我再问他车子一年要花多少保险费，他说大约十万。我说："保费不少呀！满期后可领回多少呢？"他睁大眼睛看我，心里一定在笑我外行："车险哪有满期这回事，缴了钱就是顶多出了事理赔罢了。"

我说："张先生，一部车子三百多万，一年花十万元的保费，出了些小事故，保险公司负责修复。若是大事故，如车子遗失了，第一年顶多赔您八成，无大事故，保险可继续承保，但需逐年折旧，甚至到了第六年后，保险公司已不再接受全险了，保险费却是一毛钱也不退，您都不计较这些。而我提供给您的这个人寿保险建议，同

样是十万元的保费，出了小事故，要赔偿医疗费用；碰到麻烦的什么癌症、重大疾病啦，一大笔钱先拿去做特殊药材或家用，再每天给住院费，还支付手术费或杂费。若病治不好或遇到大事故，理赔金少说有五六百万，意外事故更高，依状况千万或两千万，而且随着年资的延伸，保额不但不会越来越少，反而逐年增加。保险费缴足两年后，即开始有现金价值，缴得越久，价值就越高，无形中也替您存下了一笔资金。像这样的保险，抢着买都来不及了，您还有什么不满意的呢？”

这下子换他瞠目结舌了。

买了保险之后，不可以轻易想解约。保险是一种年资越长、价值越高、自付责任越低的投资。

为什么前几年的解约金会比较低呢？因为一张保单，最少也要三年后才会产生利润，投保的前几年，保费大部分都用在再保费、行政费用、业务员的管理训练、销售费用等项目上。简单地说，保险公司将一张保单二十年的费用，几乎在前三年都预先用掉了，所以投保人在投保后没几年就解约的话，解约金当然不高。

保险费缴了后应当把它视同消费掉了，就像缴车险、火险或学习费、上馆子的费用一样，但因为人寿保险的特殊设计，有现金价值在提存和储备，所以真的有需要时，它的现金价值还是可以使用的。

甚至因时间的累积，到了一段较长的年度后，它的现金价值已超过所缴的保费，这不就是既赚到保险也赚到现金吗？

【保险金言】客户的保单，每一张都要当作是大保单，因为里面藏着客户对他人生的期待，和面对风险时的安心。

——马来西亚激励大师吴进益

225. 推销之神原一平的三恩——成长篇

曾创下世界寿险界最高纪录，二十年未被打破的“推销之神”原一平，他个人的奋斗历程，向世人鲜明地昭示着：有志者，事竟成。他身高只有145公分，他成功的背后，是用泪水和汗水写成的辛酸史。

他有坚强的毅力和信念，为了赢得一个大客户，他曾经在三年八个月的时间里，登门拜访七十次都扑空的情况下，最终锲而不舍获得成功。

原一平的三恩主义是：社恩、佛恩、客恩。

“社恩”，他被尊称为“推销之神”，却没有傲慢自大，反而谦卑为怀，口口声声感谢公司的栽培，晚上睡觉脚不敢朝向公司之方向。

“佛恩”，原一平一生成长的历程，除了自己刻苦奋斗外，还有很多贵人的相助，但他内心里最感谢的是启蒙恩师吉田胜逞法师、伊藤道海法师，他认为若没有他们的指点迷津，他可能还只是一名推销的小卒呢！

“客恩”，就是对参加的客户心怀感谢之心。对每位客户有感谢的胸怀才能对客户做无微不至的服务。原一平自称，他的所得除百分之十留为己用外，其余皆回馈给公司及客户。

就是在这三恩主义的指导之下，原一平取得了甚多的成就。

推销是一条孤寂而寂寞的路，遭到的白眼和冷淡都远远超过其他行业，然而，独一无二的原一平用自己的汗水和勤奋、坚韧和耐心走过了这条荆棘之路，创造了世界奇迹，成为所有人为之敬佩的“推销之神”。这种精神，值得所有业务员学习和敬仰！

【保险金言】我因为保险所得到的报酬所得，除百分之十留为已用外，其余皆回馈给公司及客户。

——原一平

226. 抽烟须知——形象篇

随着时代的进步、环保及个人意识的提升，抽烟的人已成为劣势族群、不受欢迎的异类。

很多的公共场所已明文禁止抽烟，甚至还要罚款，一般的公司也都不能抽烟；在家中抽烟也会被老婆小孩所讨厌。

像以往见面先递一支烟，见到人就敬烟的做法，现在已不可行或做不到了。因此，对于烟的看法要有新的定义。

一是能不敬烟就不敬。

二是能不抽烟就不抽。

三是能劝阻就劝阻。

出门不带烟，本身不抽烟，就可以给自己一个干净的空间和意识。

对方若要请你抽烟，能不抽最好，顺便宣传不抽烟的好处。

若无法戒烟，先戒买烟。现代营销人靠的是实力，不是烟酒、歌舞、麻将、应酬等伎俩。要是无法不抽烟，也要记注几个重点：

一是公共场所别抽烟，以免受厌烦。在对方公司不要抽烟，就是对方主管请你抽烟也要小心，只要有一两人讨厌，很可能就是你生意受挫的原因。

二是在对方公司被请了烟，抽的时候要小心，要放低姿态，别夸张地吞云吐雾，烟灰、烟蒂一定要处理好，甚至自备吸烟器。日本人往往随身携带一个小型吸烟器，抽烟后将烟蒂放进去，船过水无痕，较不惹人厌。

三是在客户家中最好不要抽烟。客户的太太小孩当面可能不说，但一定厌恶和痛恨，他们一定不希望抽烟人再上门。有了这种想法，生意怎么做得成?

反正到处都禁烟，大家都在谈抽烟的坏处，为免不小心惹人生厌，最好不抽烟，并劝诫客户戒烟。

【保险金言】在任何状况下都要知道自己应该到达的目的地，并且查验自己是否真的做到了。

——中国台北富邦人寿杨美娟

227. 沉着冷静——促成篇

记得在当年新人阶段，一次到郊区做陌生拜访，进入一家路边的贸易公司，看不到接待人员，只有一位看来像总经理的人在小房间里通电话。

我走进去，他捂着话筒问我有何指教。我说您讲完电话再说，他点头说好，指示我坐在他前面的椅子上。这一等就等了二十几分钟。

电话终于讲完了，他问我什么事。我立刻将范本建议书指给他看，他瞄一眼即说：“保险我有了。”

我不由分说地对他讲：“您生意做这么大，这么忙，这保单才能提供你足够的保障。”他在考虑时，电话响了，又是讲了十几分钟，但眼神一直在往建议书上看。

我也一直保持着微笑，终于电话挂上了，他问我一年要多少钱。我说五万多元，再请他将身份证借给我看一下。他没说什么，只问可以开多久的支票，我说要立即生效当然是即期日了。

他还是没说什么，打开抽屉找支票本。

我的心简直要跳了出来，三十几年前的五万元相当于现在的三四十万元，在郊区可以买半间房了，而我居然这么简单就能成交。想着想着双脚不禁颤抖，但我告诉自己，不可慌乱，不可露出紧张神情。

支票开好了，定神看数字没有错，再检查投保书该填该签的都没漏掉，我有礼貌地称谢道别。

缓慢地走出门口，稳重地走了几百米，四下无人，确定客户没出来，我立刻拔腿快跑。跑了好几百米后，我拦了出租车赶回公司。

也不知为何这么紧张，但对自己刚才的沉稳感到欣慰，新人能有这种表现是不容易的。

客户有时候很容易就买保险，因为以前有人介绍过，当时没有买，但现在他想买了，刚好卖保险的人出现了，于是他就买了，就这么简单。

再说后话，五年后他在国外生病，治疗费用花了三十几万，全部理赔，可以说保费全都回收了。

【保险金言】你要时时透过听讲和培训，尤其是保险大会，检讨并协助自己提升。

——台北中寿郑景杰

228. 对缘故者的介绍——接触篇

缘故是彼此有渊源、有关系，再把旧关系拉回来之意思。

或许他会说，这么久都没联络，做保险才找来，太现实了。

他也许会说，大家都是老朋友了，最好不要谈保险，会伤感情，破坏情谊。

或者他要投保，他说："我就捧场好了，你替我办了就是了！"

或者说："大家都是熟人，我投保你算便宜些。"

不管如何，先从接触开始。

你可能在通过电话约访时不敢表明身份，到现场绕了一大圈，东谈西谈就是谈不出你要来介绍保险，最后勉强谈出来了，对方恍然大悟，说道："原来是卖保险的，怎么不早说！"

会不会怕早说了，对方找理由搪塞不见面？除非你平常形象差，否则应该还好吧！

电话中不一定要表明身份："去和你聊聊，老同学，这么久没见面了！"

见了面先给名片"我现在在 × × 公司上班，有需要记得找我哦！"先让他卸下心防。不要一见面就痛下杀手，造成大家尴尬，这是以退为进的做法。

当然在聊天过程中还是会回到保障、保险需求上，你再拿出你原来已准备好的范本或建议书给他参考。

你的成绩，有多少客户支持你，办了多少次的理赔，你对保险的认知有多深，趁暖身时适当提出来。要让对方感觉你和一般卖保险的人不同，你有过人之处，有特别的专长，你可以为他处理个人的财务问题。

【**保险金言**】竞争力和价值成正比，和成本成反比。　　——水平思考法大师狄波诺

229. 你把计划书留下，我研究研究再说——异议处理篇

客户常会说："你把计划书留下来，我研究研究再说。"你要不要留?

当然要留，你不啰唆，对方就会先松了一口气，待他稍做缓和，你可以说："张先生，计划书留下来，您要看喔。"

张先生说："会会会，我有时间就看。我现在没时间，等我有时间再研究研究，要买保险时一定会通知你，你把计划书留下就可以。"

我笑着说："坦白说，张先生，现代人都很忙碌，一般人把计划书留下来之后，大概再也不会去研究它了，就这样把这重要的保障问题耽搁下来了。或者再自己拿出来看的时候，不是不了解就是有很多的问题需要深入考虑！这一来您可能因此错过许多可以保护自己权益的机会。

"话又说回来，一个人要是有心买保险，还真是要考虑再三，甚至比较再比较，条款合约是死的，无法对任何人特别有利，但我却是活的，可以凭借着经验给您做最好的组合，并且在和您当面研究后，可以根据您个人的状况提供最理想的保障。

"所以您只要拨出一点时间来研读这份建议，就会发现及了解，这份建议书所带给您的绝不只是白纸黑字而已，它代表的是让您有更美好的未来，足以保障您和家人的生活，所以现在请您先用几分钟看一看，有问题我们马上可以讨论。"

注意！客户要你把资料留下来再看，这不过是借口而已，但很多业务员能留下资料就感到心满意足，其实这是没有意义的。当你作势要留资料时，他本来以为你就要走了，心情放松了，你突然来个回马枪，再积极地要求三分钟，把iPad或手机递过去，搞不好情势就会逆转，试试看吧！

再提醒你几个注意的点。

1.会请你把资料留下来的客户是比较温和的人，你不要咄咄逼人，你逼他，他反而会躲你。

2.温和的人较没有办法快速做决定，你可以引导他，开启他对保险的需求。

3.他一定会买的，不跟你买就向别人买，你要有这种认知。

曾经有一次一个客户我拜访了好几趟，他也请我吃饭了，也变成好朋友了，但就是迟迟不肯做决定，我用这方法让他做决定了！

“陈先生！我算是你的朋友吧！如果是，你能答应我一件事吗？我每月给你5000元，一直给你20年，这笔钱，你随意使用！你需要做的是：在我万一发生意外的时候，给我家人500万，当我发生疾病的时候，每次给我30万看病，当我身故的时候，给我家人300万，是给我，不是借哦！如果有幸我能活到80岁，现在算起还有40年，你连本带利还我240万！怎么样，你能答应我吗？你说不可能？哪有这好事，这样好了，换我会答应你！跟你签合约！合约您可以请律师看过，你说如何？”

【保险金言】我一直是人寿保险的信仰者。一个穷人，可以用寿险来建立一项资产。当他创造了这一项资产，他可以感受到真正的满足，因为他知道不管有任何事件发生，他的家庭都可受到保障。——美国前总统杜鲁门

230. 热情、热心、乐观是成功的本质——行动篇

从事保险营销工作和拿一份固定薪水的人，基本上个性是不一样的。

如果营销人员对人冷漠闭塞，凡事斤斤计较，对钱财保守，吝惜付出施舍，对他人又不愿帮助，那他的工作生涯必然是辛苦的。

为何我如此肯定地下结论？

因为能在保险界长期屹立不倒者，大都是不具上述这些个性的人，而个性愈是倾向明朗者，他的成就愈突出。

比如台湾南山人寿黎顺发经理，缅甸华侨到台湾读书，原先一无所有，当地话不会听，国语讲不好，但经过千辛万苦之奋斗，不但年年得奖，更是房子、车子、妻子、儿子、金子五子登科的高手。

有人说，出色的业务员要具备“勤劳、会讲话兼好管闲事”，亦即努力、积极、会讲话和喜欢助人。

我则更喜欢以“脑清、目明、耳鼻灵，嘴甜、面笑、手脚快，腰软、心热、不服输”来鼓励有心闯出一番大局面的营销同人。

个性可以是天生的，但透过自我要求就能选择受人欢迎。

在众多陌生人的场合一如喜宴，可以主动聊天并带动气氛。

在电梯内或会议场所中，别人还没想到是否伸出友谊之手时，你带头发动和善的

感觉。

你可以引起别人的赞叹，如主动开冷气，整理场地，帮忙拿茶杯、倒开水、泡茶等。

你也可以在别人危急时率先伸出援手。如路上有人因车抛锚而束手无策或衣物掉地，你能毫不犹疑地伸出援手。

你还可以随时讲正面、积极、乐观的话，去帮助颓丧的人们；你也可以在别人充满负面怀疑时，一马当先勇于找出优点。之所以这样做，是因为你知道：与其束手无策，一任命运的安排，不如自求多福，自创生路！

【保险金言】有钱的时候，钱就是数字，可是没钱的时候，人一文不值，保险就是在危机四伏时帮你的出路。

——马云

231. 喝茶学问大——形象篇

喝茶是国粹，尤其南方人更是历久弥新的风尚，不可不研究。

有些人较忙，工作时间客人上门，以纸杯装茶是正常，如果用瓷杯装茶，奉茶已是讲究。

很多生意人热情，重气氛，有泡工夫茶的习惯。

如果看到对方在泡茶，而且招呼你坐下喝一杯，千万不要拒绝和犹豫。喝小杯的茶是最大的敬意和礼遇，喝的时候还不要忘了随口啧啧有声地称赞：“好茶！”

喝茶有四个程序：闻、尝、喝、赞。

先将杯放在鼻口闻一下，再轻轻地啜一口，最好还要有表情动作，点点头，满足似的嗯嗯两声，再将茶喝下，随之称赞好茶，如果稍有素养可问道：“这是台湾阿里山的高山茶吧？一斤要不要五十元？”

对方一听包准爽死。当然感觉就近了，生意也好谈了。

桌上有花生、瓜子等点心，可以大方地拿上来；若是对方特地端上来茶或点心，记得走时要喝完、吃完，这是礼貌。

小心别打翻了杯子，不要兴高采烈，一个不注意洒了一桌的水，难以整理，又会把好好的气氛给破坏。

不要一手拿茶杯，一手拿点心，看起来很粗俗。

也不要猛喝。通常喝工夫茶，对方会一直泡茶、换茶叶、加水、劝喝。如果平日无喝浓茶习惯，最好自掂斤两，少喝为妙，否则会醉茶的。

到有泡茶习惯的客户家之前，先塞一点东西在肚子里。否则，生意未成而肚子受不了，可就糟了。

女士们还要保持形象与警戒，对于喝工夫茶，女士们大可不必像男士们一样一直坐着陪喝，言不及义，猛培养感情。

可以浅尝，再以没喝浓茶习惯为由，很快进入业务领域。

对有喝茶习惯的客户，记得再去时想办法带一点好茶叶或是小茶点，他会非常乐意接受的。

【保险金言】现在有保险的民众是3.3亿，未来至少13亿，人人有保险，保险人有大商机，民众有安全，让社会感到安定！

——陈亦纯

232. 代为拜托——促成篇

拜托你赶快买好吗？不买不行！不是为我自己，是代表你的太太和小孩向你拜托。

你太太这么年轻，跟着你一起打拼，要在外奔忙，还要照顾小孩。

小孩这么可爱，将来一定大有作为。不过现在学杂费用高涨，光是到大学毕业，就要花上两三百万；若是出国留学，更高达五六百万吧！

两个人创业很不容易，但胼手胝足还可互持。如果是一个人的话，那将多辛苦啊！

尤其不可以让太太一个人独撑这副重担。

看过很多报纸杂志的新闻报道，往往因为家中重心人物消失，而让留下来的人痛苦难当。

现在已有保险可帮忙。保险只需要付一点费用，万一真有事故发生，它发挥出来的功能等于是数十年打拼的成果。

我们不能保证一生一世平安，但因为有保险，可以把一生一世的时间折算成现金。

拜托您赶快为家人做这个重要的决定吧！

【保险金言】富人都很有意识地配置保险，而穷人总觉得保险是骗人的，这就是富人与穷人的差别。

——新加坡MDRT培训师陈家乐

233. 劝有钱人做公益事——接触篇

21世纪是人文提升的世纪，人心渴望宁静，众人寻找返璞归真之处。宗教、灵修抬头，生命的意义被探求，赚钱的目的被质疑。

保险的功能与目的也被正轨化。

投资、增值、还本将是重要话题。

可是基本面的关怀、责任、回馈、助人，才是打动人心的最佳要求。

甚至因保险金的取得让更多人获助，会更使人动容。

已有很多个案，是将受益人填写给宗教单位的，他们希望身后的最后一笔收入，给更多需要帮助的人受用。

有钱的人会说，我的钱够多了，保险对我不过是锦上添花，没有意义的，该缴多少税就让它去罢!

对这些真正有钱，但不肯买保险的人，该如何处理?

建议用感性的要求。

钱对他而言，增加多少并无意义，平常税务有专人处理，也无须费神。

但空虚谁能帮助他?

举一些给予生命新意义的事迹来提醒他吧!

比尔·盖茨和华尔街最有名的投资大师华伦·巴菲特都宣称身后会将99%的财产捐给社会，做慈善公益事业。

犹太族群通常留给下一代的是理财的理念和企业经营管理方法，财产都捐给慈善机构，但下一代却会发扬光大，扩大格局。

中国人硬是将财产留给下一代，但因分配不平及产权不清，以至于下一代纷争不止。我们看到了台湾青果大王死后四年不能入土，以及台南巨富葬礼上两子各拥保全人员以防对方挑衅的闹剧。

为何不看开些呢?

【保险金言】过多的财富会给子孙带来灾难，不如施之于慈善事业，嘉惠他人。

——洛克菲勒

234. 我有了！我够了！我不用了！——异议处理篇

当我们跟客户谈保险时，很多人会立刻回答“不要！不要！我不要”，或者说：“保险我有了！我够了！”但事实上，他们在生病或受伤需要高额医疗费，或者家人遭逢身故时，或是人老了，没有人能够照顾的时候；他们总会说：“早知道多买一些保险就好了！”

发生理赔时，不管是门诊医疗金或住院医疗费，或重疾或残障、死亡，他们领到理赔金时，几乎每个人都会说：“怎么领得这么少呢？怎么只有这么一点点呢？”这些话在投保的时候，他们是不会说的！

有一句劝善诗是这么讲的：“劝君行善谓无钱，有也无。”“你叫他做好事，他有钱也跟你说没有。”“祸到临头用万千，无也有。”遇到祸害急难时，没有钱借也要借出来。“若要留君谈善事，空也忙。”他本来很空闲的，但要他做好事，他立刻说很忙。“无常一到万事休，忙也去。”结果，死神上门，再怎么忙还是得乖乖地跟着走。

我把这首诗稍微做些改变。

“劝君保险谓无钱，有也无。”叫他买保险，有钱也跟你说没有，或者说已买了。“祸到临头用万千，无也有。”遇到疾病或意外急难时，无钱治疗借也要借出来。“若要留君谈保险，空也忙。”本来很空闲的，但要介绍保险的功能，立刻跟你说他很忙。“无常一到万事休，忙也去。”结果，死神一上门，再怎么忙的人还是得乖乖地跟着走。

就有这么一个实例。我一位好友的弟弟，房产中介公司的副总，每个月奖金台币五十多万，相当于人民币10万，算收入相当好的，小孩才四岁。有一天他突然间走路不稳、讲话不清楚，以为是中风，到医院一检查，居然有一个三公分的肿瘤在他的脑子里面，医生经过仔细检查，说大概只有半年的时间可活。之后，他不能上班了，这笔丰厚的奖金也没了。幸好他保了一个癌症保险，一天可理赔六千元，但是住单人病房就每天要补四千元，特别看护一天要两千元。做了一个特别检查，就要自费二十多万。

平常的高收入，还有一家和乐的景象，突然间都像镜花水月般消失了，未来小孩子的教养、生活费不知如何是好，当年因为收入高、身体好，保险才买了一百五十万而已，现在真是后悔得很。

千金难买早知道，万般无奈想不到。人生最大的赌博是把幸福拿去和风险赌，如果赌输了呢?

所以不要在客户说“我有了！我够了！我不用了”的时候，你自己先泄气，准备打退堂鼓，或者告诉自己“我就知道他不会买的”！

你应该很高兴，这是客户要买的讯号，是准备成交的动作。

客户在哪里呢？只要是活着的人，都可以是我们的客户，妇产科一天不关门，保险的生意就做不完。但是我们也不能太大意，我们要知道，我们到底需要什么样的客户。

你是什么样的穿着，就吸引什么样的客户，你是什么层次，就有什么层次的客户，你的心胸有多大，就能吸引多大的保额，创造多大的空间!

你要修福，你要做功德，保险是慈善的工作，也像是佛家所讲的三个布施行善的方法。法施，讲责任，讲爱与关怀，让客户明白保险的重要与价值。财施，你让客户拥有千百万的保障，你无形中布施了这么大的一笔钱。无畏施，以大无畏的精神面对挑战，把挫折当考验，让客户明了你的大爱!

【保险金言】保险是什么？桥上的护栏，过桥的时候，不扶护栏，但是，没有护栏会让人害怕。

保险就是桥上的护栏！拥有保险之后，你才无后顾之忧，你走的每一步会更加踏实、坚定!

——时报出版公司董事长赵政岷

235. 如何投资在知识——行动篇

知识是最低廉的。身为业务主管，你的表达能力、你的思想，是否比同人更有内涵？为了让组织更有凝聚力和爆发力，你是否能创造知识、分散知识和储存知识?

知识是长远经营的力量，懂得利用知识的扩散，一定会造就组织的茁壮。

学习要花时间及金钱，但不学习会花更多的时间及金钱。

郊游、逛街、下馆子、看电影，所需的价格不会太少，但大家乐此不疲。

试问，这对我们保险工作有多少帮助?

对保险人而言，吸收各种知识是最急迫也是最重要的事，而且价格最低。

一本书才几十元，一本杂志一年的订阅费用也才百十块，有关保险的华文杂志及每年出版的保险书籍，全部买下来读，总费用不过万把元。

参加进修会、演讲会，一年听下来，也不过两三万元。

假设一年收入一百万，三万元不过只占3%。

比较一般公司的研发费、训练费，3%的投资绝对是合理且必需的。

有前瞻性且远大计划的公司莫不重视员工的教育训练及策略研发，通常会将营业额的3%~5%拿出来做员工教育训练用。

数码时代里，变化快已是准则，培养能应变的员工是命脉。而操纵企业生死的，却是符合未来发展的智能及知识。

近年来，国外的信息公司有感于知识的浩瀚无边及急迫需求，已在高层设置首席知识执行官CKO——Chief Knowledge Office，为的是吸收、引进重要且及时的知识，供给同人成长。

一家公司的文化层次愈高，代表它的理念及基础愈扎实。同样地，面对形形色色的社会大众，保险人不能不有多方面的知识及文化。

所以，学会投资在知识上吧！

【保险金言】一位营销人员，最重要的投资，就是学习。可以少吃些，可以少穿些，但不能少学些。

——中广赵少康

236. 承诺与激励，生命可以改变——态度篇

美国棒球史上最有名的英雄贝比鲁斯，他是全垒打王，22年的职业生涯中共击出714支全垒打，纪录保持39年才被打破。

他的名字等于“棒球之神”。其中有三支是最感人的全垒打。

11岁孩童钱宁，他脑部出现病变，医生评估不乐观。

卧病在床的钱宁跟爸爸说，唯一能让他开心的事，就是洋基和红雀的世界冠军大战，洋基可以获胜。

爱子心切的父亲，为了给孩子打气，拜托朋友要来了洋基和红雀两队全体球员的签名球，跟着签名球一起来的，还有一张贝比鲁斯写的短信：“我会在周三的比赛，为你打一支全垒打！”

1926年10月6日，世界大赛第四战，贝比鲁斯果然实现约定，为钱宁打出全垒打，而且单场一口气打出三支。洋基获胜，钱宁在收音机前听得欣喜若狂。

大赛结束隔天，贝比鲁斯和洋基球队还一起去探望钱宁，这大大鼓舞了钱宁。钱宁后来居然战胜了病魔，健康长大，并在第二次世界大战中成为潜艇指挥官，活到

七十四岁。

原来生命力是可以因为鼓舞激励而转变的，所以以后不要再这样说了：“我就是长相比别人差，我的能力不行，我没有办法！”

你要改口说：“没有问题，我做得到，我可以！”

从事保险工作，最重要的是要有信心，对自己，对公司，对客户，对大环境都要有信心。坚定意志，在年底，你要勇敢地指着排行榜，勇敢地对大众说：“明年此时，我将是排行榜上的英雄，我要做会长，我要晋升到经理，同时我个人必定达到MDRT，大家等着看，请大家给我掌声和欢呼吧！”

为何在榜上的差不多都是那些人，因为他们具有沛莫能御的勇气和志气！为什么做不出什么好名次，老是讲风凉话的也是那些人，因为他们没有自信心！

敢于承诺，接受激励，生命就可以改变。

【保险金言】随时要名单，随时播撒出去的种子，将来是解决业绩的万灵丹。保持一颗单纯的心，单纯坚持一个目标，确实执行。——3W保持人陈玉婷

237. 套取关系——促成篇

套个关系，双方交情立刻拉近。先从故乡人情谈起。

“您是宜兰人吧？”

“你怎么知道的？”

“我也是宜兰人，只不过在小学时就搬出来了。宜兰口音最好认，我一听就知道！”人不亲土亲，这下子生意好谈多了。

保险人要有透视眼、招风耳、观心术，看得出客户的实力，听得出他的动向，知道他的心意。

万一没有关系怎么办？

不可能没有关系，关系是靠创造的。如：

你已申请澳大利亚公民证，澳大利亚很棒，空气好，地广人稀，我三年前去过。

你是苗栗客家人，我好多同学都是苗栗人，他们都好优秀、好认真呢！

我妈也是屏东人，我小时候在那边住，该算是半个屏东人。

中学我也读了三年××中，那时的校长是×××，好严格呢，不过对学生很好呢！

所谓没关系要找关系，找到关系后发展关系，发展关系后，客户就成交了！

【**保险金言**】一般富足的美国家庭只有20%的收入来自投资活动，而超级富豪的收入有43%来自于投资活动。一般家庭保险金额偏低，富人保险金额高，所以贫者恒贫，富者越富。

——盖洛普调查

238. 从小额到大额——接触篇

有很多保险营销人员，明明目标是大，但怕一表明大保额、高保费，一下子就把客户吓得落荒而逃。

而有的人喜欢向准客户说保额千万，平均每日保费只需几百元。

虽然，用高来显示低或微小是对的。

但每日几百元，一般人的习惯是立刻会换算到底一年要多少钱。结果这一算，时间耽搁了，对方会认为价钱太高了。

我的建议是：

用月为单位，对方要换算成年也容易，而每月的金额把它极小化也容易理解。

极小化是每月只要一千或两千，随便买个东西就花掉了，好比小孩的零用钱。

这一分析，客户可能觉得有道理。他认为你的保险建议不差，这投资可行。

你看出他的金钱能力不错，他也可接受你的想法。

此刻，你虽高兴，但不要着急。

一边填投保书，一边思考，他已接受你了，他太太那张保单可不可以也顺手填了？

还有他们的两个小孩也都该有这一份保单呀！都填妥了，最后要收费了。

真的是以月为单位吗？

不见得吧！再试试可否变为年缴，毕竟年缴较优惠些。否则，也可半年缴、季缴。

生意总是循序渐进、按部就班的。

再举一个眼镜行的故事：

老板教学徒如何卖眼镜，如果客户对眼镜的价格一万元无动于衷，你要说镜片；若他仍然不为所动，你要说“一边”。

虽是笑话，但可作为参考。

由小额到大额，由月缴到年缴，客户就容易接受多了。

【保险金言】肯改变，你会创造历史；不改变，你会成为历史。 ——拿破仑

239. 死了才能赔没意思——异议处理篇

如果客户说：“买什么保险啊！死了才有赔！”你要怎么处理呢？有的人忌讳谈死字，有的人说死了才能赔没意思，有的人会责怪业务员，一大早就讲保险，太不吉利了。

对于说“死了才能赔，没意思”的人，我会说：“您不用担心，我看您福福泰泰的，满脸红光，一定做了很多好事，不会那么快上天堂的！”

我会做仔细分析——生老病死是保险的功能，很多状况都可以领保险金，99%是自己在使用的，只有自己没办法使用的时候，那1%才会留给指定的人享用。

我会再分析自己在什么时候用得到保险，因为没有人能保证自己一生都安稳无事，有时是自己经营不顺，有时是身体出状况，总之大部分是别人或自己控制不了的状况所致，好比是天灾或经济环境等因素。

年轻时辛苦奋斗，中年时成就不凡，老年时颐养天年，这是大家追求一生的写照。可是事事难顺人意，处处潜伏危机，及早透过保险大数法则，我们不过付出一些零头费用，何况这些费用迟早都可拿回来，不是自己拿，就是亲人拿。

老年时多一层退休保障，生病或发生意外时多一重医疗担待，这不是相当有益处的措施吗？除了这些大家都知道的事实外，保险还有一项很重要的功能，就是能维护我们的自尊。比如有一个人现在每年缴一点钱，万一他突然有急用而刚好借贷无门时，可以通过保单贷款得到一笔钱，而且不用急着还，因为可以累积到满期或身故再还，一点也不会影响到保险的利益；如果不需要贷款，满期就可以得到预期的满期金。满期金可以和退休金相互累积，使老年得以维持较高质量的生活。

现在的小孩比较可怜，因为少子化，所以一个三代单传的小孩会养不起四个或六个、八个长辈。为了保险起见，在有能力时不妨多买一些保险，年纪大时就有依靠，稳当而实在多了。再讲一个笑话，万一没有下一代——这是很有可能的现象——或下一代弃养了，但如果你拥有一张有效的高额保单，就可以对众人宣告，谁愿意奉养他到终老，保险受益人就是他。白花花的钱谁不要呢？我看连医护人员都会动心，因此老有所养矣。虽然是个玩笑，但不也是自己可以享受到的好处吗？

另外还有一个保险的好处，我付了保险费，如果我用不到，这些钱会用来帮助那

些发生事故的人，我让弱势族群得到好处，我再修不生病、不意外的法门，何乐而不为？至于最后的日子来到时，就留给最心爱的家人使用吧！

【保险金言】把所有的风险转嫁给保险公司，这是21世纪家庭投资理财的最佳方式，同时也是送给自己和家人最切实际的礼物。——保险教授陈瑞

240. 养成学习的习惯——行动篇

有人说，参加演讲的有四种人。

一种是学生。来听课是义务也是权利，乖乖地上课，无声无息地离开。

一种是度假者。抱着好玩的心，休闲与交朋友是主要目的，不去想有什么收获。如果有所感动则是附加价值，要是没有收获也没什么关系。

另一种是犯人。被强迫参加，说坐就坐，叫吃就吃，心不甘、情不愿；人在演讲场地，心在四海，要是勇气够，怕是一下子就逃出去了。

还有一种是传教士。抱着进修成长的使命感，恨不得快学快用，将听到的福音立刻再传播出去。

不同的来意会造成不同的结果。

学生虽然无可奈何，但日复一日却也有所精进。

度假者以兴致为主，偶有佳作，但常常是交了白卷。

犯人则是处处看不顺眼，甚至觉得这些我都会了，你讲的哪有我懂得多，处心积虑地看能不能抓住讲师的小辫子。

传教士则不同了。因为有着浩大无边的愿景和使命，所以会放空自己尽量去学，用心地揣摩演讲者的心法和自己的修为，当然未来的成就也就不同了。

所以我一直告诫身边的同人，一定要抱着传教士的心态多听演讲，多学习，才能将这些知识传递给更多的人。

不过有人说，我既要努力推销又要用心增员，哪来时间去听课？

话讲得不错，如果真的在用心推销和增员，怕是时间不够用。

但时间真的那么紧凑吗？一周七天都排得满满的，连假日、晚上都不休息吗？

如果真的都被排满，那倒是太可怕了，一根绷紧的弦，早晚会挣断的。

所以，还是要排出时间做调剂，以进修去调和松弛，用不同领域的专业知识去打开眼界，或者借由同行中的佼佼者的经验去弥补自己的缺失。

再忙再乱也要进修和充实。知名钢琴家还是到处欣赏其他大师的演出；运动员也是借由不同的比赛机会得到其他好手的刺激。

想要成长，放空再充电。想要走得远，与时俱进，跟着时代进步最重要。

学习也要养成习惯。有的人说自己没有读书的习惯，看到书就眼皮犯困、脑袋发昏。

有人将多余的时间用在唱歌、吃饭、喝酒、打麻将上，各种娱乐一次就花上半天。

有人从来不看书、不进修，一直用八百年前的那一套来打天下。

可是，在变化越来越快的时代，已由不得你不涉猎新知识和新思想了，再不跟上就会成为新时代的文盲。

改变习惯最不习惯，但养成习惯后也就习惯了。

从今天起，养成学习的习惯吧！

【保险金言】人都有两个朋友，一个朋友叫作早知道，一个朋友叫作想不到。千金难买早知道，万般无奈想不到。 ——知名作家林清玄

241. 成功与失败的差别——态度篇

成功与失败有什么差别呢？

首先你要找个平台，你要找对一个可以发展的基础，找不对的平台，发展自然很辛苦。

你要找对行业，不能找夕阳工业，要找朝阳事业，最好是黄金事业。

我一直强调，在中国，保险不只是黄金事业而已，而是十足十的钻石事业，天时、地利、人和都具备了。

生老病死，是每个人都会面临的问题。以往面对这些问题，人们只能被动接受，而现在我们可以通过保险来规避风险。随着社会发展，民众的保险观念在提升，环境的需求在刺激，政府的法令在引导，一切都是美好的。

但还是有些人进入保险业后，不相信自己可以在这个行业里面有美好的发展，不能有正面看法，或许他接触到的都是负面说法，碰不到我所讲的宝贵因素，那他是入宝山空手回，将来他会为自己的失误扼腕的。

其次你要交对朋友。要么影响别人，要么被人影响。朋友决定了你是什么样的

人，你有什么样的助力。你跟马云在一起，就有机会成为一流的企业家，你和目光短浅、心胸狭窄的人共事，当然无足可取。

你要参加社团，你要参加学习型的团队，你要参加同业的共励组织，你要参与为社会公益出力的社团。

但不管如何，你要付出，付出时间、付出智慧、付出体力和你的人脉，也要酌情付出你的收益。

朋友会因为你的付出而给你必要的助力和机会。

再次是要跟对贵人。

什么是贵人？有人说，因为你有麻烦，所以才需要有贵人相助。这话可以说对，也可以说不对。

贵人在你有麻烦时协助你、帮助你、给你资金给你指点；但在平时，一个贵人会给你方向，给你机会，帮你调整思路，带你走向人生巅峰。

他是人生导师，教育你，引导你，他也培养你，给你朋友，给你人脉。他恨铁不成钢，怕你不成才，但又不放弃。他希望你成功，他陪你成功，他为你喝彩，为你欢呼。

在保险界，如果你有这样的导师，真是三生有幸。相反，有些领导短视，怕你成功，怕你晋升，把你留在身边，看来利润高，但他忽略了人才是要给机会的，遇到这种主管，算你三生不幸，君子当自强了！

万一真的没有贵人引导，要把自己当作是别人的贵人，造就别人，才能创造更大的功业。

最后，选择比努力重要。

一位企业讲师说，他二十年前到美国留学，学费就要30万美元，当时这是一笔多大的钱，足足可以买好几套房屋，所以他战战兢兢，不敢懈怠，只能努力读书。

他不敢正面去结交一样从国内过去留学的女同学，这些女同学的父母亲能花重资栽培她们，不是大款就是土豪，若能交往到她们，应该就有一帆风顺的人生，但他忽视了这些机会，所以他回国后就需要努力工作。

一个交通工具的理论大家都知道。

你骑脚踏车一小时不过10公里，开车一小时100公里，坐高铁闭上眼睛一小时300公里，搭飞机一小时1000公里。

工具不同，付出同样的时间，也会得到不同的收获。

有些营销主管跟我抱怨，为何要学那么多的课程和工具。学习要花掉展业时间，并且看不到什么成效。

有一句古话是“不见其长，日有所增。不见其短，日有所减”。时代在激烈的变化中，一年一个样，三年换个向，你如果再以为一把大刀就可以纵横天下，其实是在浪费时间，浪费人生。

【保险金言】对于能够幸福地活着，每天都要心存感谢。 ——知名作家山川纮矢

242. 心念加持——促成篇

越战时有个美国大兵被俘，高大的身体被塞在一个木笼里，这一塞就是七年。一般人早就疯了，但他不但没神经错乱，反而在回到美国后打高尔夫球时，从以前的九十几杆进步到七十几杆。

他说，刚被关的第一个礼拜，他的精神几乎崩溃了。但想到家乡有母亲在等他，他就必须活着回去，一定要勇敢地撑下去。于是他想到最喜欢的高尔夫球，每天去想象自己去打高尔夫球的样子和程序——挥球、推球、弯腰、走路，十八个洞每个步骤都没有省略，天天如此。结果精神状况良好，心情愉悦，球技也进步了。

说来神奇，但这就是心念的因素。

希腊船王欧纳西斯的助手，常看到老板深夜里独自在房间走来走去，时而高亢，时而低沉，就像主持一个会议或进行一个会谈一样，整整好几个小时都没停歇。原来他是在为隔天的重要工作做准备，他运用想象力，给自己最大的信心。

我们在和客户进行会谈时，有没有应用心念的力量呢？事前充分准备，面对面时就会传达无穷的意念，杰出者通常具备平常人没有的气质精神，我们理应仿效！

意念集中，能力显现，潜意识的力量不可小觑！

【保险金言】目标需要通过有纪律的行动来进行操练，这是成功的方程式。

——越南华裔讲师黄春妆

243. 买保险就是买时间——接触篇

你本来预备活到100岁，但想不到只到七十岁就要离世。没关系，假设有保险，这个遗憾可以用保险来补回。

如果活到百岁呢！也没关系，保险公司依约给全部金额。

你付了保险的钱，保险公司卖你万一不能工作的时间的钱。

一个人身故，带不了他毕生努力赚取的钱，带不了赚钱的时间，带走的是他赚钱的能力和他这一生所创造的价值。

赚钱的能力及价值完全可以由保险来赔偿!

每个人都有梦想与愿望要去实现，但有时老天爷却顾不了他们的心志。

当然要全力以赴才不会有所遗憾，但总是难以天遂人愿。

无法留给下一代庞大的资产和好名声，也该留下足够怀念的温馨和实质的照顾。

所以还是为自己买保险吧！愿望若不能达成，则由保险来弥补。

为太太买保险吧！她或者在上班工作，或者在家当贤妻良母。上班可用金钱算她的价值，担任家职也该用管理人或保姆的代价计算价值。把这些应付的价值买成保险，给她一份保障和未来的生活能力，多么美好!

为小孩买保险吧！免得有所闪失时自己承担无尽的悔恨。

为替你工作的员工买保险吧！为债权人或债务人买保险吧!

会买保险的人都是聪明的人。

能使用保险的人都是智慧的人。

会让人买保险的人都是伟大的人。

【保险金言】心灵不丰富的人，即使拥有巨额财富仍然比乞丐可怜。

——诗人埃默森

244. 让目标数据化——行动篇

要把事情做好，要达成人生的美好境界，要让美梦成真，不能不勇于设定目标和达成的时间。什么是目标呢?

目标是你想要的一种人生境界，一种成就感，一种定位。目标既要有前瞻性，又要可达成；目标要有眼光，要有长远的打算；目标要有些难度，容易做到的不算是目标。

目标不要像月亮，初一十五不一样。目标锁定后要切实去做，不要朝三暮四地修改。

经常去想象目标达到的感觉——-

比赛得头奖在台上致词的感觉；得了年度冠军可以出国旅游、享受假期的滋味。

得到高收入可以购置心仪已久的名贵车子的滋味；得到高收入可以购置渴望已久

的舒适房子的滋味。

做到大保单，受到赞叹和尊敬；拥有数百人的大单位和一年亿元新业绩的团队；拥有千名以上的客户，而且客户在发生理赔时对你由衷感谢的滋味。

年收入千万以上，外界竞邀你去指导；和同人每年献了数万张保单，造福了数万个家庭的滋味。

由丰硕的收入中提取出一部分回馈社会，赞助弱势团体或慈善机构，让自己心安、博得慈善美名，并获同人效法的滋味。

你再也不自怨自艾，抱怨收入不足；你也不再是等薪水、等加薪、等下班的三等人的滋味。

但光想没有用，你要有实际的方法。先制定阶段性目标。如五年内的职位目标：你要得到什么职位，需要多少人力和业绩，要做哪些事。

收入目标：从事保险工作收入一定要比受薪族高，如第二年就要达到一百万的收入，第三年三百万，第五年以后每年五百万以上。

竞赛目标：公司所有的比赛和奖励都不缺席。

学习目标：要学到什么知识，要投资多少费用，要用去多少时间。

想方设法达成这些目标，要知道，目标与成功是相提并论的。

这些目标不能只是一种浪漫的想象，要具体写出来，每天记工作日志，每周填业绩报表，每月、每季、每半年、每年做比较分析。并且，还要注意几点：

1. 请主管协助你去达成。技术不够时，他可以指异你。

2. 请家人督促和鼓励你去做到。在瓶颈或低潮时，他们会给你打气。

3. 自己加以管控。只有自己想要，才能真正得到。

4. 目标要明示化。放在你的手机中，放在你的办公桌前，放在你的皮夹内，放在家里的化妆镜和车子的驾驶盘上，时时刻刻不忘，分分秒秒追求。

5. 做好记录并定期检讨。

有位政治家说过：“打天下不是凭口水，是要靠汗水和血水的。”

想要达到目标，只有完全投入、心无旁鹜才有可能成功，嘴巴喊一喊，振臂高声叫一叫，但却裹足不前、不采取行动的人，永远没有机会出人头地！

【保险金言】多数人都拥有自己不了解的能力和机会，都有可能做到未曾梦想的事情。

——戴尔·卡耐基

245. 一万小时的练习，确实有必要——态度篇

诺贝尔经济学得主西门和安德斯博士，提出了一万个小时天才理论。

他们说天才都是由训练而来的，世界级的选手都要经过至少1万个小时的训练。

所以你如果还没出头，在你的行业里面还没被肯定，是因为你没有经过一万个小时的训练。

如果你每天跟客户对练三个小时，一周七天，那就要10年才会达到1万个小时，所以请不要浪费方向，你要针对什么客户，发展什么业务，都要有三个方向感。

一是你把时间花在哪里，你可能早上会到公司参加早会，但是东摸西摸、东聊西聊，讲师在分享，你心不在焉，心不到、手不到、眼睛看不到，有到和没到都一样，时间很好过，但是却浪费了！

二是兴趣，兴趣是最好的老师，如果你的工作你有兴趣，你会做得很快乐。

在还没练一万个小时之前你就放弃了，你当然成为不了高手，高手要有激情、要有兴趣，要从别人还没看到、没有知觉，还没展开动作时，你就快乐地动手。

三是看领导人的方向。没有人能够预言未来是什么样，但是透过领导人的指引，你所处的好机会你就有可能达到高手。

目前在中国的沿海地区，投保率应该有20%，台湾省目前投保率是250%，等于是一个人买两张半的保单，都是一样的习性和行动力。所以根据试算，中国到2030年时有百分百的投保率，从一百个人头保20张到100张保单，这空间大到吓人。

如何开发市场呢？如果你还是漫不经心，人云亦云，不好好学习，你想要出人头地那是不可能的。

你必须要坚持投入，这十年是黄金时代，10年后你会成为什么样的人，不靠别人的鼓励，也不靠环境，也不靠你的工具，而是靠你的用心，靠持续的训练。

再补充一下实际案例，披头士乐团于20世纪60年代初期在德国汉堡演出时花了约一万个小时练习，比尔·盖茨也投注了约一万个小时写程序，后来才开发出微软。

不下功夫练习一万小时，就无法成为专家。

这条原则基本上适用于任何领域。

【保险金言】我每天从早上8点开始工作，12个小时之后甚至16个小时才结束，然后阅读两个小时，每周6天都一样，星期日特别容许自己在上午10点才开始工作，但是经常工作到下午3点。

——班·费德文

246. 爱心引导——促成篇

有位同人，他常会问快成交的客户：你认为万一发生意外时应该留什么给孩子？

对方通常会说：当然是留一笔够用的钱啊！

他会接着说，钱给小孩是不错，但万一因钱够用让他缺乏斗志，反而害了他。

客户又问，那么买保险做什么？

他说：钱给太太。让太太有时间陪伴小孩，给小孩最好的人格教育和教养。

如此说法，通常引来客户的沉思。毕竟夫妻恩爱胜过父慈子孝，一生一世的厮守，双人从赤手空拳到白头偕老，这情分哪是儿女能比拟的。

如果你认同这个观念，那么在做销售时焦点就不要模糊摇摆，必须咬牙先完成最重要的事情。这个过程可能被挑战，对方犹豫后还是可能以子女作为投保目标。

但千万不要轻易改变自己的方向，除非已完成第一个目标，或对方坚持以他的想法为主。

【保险金言】我发现了一个成功的重大秘密——买时间。我不用做琐碎的事，我喜欢外出和真正有问题的人谈谈，并且为他提供答案。我用6个雇员，两个做说明书，一个负责信件，一个负责档案，一个办公室经理，一个会计师，我使他们都很忙碌，我的成效大幅度提升。

——班·费德文

247. 我可以经营高端市场吗——Q&A篇

通常顶级客户透过转介绍较容易成交。因为介绍人已得到你的服务，他提供了名单，若能再帮你打个电话，要约见面就不难。

接下来你要自己再打电话跟他约见面时间。若你有他的手机号码就可免除秘书挡驾，但你最好要问对方说：“我下次可以直接打手机给您吗？”

手机不要常打，多打对方会不高兴的，通常我打企业主本人的手机都是提供有利于他的事情，好比介绍客源或资源给他。

见面前你要做足功课，可以先寄封感谢信给他，用实体和电邮并进的方式，不必讲太多，只不过是留个印象。你要把给他的资料尽量收集好，细读他的背景、经历、公司的营业额等资料。

见了面要把握黄金五分钟，你要有开门见山的重要提醒语，例如——

· 我给您带来一个神奇的账户，它具有企业六大“防火墙”功能。

· 高资产家五大资产管理法。

· 《2013中国私人财富报告》指出：中国富人当前把“财富保障”当作第一理财目标。

· 李嘉诚说，真正的富有是为家人购买了充足的人寿保险。

· 现在中国企业家流行用高额保单作为公司后盾和显示身价。

· 温世仁缴税六十亿，千亿身价的国泰人寿蔡万霖才缴一亿。

定期用微信、电子信件寄他感兴趣的信息给他，不必多，不要烦，寄了让他会欣喜会储存或再转寄的信息才是有效信息。

你要将他可能有兴趣的资料准备妥当，税法、各种案例、理赔金资料、中国最新的企业家信息等都涵括进去，尽量丰富你的数据库。

你有心，你用心，你有强烈的企图心，你敢找方法，敢去尝试，怎会没有机会经营高端市场吗?

【保险金言】对客户不买保险的处理方法，我们从“说之以理、动之以情、胁之以灾、引之以利”四个方面去分析，客户一定会有感的！ ——陈亦纯

248. 我对保险没兴趣——异议处理篇

对保险没有兴趣，这个借口，算得上是拒绝保险业务员排行榜里的前几名。遇到这种情况，你该怎么处理呢?

我会立刻回答他：“没兴趣！李总，您这样讲，我就放心多了。因为，没有人对保险是一开始就有兴趣的，就像责任与使命，也不是人人都愿意去承担的。”面对客户说保险他没有兴趣的问题，你要让你的嘴巴能够完全自然地、流畅地，好像根本想都不用想，就能够回答得出来。因为这个借口，你一天都可能会听到好几十回！

接下来，我会说：“李总，如果您说对保险充满了兴趣的话，那么我反而会很担心呢！一个说他对保险有兴趣的人，往往有问题存在。而您对保险没兴趣，显示您不会有道德上的风险顾虑，正是我们最佳的承保对象。”

此时，李总应该会说：“啊！你们做保险的人，太会说话了。”

我会回答李总说：“不是我会说话，我是讲实话，我们碰过太多的实例了。要客户买保险时，他们总是千推万拖，就只是多一餐饭的钱，他们都会认为不值得、没那

个必要。但是，过没多久，他就来拜托我们，赶快给他们提高保单。在做完健康检查之后，发现健康早已经出了状况。当然，我们也爱莫能助了。”

“人在平常时候，都不喜欢保险。但是，危难临头时，才想到家人，才想到即将到来的损失，恨不得之前能多买些保险来弥补。但是，时间往往已经太迟了！”

说到这里，李总可能会说：“啊！我不会啦！我身体好得很呢！怎么会跟他们一样？”

我回答说：“李总，就是因为您现在的身体好，所以，在状况良好的时候，就应该有准备，以防患于未然。还有，您是否曾经想过？您的安危直接影响到了家庭的幸福。像您说的，您还有父母亲、祖父母、岳父岳母、岳父岳母的父母亲，还有您最爱的夫人、公子、千金。这些甜蜜的负担，难道也不用您费心考虑吗？您的公司经营得非常好，但是，我曾经听一位大企业家说过，在没风险的时候要当风险来看，无事要当有事来想。一个人如果什么事都能安排得很好，就算发生意外，那笔来自保险金的充分经济支持，也可将他不朽的爱留给家人！他将永远活在亲人的心中。虽然钱不是万能。但是，没有钱，却万万不能！”

我会接着告诉李总：“并不是每个人都很现实，但是床头金尽、千金散去，要面对现实生活的难题，想不现实也不行！所以，对于保险，并不是有没有兴趣的事情，而是该买多少才够、该留多少才能安心的问题您说对吧？我这里有一份我给您的好朋友陈先生做的投保建议，您要不要看一看，这会不会对您来说，还是太少了些呢？”

这个不买保险的处理方法，就恰当地从“说之以理、动之以情、胁之以灾、引之以利”四个方面去分析，客户一定会有感的！

【保险金言】敬天爱人，是时时放在心上，存敬于胸的重要认知。——知名乡野作家司马中原

249.全力以赴，提高见客率——行动篇

很多公司在教育新人时都提出一天三访、五访或六访的要求，我一直认为有商榷的必要。

如果要真心投入保险业，一天十个小时都不嫌多。若一天只拜访三五个人，其他时间做什么？

与准客户谈保险，面对面沟通是最直接有效的方式。透过面对面，才会有临场感，才能建立胆识；也只透过面谈，才能知道问题所在，以及如何去克服拒绝。

要做好保险，没有大量的见客率是不行的。

即便你可以抓准对象，但总有概率问题存在。

我并非反对用狙击枪瞄准客户，而是认为除了用约访和缘故外，还可善用边际时间创造效益。要知道，业绩=见客数 × 成交率 × 保费。见客量越多，成交量便会越大。

在等待飞机、车、船的枯燥时间里，你不可以向身边同样无聊的人谈保险吗？已到准客户那里，但是准客户在忙或外出未归，你难道要放弃吗？为何不能向其他职员或他的秘书介绍保险呢？到餐厅吃饭，老板喜欢你常光临，你为何不向他开口呢？在搭出租车时，你不能向司机询问吗？

你每天会跟很多人见面或擦身而过，很可能他们正准备买保险，或者为家人邻居刚发生意外而心有戚戚，你只要稍加说明即可为他的家人谋求安全。但因为你的不屑或放弃，你可能已经与百万保费越来越远。

台湾的投保率已超过250%，也即人均2.5张保单，不太有人不清楚保险的功能与意义，他们都会在适当时机投保或加保。

所以，现在是开发第三张保单的时代了。

因为不用花很多时间沟通保险功能，所以你可以直接询问他对保额的看法。

嘴要常开，客户到处来；脚要勤走，客户到处有。

在大陆，投保率差不多为20%，更是保险人驰骋的好机会。可以说满地皆黄金，只要肯播种、耕耘，丰硕的成果指日可待。

最成功的人一定是最有毅力的人。

正因为我们是专业的保险人，所以更应该全力投入才对，在保险界这么长时间看下来，最后成功的一定是肯努力尽责的人，而他们通常并非特别耀眼醒目。他们之所以得到最后的胜利，只是像龟兔赛跑中的乌龟一样持续不懈地前进。

1.每天给自己限定谈保险的最低量。如面谈十个人，严格要求达到，要有达不到不休息的决心。

2. 要有推销眼的本事。能一眼看出谁有机会买保险；眼睛一瞄，就知道如何开场、讲什么话才有效。这些要靠经验的培养。

3. 不要受不入流同伴的影响。不上道的保险业务员会告诉你，那么拼命卖保险仍不好做是因为公司不好、产品不对等，对于这些阻碍成长的话，你自己心里要笃定。

4. 掌握边际时间的运用法则，与排队时前后面的人、乘车时的出租司机甚至生病住院时的护士、医生及邻床的病人谈保险。

【保险金言】一位只能在地上爬的身障人士，他有一百多项发明，他还要发愿帮助和他一样的身障同胞，所以我们必须协助他，让他了愿！　——13位全球保险英雄

250. 人生，等于命运加因果法则——态度篇

被誉为“日本经营之圣”的稻盛和夫，曾应中国台湾盛和塾之邀来台，向3000名听众演讲。

演讲精华摘要如下：

1. 想法及做法不同，人生结果就会不同。

在命运的摆布之下，我们在人生中会遇到各式各样的事情。

想法不同、做法不同，就会出现不同的人生结果。

换句话说，每个人的人生都是由“命运”这条经线以及“因果法则”这条纬线交织而成。

2. 想好事、做好事，就能改变一生。

我创办京瓷之初、规模还小时，整天烦恼“不知何时经济萧条的风暴会袭来，到时公司可能会倒闭”，不断想着一定要把企业经营好，要保护员工。

当我读到《了凡四训》这本书时，才恍然大悟：“人生原来是这样啊！”从此决定：不管命运如何，我都要尽量想好事、做好事。

《了凡四训》讲的是明朝袁了凡的故事。

袁了凡少年时被一位老人预测了他的一生，像是科举功名、担任地方长官等，结果预言一一应验，袁了凡因此遵照命运安排，打算如此度过余生。

直到云谷禅师点醒他“命运是可以改变的”，于是他开始积极为善，改变了自己原先没有后代、53岁寿终的命运。

思善、行善，命运一定会往好的方向发展，这是我们该有的认知。

3. 幸运，也是一种考验。

大自然会在人的一生中给予我们很多考验。

所谓的考验，有时是灾难，有时则是幸运。幸运的降临也是一种考验。

当我们时来运转、踏上幸运的人生之路时，往往会忘记谦虚、变得傲慢，甚至还

会穷奢极欲、蔑视他人，连人格都产生变化，最后反而被好不容易上门的幸运之神给抛弃，从此跌入人生谷底。

所以，灾难是人生的考验，幸运也是。

怎样去面对、采取何种行动，将会影响之后的人生。

所以我决定，无论遇上哪一种考验，我都应该以“感恩之心”予以接纳。

各位朋友，一位日本企业家因为一本中国的古书而改变了生命的思维，但中国人本身却不重视此书，甚至大部分的民众听都没听过此书，何其遗憾；我早年看到此书时，惊为天人，发愿将古文体改为现代文，改写成后非常受欢迎，还被佛教陀教育基金会当作善书流传。

平安东莞的李俊经理看了此书后大为感动，发愿要捐出10万本在大陆流传，相信众人在览读此书时，对民心有利，对国家民族也会大有帮助。

【保险金言】富贵病来袭，你的财务准备好了没？

——中国守卫保险创意营销大师奖得主刘刚

251. 婚约危机——促成篇

随着社会发展，离婚率居高不下。据统计，中国台湾省离婚数是每年五万对，平均每天超过一百五十对。和当年度结婚数比较，是平均每三对结婚的新人中就有一对离婚，这是个非常可怕的数字。

有句顺口溜：“结婚是错误，生小孩是失误，离婚是觉悟，再婚是执迷不悟。”显然在新时代里，不稳定的婚约已成为一种现象。

单身成了一种生活状态后，如果有什么病痛怎么办？谁来照顾，谁来扶持？如果需要长期治疗那更是困难。

不论是医疗费用、赡养费用或是最后一笔费用，如果以自力救济的方式，恐难达到平衡之效。

还有相当多的单身贵族，未来他们的生活也有顾虑。

所以还是提早保护自己吧！

平日拿出收入的一部分，用来买保险，为自己做一个保障。愈早愈好，愈够用愈妙，什么钱都可省，保险的钱不能省；什么钱都可花，保险预算更该提早准备。

这是为了自己的未来着想不能不做的事。

【保险金言】保险不可能使人不发生风险，但它可以在人们发生风险后继续他们的人生计划。

——台寿总经理庄中庆

252. 你有什么可以提醒后辈的——Q&A篇

北京的田红询问："请问陈老师您有什么可以提醒后辈的，你有什么观念可以让我们更清楚保险工作要怎么做的？"

能够从事保险工作是不容易的事，能长期从事保险工作的人是有福报的人。

这是上辈子造桥铺路的福报，积累了善缘今生才能来做保险。

保险工作不是你拿一份薪水，做朝九晚五的三等人——等拿薪水、等加薪、等退休金。

你可以发挥你的专才，可以让智慧奔放自如。

因为你的能力，你得到奖励，可以环游世界，和各式各样的朋友为友。

我们每天都劝人为善，时时存善念，讲好话、做好事。聚集有志之士，帮助各式各样需要被帮助的人们。

如果我能力好，可以发展团队，一人庇佑百家，百人经营庇佑万家。一人销售百万千万，千人共事无数亿万。

对社会的贡献更是庞大，所以不应该有退休的观念。从事保险工作越久越是有价值，因为做得久，代表看过多少的家庭悲剧被化解，多少家庭的幸福被保护，本身也已经经得起考验，本身是典范，是保险代言人，是社会的宝藏，是值得尊敬的珍宝。

【保险金言】参加MDRT年会时，会看到年纪已经七八十岁、工作了四五十年的老者，但他们都乐在工作，都以自己的职业为荣，这是一个不用退休的终身职业，我们要快乐地从事下去！

——厦门叶云燕